国家出版基金项目
NATIONAL PUBLICATION FOUNDATION

徐旭生文集

第 四 册

中华书局

我國古代歷史的輪廓^①

　　我們祖先分成大大小小的民族,奠居於我們中華的地域上面,不曉得已有若干年。——如果周口店的初期人類爲我們直系的祖先,那我們的奠居已經過了三十萬餘年,比任何民族的歷史皆長久了。——這裏面有一部分此後叫作華夏的,内中有一個氏族叫作少典。它大約生活於今陝西、甘肅兩省交界地方的黄土原上或其附近。從這個氏族分出來兩個重要的氏族:一個叫作黄帝族,一個叫作炎帝族。這兩個氏族發展以後,漸漸各有一部分順着河流向東遷移。炎帝族順着渭河、黄河的兩岸,一直發展到今河南及河南、河北、山東三省搭界的地域。黄帝族順着渭河、黄河的北岸,隨着太行山跟,一直向東北走,或者已經達到今察哈爾的地域。炎帝族達到上面所說的地方以後,就遇見本地的土著,以後叫作東夷的人民。兩族相遇,遂相爭鬥。這個時候領導東夷爭

①編者注:本文原刊讀書通訊 1942 年第 44 期。

鬥的英雄叫作蚩尤。他本領頗大,炎帝族吃了虧,向北方奔逃,求救於北方同出的黃帝族。黃帝族因爲當日還在游牧階段,所以武力較强。他們出兵後,開始也不免同敗亂的炎帝族衝突。把他們收撫後,然後南下與蚩尤所領導的東夷族大戰,結果把他們打敗了,他們的首領蚩尤也死了。這就是後代所傳阪泉、涿鹿戰事的因果。戰爭平息以後,黃帝就從東夷裏面另外找出一位能同他們合作的首領少皞出來,綏懷東夷的舊部。以後華夏同東夷族大約相處的還好,就漸漸地互相同化了。可是氏族林立的中國經過這一次的大變化,就漸漸合併起來,成了若干的大部族。這實在是我國古代史上的一種大變化。阪泉、涿鹿的英雄黃帝死了以後,不知經過了若干年,乃有華夏、東夷兩文化混合的顓頊族出現。它的首領顓頊實在是一位了不起的人物。他把當日散漫的原始巫術改革成具進步意義的宗教。自從這具有偉大體系的宗教成立,而後中華民族的文化才能有比從前急速的發展。以宗教爲專業的人們,因爲要按一定的時候禮祀神祇的關係,就不能不對於一年中季節的變化加以規定。并且他們比較有閑暇,不像從前的巫多由牧人農人兼辦,生事擾攘,就可以對於宇宙間的現象作一種静穆的觀察。我國從前的學術界把顓頊時代的南正重和火正黎當作曆算的開山老祖,不是没有理由的。這一次大變化對於將來社會的影響,比較阪泉、涿鹿争鬥的影響,有過之無不及者。這位宗教的開創人顓頊死後,又不知過了若干年,才到了堯舜禹的時代。在這個時候,我國的農業已經相當的發展,東方的各大部族全住在河與湖的附近,致力稼穡。可是我國氣象上的周期變化,恰好落在這個時候,雨量增加,山水大來,田舍漂没,"洪水横流",并且宗教的聖地,玄宮所在的濮陽,首當黃河下游的衝擊!受患特甚。大家開始異常驚惶,以爲這是上天特別警戒我們。以後就商量舉一個人專門負責;興師勞衆,在聖地與人民田廬附近修築起很高的土圍子,隄防,以爲這樣總可以當住山水了。不料年復一年,毫不中用。最後算是找到了兩位治水的世家:一位叫作禹,一位叫作伯夷,他們利用了從前失敗的經驗,知道山洪勢大,專門頭痛醫頭脚痛醫脚是不中用的,乃察水性,審源流,大規模地疏導。又加之以東方風偃集團的賢豪皋陶、伯益的助力,騈手胝足,辛苦經營了十幾年,水勢才算大定,在東方大平原上的人民才能"降丘宅土",才可以休養生息,孕育出來將來偉大的中華民族! 這樣專憑自力與天然争鬥,以奠定我民族生活的基礎,這真是人類的一件驚天動地的大事業。我們的祖先驚奇贊歎,鋪張揚厲,以至於有許多誇大失實的地方,也是當然的情形。今人因爲發現傳説中有一部分失實,就毅然決然把我先民的慘淡締造一筆抹殺,而概歸功於神力,真所謂"厥子乃不知稼穡之艱難,乃逸,乃諺,既誕。否則侮厥父母,曰:昔之人無聞知"者矣!

　因爲治水的時候,事務殷繁,各部族間的朝聘會賀不期煩數而自然煩數。大禹既爲治水的最高負責人,則他的部族所在地陽城,自然漸漸成了四方走集之所,都會。因爲他有大功德於民,所以當他死後,雖説他的兒子啓并不見得比堯舜的兒子丹朱、商均高明,可是朝覲訟獄謳歌接續着匯集到他那一方面。政治的組織漸漸取得固定的形式,非復從前散漫部族,人亡政息的情形,我們從此以後,就成了有定型、有組織的王國。這是我國古代歷史上第三個巨大的變化。可是此種以政治形式的轉移,差不多完全靠着對於社會事業的努力及因此而得的社會景仰，借助於軍事力量者甚爲微渺。這是我們的祖先在初開國的時候很特殊而且很光榮的一件事實。

在這個時候，西北方的炎黃集團同東方的風偃集團合作的情形甚好，可是同南方的苗蠻集團又有了接觸與衝突。衝突的時期相當地延長，這大約是因爲南方地勢富有沼澤、丘陵以至於山岳，不像東方平原的交通容易。衝突的表面原因是由於南方人民不肯采用北方的進步巫教，——"弗用靈"。衝突的結果是把南方的驩兜、三苗、檮杌各氏族完全擊敗或分別流放，北方的大巫長祝融深入南國以傳播教化。因爲當日苗蠻的文化發展尚滯留於落後階段，所以兩方面文化的交流不能同東方的風偃集團相比，苗蠻對北方進步的宗教完全接受，至北方所受他們的影響尚屬渺小。直至春秋及戰國時候，南方的文化才能急速地發展。屈原大夫雖自稱爲"帝高陽之苗裔"，而實爲南方集團的天才。憂憤著書，遂爲中土文學不祧之宗。此時前後，伏羲、女媧也以南方神明的資格加入了中土聖帝賢相的系統，而後同化作用始告完成，三集團的分別也同時泯滅，不復易於辨識了。

夏王國雖説逐漸成立，可是當日的王同將來的皇帝不能比較。因爲他不惟對於全中國不能統制一切，并且在他這個較大王國以外還有不少其他的小王國。他們中間可以有朝聘會賀的來往，却沒有臣屬的關係。夏王有作爲的時候可以取得像春秋時代盟主的地位，否則僅爲群王中的一王。在春秋時代，除掉齊桓以外的齊人對於魯、衛等領國的關係，或者可以指示平常時候夏王國與其他王國的關係了。夏德既變，宗盟遂遷於商。"賢聖之君六七作”，全是能自振奮，盡盟主職務的國王。到了武丁時代，局面似乎有重大的變遷，他享國既長，武功甚高，勤勞國事，不遑寧處。以至“邦畿千里”，“肇域彼四海”，經典之所遺傳與甲骨文之所保存，皆可以證明一點：就是商王國從此時起對於其他王國成了一種壓倒一切的形勢。蓋自夏王國成立以後數百年，到此時而我們的政治社會才有像樣的轉移，以醞釀將來周朝初年巨大的變化。

　　周人崛起西方，推倒東方的大王國商朝。文王、武王繼世經營，加之以雄才偉略，道德與能力均爲吾中華民族最高代表的周公翼贊王室（尚書中無逸、君奭二篇中所表現的思深慮遠、優柔不迫，我國人最高之道德典型也），東征西討，“滅國者五十”，“封建宗親以藩屏周”。此後全國的名城大邑全歸周王的指揮。周王不僅如夏商之王，爲群王中的一王，而成了全國最高的宗主。周公的初意雖仍不免爲姬姓一家謀久安長治的基業，但因爲他的目光弘遠，治理方法高明，全國文化的傳播更形迅速。所以周王室存在的八九百年中，實爲我國偉大文化含苞、放華和結實的時期。等到將來封建運衰，全國逐漸統一，秦漢大帝國興，我國大一統的局面遂以成立。

　　此外戰國時代的思想家差不多全相信我國歷史的初期有巢居、火食、畜牧、農業等幾個發展的階段，前兩個他們叫作有巢氏、燧人氏，後兩個靠着借來的庖犧、神農二名而凝固。所以這幾個名字在我國的史前期也有很大的勢力。

　　我民族古史變化的大綫大致如此。

我國的循環論哲學[①]

循環論哲學是自然論哲學的一支。從一個觀點來看，人類的思想可以分作兩部分：一部分是自然論哲學，另外一部分是人生論或道德論的哲學。這所説的自然論是指一種思想，它看天地萬物的一切變化全是自然的大化流行。人類也不過是自然界中的一物，自然地跟着自然界這個大輪子運轉。他們的行動絲毫不能影響到大輪子的行動，他們覺得也能作點什麼，或不作點什麼，其實這全是他們自己的幻覺。他們不過像在秋風中的敗葉，隨便飄蕩，一點也沒有自主的能力。這種思想是機械論（mechanism）的，因爲它覺得宇宙萬物全像機械一樣，這邊一推，那邊就動，不由自己地動。動的形式和方向全可由機械的定律講明。它是限定論的（determinism），因爲一個物或一個人的動與不動，動的形式和方向等全是有定的，被限制着的，絲毫不得自由的。這樣的思想

---

①編者注：本文原刊哲學評論 1943 年第 8 卷第 2 期。

走的遠也可以走到前定論（predeterminism）。比方説，現在我在這裏寫字，寫談中西文化的文章，寫着半真半草的字，這裏有一捺，那裏有一鈎，以至於就是這一捺一鈎的形式，全是千萬年前已經限定的。無論如何我們想不寫這樣的文章，這樣的字，這樣的一捺一鈎，一捺一鈎這樣的形式，無論我們怎樣想躲避，也絕不能改換一點。這樣的宿命在希臘人叫它作 moira；我們中國人叫它作數，或氣數。通常人所説的天數難逃，或者遇着無法解釋的亂事，就長歎一聲説：這真是氣數，他們所要表示的全是這樣的觀念。他們所要説的數是要指明它無從躲避的意思。宋朝邵雍的哲學，説元會運世按着軌則而變化，就是這樣的限定論。流俗訛傳，就説他看見一件物的成，就知道它將來毀於何時、何地，由於何人，這也就是由限定論變成前定論的顯例。所説的人生論或道德論是指一種思想專注意於人生，研究他所應該作的是些什麼事情。它對於天地間的萬物雖也不否定它們的機械性質，但對於人生則詳細分別他所應該作的和不應該作的。勸他作此，戒他作彼。這一班的思想家雖不一定為意志自由作辯護，但是他的戒，他的勸，實已假定人可以作此，也可以作彼。其所以作此不作彼的緣故實由於他自己的選擇。因此它是非機械論的，非限定論的。至於什麼前定論更談不到了。程顥、程頤兄弟雖與邵雍為很好的朋友，而獨不談學。邵雍頗想以其學傳授二程而二程不願，也就是對於他那限定論或預定論不滿意的緣故。我國道家及道教的哲學皆屬於前一派。邵雍受道士陳摶的影響，也屬於前一派，所講的是數。普通儒家多屬於後一派，所講的是理。理有定而無定。論其法則固屬有定，然人類之遵守與否固由人類之自擇而理無成心，則由人類言之，亦至無定。數則完全剛性，完全有定。兩派的分別大率如此。

　　循環論哲學是剛性的，是主張有定的，所以屬於自然論。但是自然論却不一定主張循環，所以循環論僅是它的一支。但所謂循環也還有大循環與小循環的分別，也或者可以説是宇宙的循環和人類的循環的分別。前者如邵雍所説，十二萬九千六百年爲一元。一元分十二會，天開於子，地闢於丑，人生於寅。至十一萬三千四百年後，當戌會之中而"閉物"，萬物皆絶。至亥會之末而天地完全毀滅。此後再生再滅，以至無窮。西洋也并非没有這一類思想。據説有一個笑話：有一天，有幾個念書的朋友聚在一個咖啡館中，互相談論。他們全相信過若干萬年後天地毀滅，再過若干萬年後天地復生。且將來復生的天地與現在正在進行中的天地完全相同。到某一定的時候，還要有同樣的一個咖啡館，有同樣姓名、同樣職業、同樣思想的人聚在此地。所喝的還是同樣的酒，所説的還是同樣的話！一切全同，毫無差異！這時候不惟這幾個書呆子議論蜂起，情投意合，就是咖啡店的老闆也參加高論，水乳交融。一會兒，高論也發完了，酒也喝畢了，正需要會賬的時候，有一位先生想同老闆開玩笑，就説："既是我們在若干萬年後，大家還要歡會於此地，然則我們的賬何不等下一次歡聚的時候再會呢？"老闆沉吟了半分鐘，就立時找出很適當的話説："不錯，這一次的賬很可以等到下一聚時再會，但是，上一次的賬，你先生還没有會，請現在先會了。"説畢，一笑而散。這固然是一個笑話，但也足以證明西洋人對於大循環的思想也不是没有，至於小循環或人類的循環，那就是我國普通小説開頭所説的"且説天下大勢分久必合,合久必分",孟子所説的"天下之生久矣,一治一亂"。普通關於個人所説的"樂極生悲""否極泰來"一類的説話,則也屬於人生,範圍更小,但也是這一範疇下的思想。現在我們所説中國人所極喜歡的循環論哲學,是屬於後一範疇的,是人類的循環論。

這種思想起源頗古。據我們所知道的,興於"殷之末世,周之盛德"的周易,泰卦九三的爻辭就説:"无平不陂,无往不復,艱貞,无咎。"它這句話相當明顯,是要説:只要有平的,就要有不平的;只要有往的,就要有返回來的。易陰屬小人,陽屬君子,由下進上,至九三而君子極盛,故戒之如此,而勉之以必須艱貞,始可无咎。這已經是循環往復的思想。

就是乾的上九所説的"亢龍有悔",意思雖還不够明了,但是象傳解釋它説:"亢龍有悔,盈不可久也。"可見龍象表乾;卦從初進至上,完全純陽。"亢,過也。"龍德至亢,也不能不有悔,所以説"盈不可久"。這也是很清楚的循環往復思想。

繫辭下傳上説:

> 日往則月來;月往則日來。日月相推而明生焉。寒往則暑來;暑往則寒來。寒暑相推而歲成焉。往者屈也;來者信也。屈信相感而利生焉。尺蠖之屈,以求信也。龍蛇之蟄,以存身也。精義入神,以致用也。利用安身,以崇德也。

這是作傳者看到日月的交換,寒暑的代謝,而成"明生""歲成"之功,就悟到屈信和往來互相爲用的道理。又證之以尺蠖的屈以求信,龍蛇的蟄以存身。所謂"精義入神",也就是看清楚這種屈信往來的互相爲用,而"上下無常""惟變所適",然後可以利用崇德。這是循環哲學的基本理論。主要是用於個人的修養,并未利用於世運治亂方面。

尤其明白的是<u>象傳豐卦</u>説:

> 日中則昃,月盈則食。天地盈虛,與時消息。而況於人乎? 況於鬼神乎?

它看見日中就不能不昃,月盈就不能不食,而悟到天地也有盈虛消息的道理。天地既然如是,則天地間的人與鬼全得如是,是不成問題的。它這樣的應用比<u>繫辭</u>所説的範圍更寬了。

<u>孔子</u>是最好講理的。他即是讀<u>周易</u>這一類象數的書,看見乾,他會想到"自强不息"的道理;看見坤,會想到"厚德載物"的道理。(十翼中<u>象傳</u>與<u>孔子</u>的思想最相似,很可能是他自己寫的。即不然,也是最早期的儒家寫的。此意<u>宋葉適</u>知之最悉。)讀到"潛龍勿用",會想到"遁世无悶,不見是而无悶,樂則行之,憂則違之"的道理;讀到"或躍在淵,无咎",會想到"君子進德修業,欲及時也"的道理。至於盈虛消息的遷流,他却不甚注意。因爲他憂天憫人,"知其不可而爲之",得失利害不是他看得重的東西。但是他"五十以學<u>易</u>",則<u>易</u>也是儒家所看重的典籍。往復循環本是<u>周易</u>裏面富有的觀念。并且<u>周易</u>固然還是典籍,并不是自然界的本身,但是以天地雷風水火山澤爲素質的<u>周易</u>總比其他各經距離自然界較近一點。則一方面讀<u>周易</u>,另外一方面就引起對於自然界普通現象觀察的興趣,也很近情理。他們從這個方面全可以得到循環的觀念,并不需要受道家的影響(有人如此説)。

　　比繫辭作者大約較前的儒家孟子,已經很富於循環思想。上面所引他所說的"一治一亂",就是他從歷史中抽出來的定律。他所說的"五百年必有王者興",也是從歷史方面計算到"由堯舜至於湯","由湯至於文王",全是五百有餘歲,從文王以後五百有餘歲,雖說没有王者,却有"聞知"的孔子。這樣根據他的計算很可以説五百餘年必有聖人興。他對於數目觀念(其實是偶合)這樣有信仰,就可以證明他對於循環觀念的信念了。

　　對循環思想説得比較清楚的是關尹所作的老子(老子爲關尹所作,另有説)。原來這部道德經五千言所看得最清楚的是看出一切性質的相對性。所以它説:

　　　　天下皆知美之爲美斯惡矣;皆知善之爲善斯不善矣。故有無相生,難易相成,長短相較,高下相傾,音聲相和,前後相隨。

它這些話是要説相反對的性質,外面看起來雖是互不相容,其實是互相成就,這個少不了那個的。没有下,怎麼樣顯出來高? 没有短,怎麼樣顯出來長? 天地間的各種性質全是由它的反對的性質顯示出來它自己。所以又説:

　　　　重爲輕根;静爲躁君。
　　　　反者道之動。

王弼解後一句,説:

　　　　高以下爲基;貴以賤爲本;有以無爲用:此其反也。

這全是一個意思。因爲它們互相成就,所以就會互相跟隨。天道就是如此。除了"不自生"的天地纔"能長生"。另外：

　　故飄風不終朝，驟雨不終日。孰爲此者？天地。天地尚
不能久，而况於人乎？

　　天之道其猶張弓與：高者抑之；下者舉之；有餘者損之；
不足者補之。天之道損有餘以補不足。

所以"從事於道者"應該"同於道"，應該看出來：

　　曲則全，枉則直，窪則盈，敝則新，少則得，多則惑。是以
聖人抱一以爲天下式。

他們既然看出來這些相反對的性質互相循環，所以：

　　保此道者不欲盈。夫惟不盈，故能蔽不新成。

　　上善若水，水善利萬物而不爭，處衆人之所惡，故幾
於道。

　　將欲歙之，必固張之；將欲弱之，必固强之；將欲廢之，必
固興之；將欲奪之，必固與之；是謂微明。

因爲它們互相跟隨，互相循環，所以我們想達到一目的必取其反。
所以：

　　明道若昧；進道若退；夷道若纇。上德若谷；大白若辱；
廣德若不足；建德若偷；質真若渝。大方無隅；大器晚成；大
音希聲；大象無形。道隱無名。

　　大成若缺，其用不弊；大盈若冲，其用不窮。大直若屈；
大巧若拙；大辯若訥。

　　正言若反。

循環的意義就包在這個"反"字裏面。它又説：

> 禍兮福之所倚；福兮禍之所伏。

這纔把人類應用循環哲學所頂應該注意的地方切實地指出來。但是人類總是喜歡强，於是深切地告誡他們，説：

> 强梁者不得其死。
>
> 故堅强者死之徒；柔弱者生之徒。是以兵强則不勝，木强則兵。强大處下；柔弱處上。
>
> 持而盈之，不如其已；揣而梲之，不可長保；金玉滿堂，莫之能守；富貴而驕，自遺其咎。

而結之曰：

> 功遂身退天之道。

功已遂矣，順天之道，早日奉身而退，可以免灾禍的相尋。

它對於"以兵强天下"的尤極痛心，深切地告誡他們説：

> 以道佐人主者不以兵强天下。其事好還。師之所處，荆棘生焉；大軍之後，必有凶年。善有果而已，不可以取强。果而勿矜；果而勿伐；果而勿驕；果而不得已；果而勿强。物壯則老，是謂不道。不道早已。

這些話可謂痛切已極。"好還"的"還"就是循環的意思。它第一次清楚指明説："物壯則老，是謂不道。不道早已。"這是説，你急着要壯盛，那樣驕傲矜伐，却不想想老就要跟隨着來，這就叫作"不道"。不道的人很早就要死去。這比周易上所説的"亢龍有悔，盈不可久"，更爲明快痛切。他這樣的思想將來對於我國歷史發生很大的影響。它更誡人説：

> 知人者智，自知者明。勝人者有力，自勝者强。

王弼申其意曰：

> 知人者智而已矣，未若自知者超智之上也；勝人者有力而已矣，未若自勝者無物以損其力。用其智於人，未若用其智於己也；用其力於人，未若用其力於己也。明用於己，則物無避焉；力用於己，則物無改焉。

這樣對於循環哲學的玄學基礎，它自身的意義，違犯它的弊害，企攀它的方法皆已推闡盡致。此後儒者對於老子所説歙張弱强的話，因爲近於權術，不願意談，而對於它那循環哲學的全體却多認爲處世的格言，奉行不輟。

韓非子對於"禍兮福之所倚，福兮禍之所伏"的解説也很適當。其説如下：

> 人有禍則心畏恐，心畏恐則行端直。行端直則思慮熟；思慮熟則得事理。行端直則無禍害；無禍害則盡天年。得事理則必成功。盡天年則全而壽；必成功則富與貴。全壽富之謂福，而福本於有禍。故曰："禍兮福之所倚。"以成其功也。

> 人有福則富貴至；富貴至（則）衣食美；衣食美則驕心生；驕心生則邪僻而動棄理。行邪僻則身死夭，動棄理則無成功。夫内有死夭之難，而外無成功之名者，大禍也，而禍本生於有福。故曰："福兮禍之所伏。"

漢賈誼所作的服鳥賦，對於循環哲學也很有發明。其詞曰：

　　　萬物變化兮固無休息；斡流而遷兮或推而還。形氣轉續
　　兮變化而嬗；沕穆無窮兮胡可勝言。禍兮福所倚；福兮禍所
　　伏。憂喜聚門兮吉凶同域。彼吳彊大兮夫差以敗；越棲會稽
　　兮句踐霸世。斯游遂成兮卒被五刑；傅説胥靡兮乃相武丁。
　　夫禍之與福兮何異糾纏。命不可説兮孰知其極。水激則旱
　　兮矢激則遠。萬物回薄兮振蕩相轉。雲蒸雨降兮錯繆相紛。
　　大鈞播物兮坱軋無垠。天不可與慮兮道不可與謀。運數有
　　命兮惡識其時？

賈誼雖是儒家而服鳥賦的思想却完全屬於自然論哲學。老子講
天道，講人道，而萬物方面的是否循環，却未多説。他却談到萬
物，看到它們無休息的變化。“斡，轉也。”“斡流”就是俗話所説
的“漩渦”。他是要説萬物的移動變化好像洄漩，轉過去又轉過
來。這樣變化以至無窮。他又舉些例子證明禍福的倚伏。“糾，
二合繩；纏，三合繩。”繩無論二合、三合皆無法分開。禍福無異
糾纏，則雖欲分之而不可得。“旱”與“悍”同。水與矢全是愈激
愈悍疾。萬物互相振蕩以成旋轉。“陶家名模下圓轉者爲鈞。”
這是説天地的大輪不住地旋轉，就像陶鈞一樣，而萬物因以生長。
“坱軋”，王逸云“霧氣昧也”。這是形容萬物的播散若野馬塵埃
的飛散。“與”與“預”同，“數”或作“速”。他這種自然論的宇宙
觀一定是受道家哲學的影響。

　　新朝揚雄的思想受周易及道德經的影響很大，所以太玄裏
面所表現的思想完全是循環論的。玄攡内説仰觀俯察以後，

就説：

> 日月往來，一寒一暑。律則成物，曆則編時。律曆交道，
> 聖人以謀。晝以好之，夜以醜之。一晝一夜，陰陽分索。夜
> 道極陰，晝道極陽。牝牡群貞，以攡吉凶，而君臣父子夫婦之
> 道辨矣。是故日動而東，天動而西。天日錯行，陰陽更巡。
> 死生相樛，萬物乃纏。

他仰觀俯察的結果，就是看出日月、寒暑、晝夜、陰陽、牝牡、死生
的對待、相反、相成。又看出日動向東，天行向西，天日之行，相反
相錯（錯交也），以成歲時。這種對待循環的道理，聖人準之，可
以定律，可以治曆。則天地之間一對待循環之交錯而已。并且萬
象的發生就是由於這些對待的相錯。所以又説：

> 夫天地設故貴賤序；四時行故父子繼；律曆陳故君臣理；
> 常變錯故百事析；質文形故有無明；吉凶見故善否著；虛實盪
> 故萬物纏。

"纏"通"躔"，有歷或在的意思，若"日纏"。百事之析由於常變
之錯；萬物之纏由於虛實之盪。則百事萬物分析與存在全由於
此對待物之交錯與動盪。并且此盛則彼生，此極則彼來。所以
又曰：

> 陽不極則陰不萌；陰不極則陽不牙。極寒生熱，極熱生
> 寒。信道致詘；詘道致信。其動也，日造其所無而好其所新；
> 其靜也，日減其所爲而損其所成。故推之以刻，參之以晷，反
> 覆其序，軫轉其道也。……近玄者玄亦近之；遠玄者玄亦遠

之。……冬①至及夜半以後者,近玄之象也。進而未極,往而未至,虛而未滿,故謂之近玄。夏至及日中以後者,遠玄之象也。進極而退,往窮而還,已滿而損,故謂之遠玄。

人道莫善於近玄。所以中之次亦說:

月闕其摶,不如開明於西。

月摶則闕,退之象,其初明於西也,進之象。所以月之摶不如其初明於西也。我國人最喜歡說的:"美酒飲教微醉後,好花看到半開時。"也正是同一類的精神。

玄瑩說:

福不醜不能生禍;禍不好不能成福。

"醜,厚也。"福厚則能生禍;禍好則能成福。福禍的倚伏說的再清楚沒有了。

盛之次六尚未極盛,故曰:

天賜之光,大開之疆。

這真好的很了。趕緊接着告誡說:

于謙有慶。測曰:"天賜之光,謙大有也。"

這是說當盛之中,必須秉謙德纔可以"大有",如果自滿驕傲,就要適得其反。此後盛漸近極,就與危險漸近。

於次七,則曰:

---

①編者注:"冬",原誤作"各",據通行本揚雄太玄改。

　　乘火寒泉至。測曰："乘火寒泉,禍不遠也。"

再進,次八,則曰:

　　挹于滿焚,幾後之傾。測曰:"挹于滿,幾不免也。"

愈近極則愈危矣。及其盛極之上九,則曰:

　　極盛不救,禍降自天。測曰:"極盛不救,天道反也。"

此則盛極必衰,什麼法子也救不了。天道的反也正是天道的循環
了。玄衡更戒之曰:

　　盛壯而將老也。

這仍是道德經所說"物壯則老""不道早已"的意思。

　　人類以喜憂應盛衰,禮記曲禮已經説"樂不可極"。玄於樂
之次三,曰:

　　不宴不雅,嗅呱啞咋,號呲,倚户。測曰:"不宴不雅,禮
　　樂廢也。"

司馬光釋之曰:

　　宴,安也;雅,正也。三爲成意而當夜,棄禮廢樂,沈湎淫
　　泆。廢禮則不得其安,廢樂則不得其正,雖嗅呱啞咋,苟窮目
　　前之樂,其憂患何遠哉!近倚户外而已。

其次五,則曰:

　　鐘鼓嗜嗜,管絃嚌嚌,或承之衰。測曰:"鐘鼓嗜嗜,樂
　　後悲也。"

悲樂相繼，人當鑒之而不可極樂矣。其上九則曰：

> 極樂之幾，不移日而悲，則哭泣嗟資。測曰："極樂之幾，信可悔也。"

"嗟資"與"嗟咨"同。樂極則不移日而悲至，除了懊悔，還剩下些什麼？

司馬光總釋之曰：

> 三者戒之於思；五者戒之於福；九者戒之於禍。大指皆言樂不可極，使人始終反復，當念之也。

於晦之次五，又戒之曰：

> 日正中，月正隆，君子自晦，不入窮。測曰："日中月隆，明恐挫也。"

王涯釋爲："日中月滿之時，而能戒其過盛，自晦其迹。既達消息屈伸之義理，則其道不窮。"其義甚是。

於將之次六，則曰：

> 日失烈烈，君子將衰降。測曰："日失烈烈，自光大也。"

司馬光謂"失"與"昳"同。又謂："雖有烈烈之盛，君子知其將衰，能自降抑，故不失其光大也。"這些全是要說：當盈滿的時候，如果能自降抑，還可以避禍得福。

社會及個人的盛衰福禍既是這樣的互相倚伏，所以羨之次三說：

> 其亡其亡，將至于暉光。測曰："其亡其亡，震自衛也。"

這仍是周易"其亡其亡,繫于苞桑"的意思。

世運的質與文也與盛衰相仿,互相贏絀——未可太過。其文之首,曰:

> 文質班班,萬物粲然。

"班班"猶"彬彬"。其次三曰:

> 大文彌樸,孚若不足。測曰:"大文彌樸,質有餘也。"

這些質文交相爲用,全都很好。如過文勝,則次八有云:

> 彫鐵①,布穀亡于時,文則亂。測曰:"彫鐵之文。徒費日也。"

這是説:如果徒務費日之彫鐵,而布帛黍粟俱亡于時,那就要亂了。其上九曰:

> 極文密密,易以黼黻。測曰:"極文之易,當以質也。"

這是説:當"極文密密"的時候,應該以專表黑白而無他文的黼黻矯正之。

揚雄太玄的意思,括總説起,是世運有治亂盛衰,互相倚伏。但是如果君子能循"近玄"之道,謙卑自晦,則亦可以遠禍得福。

這種循環論,易緯不惟演其思想,并且推其數目。漢書律曆志載有其説:

> 易九厄曰:"初入元百六,陽九;次三百七十四,陰九;次四百八十,陽九;次七百二十,陰七;次七百二十,陽七;次六

---

①編者注:"鐵",原誤作"鐵",據通行本揚雄太玄改。後同。

百,陰五;次六百,陽五;次四百八十,陰三;次四百八十,陽三。凡四千六百一十七歲,與一元終。經歲四千六百一十七歲,灾歲五十七。"

這是説:四千六百一十七歲爲一元,因爲:

$$3 \times 19(閏法) \times 81(日法) = 4617$$

一元之中,有九次厄運。每次厄運幾年,它并没有説,僅知九次共五十七年而已。9+9+9+7+7+5+5+3+3 = 57,但未知原意是否如此。孟康解釋這些數目,説:"易爻有九六七八。百六與三百七十四,六乘八之數也。六八四十八,合爲四百八十歲也。"解七百二十爲"九乘八之數"。解兩六百爲"七八爻乘八之數也。七乘八得五百六十歲;八乘八得六百四十歲。合千二百歲也。於易爻,七八不變,氣不通,故合而數之,各得六百歲也"。此九數目字,前二合爲一,共餘八數。其中四百八十共四見,七百二十共二見,五百六十及六百四十各一見。其或多或少的緣故,據孟康説是:"陽奇陰偶①,故九再數而六四數。七八不變,又無偶,各一數。"然"再"何能言"奇"? 六何以不"再"而"四"? 他却没有説。這四個數是輪流着以六七八九乘八十的。它何以用八十爲基數? 那如淳説的最清楚。他説:"八十歲則甲子冬至。一甲子六十日,一歲三百六十日,八十歲得四百八十甲子。又五日,五八四十爲四百日。又四分日之一,八十歲有八十分,八十分爲二十日。凡四百八(昶案:'八'爲'二'之誤)十日,得七十(昶案:'十'衍

---

①編者注:"偶",原誤作"隅"。

文)甲子。八十歲合四百八十七甲子,餘分皆盡。故八十歲則一甲子冬至也。"又第一四百八十何以分爲百六及三百七十四兩數? 孟康説百六爲"前元之餘氣也,若餘分爲閏也"。前元何以有餘氣及餘氣何以爲百六? 均未有説明。但是這個含極大神秘性的數目字百六却引起極驚人的波瀾。原來漢武帝改曆法的時候是以太初元年爲此元的首年的。而太初元年到平帝時就到了百六年了。所謂"陽九之厄,百六之會",成帝、哀帝時候的儒者及術士完全相信它是真實的。不可免的大劫已經快到了,那可怎麽辦的? 有人主張改元或再受命。改元還不要緊,但未必能壓住這樣地大灾。再受命的意義如何? 却言人人殊。恐怕是再一次改朝換帝吧! 像王莽那樣帶不少書呆子氣的人物,如果没有再受命的説法給他一種暗示,他是否敢開始覬覦漢家很鞏固的基業却很難説。然則這個很奇怪的數目字對於劉家的宗廟社稷,可以算是一種惡雲。但是再受命的説法對於劉家的再起,却也很有幫助。當王莽的末年,大家全相信劉氏的再得天下,光武中興的容易,同這樣的信仰有很大的關係。自然,這裏面還有很重要的政治的和社會的原因,未可忽視,但是"陽九之厄"的迷信對於此次大亂有很重大的影響,至少使亂事加速,不及待仁人君子的挽救,却是誰也不能否認的。此次大亂的時間雖不甚長,而人民之受塗炭,却備極慘酷。前定論變成迷信,此次可謂致禍甚大。但此後前定論的思想自身雖尚未能破除,而九厄之説至東漢後無信之者。

以上所述的思想,除了陽九和百六的前定論迷信外,在我國的思想界中可以説占了很重要的位置。我們現在也不須繁引博證,僅再引宋人的幾段話以結此論。

宋范質作宰相的時候,他的侄子杲給他寫信,希望他給他升升官,這位老宰相就寫了很長的詩誡訓他的侄子,裏面有幾句話説:

> 物盛則必衰;有隆還有替。速成不堅牢;急走多顛躓。灼灼園中花,早發還早萎;遲遲澗畔松,鬱鬱含晚翠。(朱子小學卷五)

司馬光答韓秉國的信説:

> 自有天地以來,陽極則陰生,陰極則陽生;動極則静,静極則動;盛極則衰,衰極則盛;否極則泰,泰極則否。若循環之無端,萬物莫不由之。(溫國文正司馬公文集卷六十三,六頁,四部叢刊本)

他所著的潛虛中也有不少同類的思想,兹不具舉。

程頤説:

> 且以歷代言之,二帝三王爲盛,後世爲衰。一代言之,文武成康爲盛,幽厲平桓爲衰。以一君言之,開元爲盛,天寶爲衰。以一歲則春夏爲盛,秋冬爲衰。以一月則上旬爲盛,下旬爲衰。以一日則寅卯爲盛,戌亥爲衰。一時亦然。如人生百年,五十以前爲盛,五十以後爲衰。然有衰而復盛者,有衰而不復反者。……若論天地大運,舉其大體而言,則有日衰削之理。(二程遺書卷十八,頁十九)

程氏兄弟本來是人生論哲學派的中心人物,但是他們也免不了染些自然論中循環論的色彩。雖然如此，他到底是人生派的人物，他并不肯像司馬光那樣說"盛極則衰，衰極則盛"，却是很清楚地分辨"有衰而復盛者，有衰而不復返者"。這一點極重要，因爲不惟就純知識的觀點看，日昃固可以再中，月蝕固可以復盈，花落固可以重開，而人老却不能返童，物死并不能復生，囫圇吞棗，實屬說不過去，頂重要的是實用的觀點。知道盛極必衰，能够預先戒愼，恐懼，謙卑自牧以善其衰，固然甚善，但是反過來說衰極則盛，那豈不很容易使人忘盡人事，謬聽天命，坐着等待盛運的重臨？中國儒者對於此一點幾乎可以說恰恰做到好處：他們對於衰極可盛的信仰剛足以挽救衰時所最容易陷入的悲觀絕望，却絕不至於麻痹挽回頽運的重大努力。我國人處逆境時的達觀和忍耐不能不說是受否極泰來、盛衰倚伏等思想的若干影響，而盡人事以聽天命却是儒家全部哲學的真實妙諦。對於此點看的最清楚，說的最圓滿的莫過於王船山。他看準命并不像希臘人所說的 moira，爲盲目的，前定的，不可移易的，却是有定理而無定數，盡人全可以影響它，創造它的。他論李泌"君相可以造命"之說，說：

> 君相可以造命，鄴侯之言大矣。進君相而與天爭權，異乎古之言俟命者矣。乃唯能造命者而後可以俟命，能受命者而後可以造命，推致其極，又豈徒君相爲然哉？天之命，有理而無心者也。有人於此而壽矣，有人於此而夭矣，天何所須其人之久存而壽之？何所患其人之妨己而夭之？其或壽或夭不可知者，所謂命也，而非天必欲壽之，必欲夭之，屑屑然以至高大明之真宰與人爭蟪蛄之春秋也。生有生之理，死有死之理；治有治之理，亂有亂之理；存有存之理，亡有亡之理。

天者,理也;其命,理之流行者也。寒而病,暑而病;飢而病,
飽而病。違生之理,淺者以病,深者以死。人不自知而自取
之,而自昧之;見爲不可知,信爲莫之致,而束手以待之,曰天
之命也,是誠天命之也。理不可違,與天之殺相當,與天之生
相當,自然其不可移矣。天何心哉? 夫國家之治亂存亡,亦
如此而已矣。而君相之權藉大,故(昶案:此處疑有數字)治
亂存亡之數亦大,實則與士庶之窮通生死,其最適止於是者
一也。……故鄴侯之言非大也,非與天爭權。自知其藐然不
足以當天之喜怒,而天固無喜怒。惟循理以畏天,則命在己
矣。雖然,其言有病:"惟君相可以造命。"豈非君相而無與
於命乎? 修身以俟命,慎動以永命,一介之士莫不有造焉,禍
福之大小,則視乎權藉之輕重而已矣。

他這一段議論可謂明切已極。"能受命者而後可言造命"與培根
所言"欲自然界受我們的命令必須我們先受它的命令"的意思大
致相同。"能造命者而後可以俟命",西洋的思想家或未談到,却
也是分際恰合,毫無疵纇的真理。因爲我們人類雖能造命,却也
自有分際,并非萬能。必造命以俟命,而後天與人乃各盡其性,得
其理。"一介之士莫不有造","禍福之大小,則視乎權藉之輕
重",亦屬分際恰合。不迷信權藉而妄自菲薄,比李泌的思想更
進一步。吾人如能認清此分際,則無論治亂盛衰,進退綽然有餘
裕矣。

　雖然,當晦盲否塞的時際,一介之士人微言輕,將用何法以造
命乎? 吾儒之公言亦惟盡其在己者而已矣。船山一生最推重管
寧,實在即以自況。他論管寧在遼東專講詩書,習俎豆,説:

　　天下一日不可廢者,道也。天下廢之而存之者在我,故
君子不可一日廢者,學也。……見之功業者雖廣而短,存之
人心風俗者雖狹而長。一日行之而天地之心昭垂於一日,一
人聞之信之而人禽之辨立達於一人。其用之也隱,而搏挽清
剛之氣於兩間,陰以爲功於造化。君子自竭其才以盡人道之
極者,惟此爲務焉。有明王起而因之敷其大用,即其不然,而
天下分崩、人心晦否之日,獨握天樞以爭剝復,功亦大矣。
(讀通鑑論卷九)

他所說的"天地之心","人禽之辨",雖說好像一種迂腐的陳言,
其實是一種確鑿不易的真知灼見。驚心於世界近一二十年大變
化的人士,如果還沒有陷於悲觀絕望的深窟,并且還沒有被凶風
所煽惑,一旦澄思眇慮,一定會與船山有同類的感覺。船山又反
對憤世嫉俗的情愫。他說:

　　史稱:"管寧高潔,而熙熙和易,因事而導人以善。"善於
傳君子之心矣。世之亂也,權詐興於上,偷薄染於下;君不可
事,民不可使,而君子仁天下之道幾窮。窮於時因窮於心,則
將視天下無一可爲善之人,而拒絕未恐不夙,此焦先、孫登、
朱桃椎之類所以道窮而身亦窮也。夫君子之視天下,人猶是
人也,性猶是性也;知其惡之所自熏,知其善之所自隱。其熏
也,非其固然,其隱也,則如宿草霜凋而根荄自潤也。無事不
可因,無因不可導,無導不可善。喻其習氣之橫流,即乘其天
良之未喪,何不可與以同善哉? 此則盎然之仁充滿於中,時
雨灌注而宿草榮矣。(讀通鑑論卷十)

船山主張性善，主張人類道德的進化，所以“仁義之人其言藹如”。最善傳仁人之心境的是：“知其惡之所自熏，知其善之所自隱。其熏也，非其固然；其隱也，則如宿草霜凋而根荄①自潤也。”能看到這一步，憤嫉的情感自然消失，絕不至於像龔自珍所説的“四海皆秋氣，一室難爲春”，而冰雪自酷，梅花自秀，一點見天心，“道窮於時，不窮於己”。循循善誘以啟迪一時晦塞之人心，即以開闢將來復興之景運。誠能如此，則船山所説“獨握天樞以爭剝復”，真非過言。普通的儒者多未能達到此境地，但信衰後不難再盛，即當大亂之日，亦應遯世無悶，黽勉潛修，以俟世運的轉移，則爲儒家的公同信仰。有盛衰循環的哲學以敝其絕望，有人可勝天的信仰以防其頹廢。中國儒者數千年能支持危局的大部分原動力或即由此產生。

①編者注：“荄”，原誤作“芽”，據前文及通行本讀通鑑論改。

班毀銘跋書後①

　　友人丁山先生治學精專,爲我平生所佩服人中的一個。就是單從本期本集刊所載的四文來說:指出“夜雨雷”爲“吳雷”的錯誤,并證明吳雷即楚祖吳回,楚公逆即被弒的熊翔,可謂精確無比。以說文所載飴的籀文釋鄶,指明鄶安爲邴氏祖的安,或亦即鄭氏祖的萊言;又據左傳及國語的明文,證明㕝叔安就是這位鄶安,也□②愜心貴當,可無疑誼。即叔弓爲晏弱的號,書傳中雖無明文,而字誼有關連,且萊邑與鰲都本屬同名字異,以史事證明,新誼亦可成立。至以鐘銘證明晏之出於宋,則更毫無疑問。但是班毀③銘跋中所主張各誼,那我却未敢苟同。對於徐偃王的歷史,我在本期的集刊中有較詳細的考證,讀者可就此二文所主張,自行詳細比較,不必再談外,丁先生在此文中所主張,約可分爲

---

①編者注:本文原刊史學集刊 1944 年第 4 期。
②編者注:原稿此字無法辨識。
③編者注:“毀”,原誤作“毀”,後同此不再出校。

數端：

（一）作毀的班即征東國的毛伯，也即穆天子傳所載的毛班。

（二）眉戎即偃姓之戎，亦即徐偃王的"偃"。

（三）偃王爲南燕的先祖。

（四）證明眉戎地的絲、蜀、巢約當戰國時代所稱的"泗水十二諸侯"之地，即南燕，亦即東國。

（五）謂九夷爲居於九河間之夷。這個"九"就是大東詩中"有洌氿泉"的"氿"，也就是九江九縣的"九"。

（六）古本紀年所載"周穆王三十七年起六師，至於九江，伐楚"之文，楚爲舒的音譯。伐舒即此銘中所言的"伐東國"。

茲分條辨駁如下：

（一）作毀的班即征東國的毛伯，本無疑問。丁先生考出其即穆天子傳中的毛班，足徵淹洽。被據此文定本器之作於穆王時，但未留神"其傳述人物"雖"絕非馮虛"，而終屬"六國稗官"，離西周盛時已遠，將人物前後錯置數十年或百年，並非希見的事情。後代雖博雅鴻儒，如洪邁、顧祖禹之流，均因爲受稗官的影響，錯信諸葛武侯真曾六出祁山，他們所用的方法，同丁先生所用很有相仿的地方了。

（二）眉音的從冑從胃，丁先生似尚無定見。古人姓與氏爲一類，字與謚爲一類。徐屬第一類，偃屬第二類。丁先生忽視此分別；而眉又有從冑胃二音的可能。古音分部本僅廿數。單因它們的同部就武斷它們爲同字，已有無適不可的嫌疑。此二彼二。配合隨便，然則古音之不可以互通者，也太少了。

（三）南燕姞姓，是否黃帝之後，固然沒有明確的證據，但蒬

伯即六伯,亦僅屬音近牽合。看彔彧卣"女其以成周師氏戍於苦
自"的文字,可知彔當爲王室方面的卿士大夫,非如六與淮夷同
屬風偃集團(即傅斯年先生所稱之夷人),六助宗屬以禦淮夷爲
内奸也。且姓與氏雖屬一類,而"周道"已經"繼之以姓而弗別,
綴之以氏而弗殊"。姓氏的辨別不甚分明,在殷時也或可能;至
周時則姓氏之辨甚嚴,"姬旦""姜尚"已見譏於識者,偃姓、偃氏,
何能混爲一稱? 至以偃王的偃爲匽,則又混字謚姓氏而一之! 如
此牽淆,真將隨意所之,無往弗利矣!

　　(四)"秉緐蜀巢"在"令錫鉴勒咸"前,明係追述往事,與肙戎
並不見有何種關係。丁先生稱爲"肙戎之族",全由臆測。蜀固
非巴蜀之蜀,巢也未必爲居巢之巢,但這些對於本問題,没有多大
關係。東國在泗上,固無疑問,但南燕故地在今河南延津縣境。
東去泗上,還不下三四百里。東郡的"東",雖或與東國的"東"有
若干關係,但不能謂□[1]東郡各縣全與東國有關。相去三四百
里,在用兵及考史兩方面,約已有相當的重要。如無特别説明,未
可牽合而一之也。

　　(五)最使我迷惑不明者,當無過於丁先生對於九夷、九河、
汎泉、九江、九縣的解説了。字有音有義。音有通假,義有牽涉。
然其通假與牽涉,各循自己的途徑,不相關聯。如河間一名,如果
用它的義,自可與河東、河中、西河等辭生關係;如果用它的音,僅
可與荷澤、考城等城生關係。既用音而通於荷澤、考城,又用義而
通於河中、河東、西河,却不可能。我不曉得丁先生的牽合九夷、

───────────────

[1]編者注:原稿此字無法辨識。

九河、氿泉、九江、九縣,是用九的音呢？是用它的義呢？氿所從的九明屬音符,而丁先生羅列九夷、九河的名字,則又像用義。如用義,則九本古人以表明衆多的數目,如九州、九山、九川等,不能專指某地某族。如用其音,則某地方固可有一名九的部族,山水亦蒙其名稱。然九夷固當有九數或較多或較少的部族,九河、九江,乃因江河下流水勢散曼,遂成十數道的支流,所以得到這樣的名稱。就是"九縣"原文說是"夷於九縣",所"夷於",就是說與他們爲等夷,前人訓爲九數者不錯,並非某地名字叫作九縣。如果可以這樣音義互通,那豈惟九河、九江、九夷、九縣、氿泉可以互通,西方"我征徂西,至於芎野"的芎野、智伯所伐的厹由、九侯之國、九州之戎、九京、九原,以及其他無限從九音、帶九義者,那個不能牽合！如此則不惟小九州之内,即大九州之内,亦任何一地無不可通！實在氿泉可屬東國,則當在徐州的北部,或兗州的□①南部。九河遠在兗州的北部。九江或在揚州境内。南燕在豫州的東北部。相去均遠,無緣共帶一名。丁先生所建此義,可謂毫無所當。

　　(六)穆王三十七年興師之事,楚本係紓之訛。詳見本期拙著徐偃王與徐楚在淮南勢力之消長。藝文類聚、初學記、文選注、太平御覽、廣韻、路史均載此事。無須改字。但此點對於本問題關係不大,可置之不論。而史迹對象是否徐方？徐方首領是否偃王？均尚未證明。至於南燕、九河、九江、氿泉等等的牽合,求之史迹則無憑,準之地望則相遠。論據脆弱,無建立起來的希望。

———————

①編者注:原稿此字無法辨識。

　　要之，我們今日想用金石來考證史事，不能不注意到兩點：第一，必須與典籍相聯絡，而典籍中間尤必須將早期的和晚期的分辨清楚。這並不是說，早期的就没有錯誤，如同宋板的書也可以有很多錯誤地方一樣。可是儘管也有錯誤，它自有的真正價值並不爲之減少。因爲以後的錯誤很多是從它的錯誤裏面再錯誤下去。如果晚期的材料同早期的衝突，止要我們還没有找出早期材料錯誤的真正原因，我們就没有理由判斷它不如晚期的材料。換句話說，儘管大家對它不同意，而對於它的錯誤還未能説明或證實的時候，儘少說，這問題還没有解決的希望。並且晚出的材料，即使許多書上完全相合，却並不能依多數的理由，就判斷同它們不合的一件早期材料爲錯誤，因爲這多數的相合，滿許是由自同一來源，或是受同一著作的影響。以徐偃王的問題來講，尸子、荀子、韓非子、淮南子是比史記較早的材料。史記流行後，勢力很大，幾乎没有著作家不受它的影響。所以"周穆王伐徐偃王事"，儘管"盛傳於漢代"，而來自同源，不能與早期偶然現出的一鱗一爪比短量長。不能證明前四書上所載的事實，或説明它們錯誤的理由，就不要想對偃王的史迹能有解決。第二，古人因爲没有字書，用字不很一律，許多同音通假，是很顯著的事實。我們對於古代的韻，經若干賢哲的研究，已有所知，可是對於古代的紐，知道的還很少。在這種情形之下，專從聲音求通假的痕迹，有不少點尚未能應科學上的規律，那也是一件無可奈何的事實。惟其如此，我們用此種方法，不能不特別加以小心。我們如果能證明它們韻紐全同，完全同音，或古人已經通用，這才算成立了一個要而不足的條件。否則須加以相當的保留，將來斷案就要有若干可以活動的餘地。即使條件成立，也必須有其他事實直接或間接的證明，假設才能有成定論的希望。又必須與古代比較靠得着的材料完全無衝突，或雖有若干衝突，而能尋出理由，可以說明者，理論始能成立。將不合於本人脾胃的材料①，一筆抹殺，如康有爲、崔適諸人的辦法，那是作八股，不是講科學。近來不少講學的人，依聲音爲主要武器。只要兩字有叠韻或雙聲的關係，就可以互相通假。古韻分部不過二十許，紐或尚不及二十，如此則不能通假的字也很有限了！如果不通，又加之以旁轉、對轉及其他的種種轉法，歸結不能通的幾乎無有！（我絕没有意思否定旁轉、對轉等類確實的存在，不過謂各種轉法均須受許多限制罷了。）任何方面皆通，就等於任何方面不通！而作者又常以此爲已足，迅下斷案！認可能性爲必要性。不知可能性可多至驚人，而其必要性者僅能有一個！這一班的學者也許疑古頗激，新誼頗多，可是他們所用的方法，同清末主張天主教爲三苗遺風的儒者、現代將禹貢九州推廣至五大洲的學子所用□②没有大分別！如果這樣就能叫作科學，那我國原來的科學家也太多了！私見如此，質之丁先生以爲何如？

---

①編者注："料"，原誤作"科"。
②編者注：原稿此處空闕，似有脱字。

晋寧訪古記①

　　民國二十七年,國立北平研究院因國難移滇。是年冬,余及
同事顧頡剛先生亦先後至滇。次年夏,友人晋寧方臞仙先生約余
及顧先生、方國瑜先生同游晋寧。晋寧者,相傳爲漢益州郡治滇
池縣故地,雲南歷史上三大都會之一——漢及唐中葉爲晋寧,唐
中葉後爲大理,元以後爲昆明——且爲其最古者。今得友人作鄉
導往游,喜可知也。七月廿一日,同乘汽車到晋寧,以臞仙爲東道
主。——臞仙居於縣西偏北三四里之方家營。——次日,同游縣
城東十餘里之盤龍山,祠宇莊嚴,林木茂美。又次日,同西游天女
城。城據舊志,爲晋李毅女秀所築。當西晋末造,中原雲擾,蜀爲
賨人李雄所據,寧州隔絕。戎夷乘機肆亂,校尉李毅病,未能綏
平。光熙元年(三〇六)毅卒,此州"文武以毅女秀明達有多才,
遂奉領州事。……秀將勵戰討。食糧已盡,人但樵草炙鼠爲命,

①編者注:本文原刊史學集刊 1944 年第 4 期。

秀伺夷怠緩,輒出掩破,首尾三年"(華陽國志卷四南中志)。毅
子釗始自洛奔喪抵寧,"文武復逼釗領州府事"(同上)。後經毅
故吏毛孟到洛作秦庭之哭,朝廷乃命魏興太守王遜爲寧州刺史,
逾年至寧,寧州遂又爲晋守者二十二年(永嘉五,三一一——咸①
和八,三三三)。華陽國志及晋書(卷七成帝紀,卷八十一王遜
傳)所記大致如此。今城在方家營西五六里處一小岡阜上。城
南有村。由村中間北轉,有路上升。路寬,兩旁較高,似係人工所
開。俗名天城門,當爲"天女城門"之簡稱。門旁置四石,每邊
二,叠置。石長二三尺,寬尺許,高尺餘,上鑿如屋頂檐,頗似今日
本地人碑上所覆之帽。外有一大石,頗似一大殘碑。疑其覆面有
字,雇人掀視。入門未遠,有一廟,内有小學校,此時鎖閉。廟附
近陶片頗多,但無一可證爲非近世物。再上,陶片亦少,不類人居
遺址。岡頂爲一近人墳塋,北望滇池,遠不及里,風景絶佳,當爲
生人眺望之所,朽骨占據,殊非所誼。下至天城門,若碑之石已掀
起,絶無字迹,爲之憮然。再細察四石,所鑿檐端擬瓦當紋。中有
圓凸出,外圍有圈,圈外四方各有Ｔ紋。此種瓦當,長安附近至
多。古董店人名之曰"雲板頭"。此類簡單花紋,漢人多用,後則
未見。漢晋相去甚近,然則此其晋人遺物矣。此地雖名城,實無
垣墉之痕迹。下阜,出村,轉西南至金山寺,爲一古刹。寺中有一
殿祀土主,傳此土主即爲李毅。又前,過清四川按察使李因篤故
里。再前,又有一村,村居山坡上,有一廟。此廟及金山寺,皆爲
從昆明疏散出之學校及其教職員所借用。是晚,從瞿仙處,假得

---

①編者注:"咸",原誤作"成"。

徐霞客游記,檢得其游天女城段,謂:"天女城上有天城門遺址。古石兩叠,爲雕刻亭檐狀。昔李毅之女秀代父領鎮時,築城於此,故名。……"然則此四石之非近人所鑿,又得一證。又次日,同游玉案山。山在縣城二三里許。高敞平易,實非一山。相傳爲莊蹻所建之滇池城。地在大道東,上多近人冢墓。陶片不少而無古陶證驗。再東進,有一溝,崖間得面具繩紋或邊具幾何紋之漢磚。外有一長溝,俗名護城河。以地勢準之,名亦近理,或有所受之。繩紋磚爲漢代或較古之證驗,已爲近日考古學界之所公認。至邊具簡單幾何條紋之磚爲秦漢所恒用,亦得公認。以吾個人所見,河南之舊宛城,舊昆陽城,舊葉城,陝西之舊成固城,舊陳倉城,凡屬漢城遺址,無不有此花紋磚。余等今日出晋寧城往玉案山時,已注意到鄉人屋基有此種花紋磚。雖無上述數城所見之多,而數目亦尚不爲少。余得此磚後,顧先生言:"昨日所至最後一村,廟前階間磚亦有帶此種花紋者。"但余當時忽略未見。歸昆明後,一日,矓仙先生來言,其弟樂耕先生在天女城邊,亦得邊邊帶幾何紋磚。按此種種,則玉案山及天女城之爲漢晋遺址,具有實物證據。又從地勢言之,晋寧地處滇池東南隅。縣城附近山,名者,西曰望鶴,東曰蟠龍。蟠龍北折,折處山根有平坦處,即爲玉案。立玉案左右望,望鶴、蟠龍若蟹之二螯,而玉案適爲其腹。由望鶴北,岡阜迤邐,至湖邊,結聚爲天女城。余疑戰國至晋,滇池水位較高。玉案西北,今日彌望稻田,當日均在湖中。即今日縣城所在地,或亦冬春現出,夏秋淹沒。矓仙言:方家營地,在元咸陽王贍思丁疏導以前,仍在湖中,即其明證。至天女城址,夏秋當成孤島,冬春南可通陸。漢滇池縣治,當因滇王舊治,而滇王舊治即其祖莊蹻所建之城。時間相去不遠,尚無更易,亦近情理。李秀當擾攘之際,地勢必獲形勝而後可固守。玉案山雖高敞平易,而東南兩面近山。山中居民生活較苦,乘治安之不易維持而下降掠奪,近山之地,守禦匪易,必須遷地爲良,皆理勢之所必至。李秀率易侵掠之人民遷居半島,如有緩急,守禦較易爲力。質之實物,證以地勢,傳說似屬不誤。惟阮文達雲南通志稿(卷三十二)謂滇池舊治當在宜良境内,以牽合漢書地理志滇池條下"大澤在西,滇池澤在西北"之説。略謂大澤當今之陽宗海子,滇池澤當今之昆明海子,因此而斷定滇池治之在宜良。然陽宗海子在滇池澤正東,不在南,故仍與地理志所言之方向不合。且陽宗面積迫狹,亦似不符大澤之名。余疑地理志所述或有舛誤。否則滇池縣舊治或當於今撫仙湖東,澂江縣境内求之。今日實地調查工作,所作過少,尚不足以解決此問題。惟此二地爲漢代或其前後之遺址,則可斷言。……此次留晋寧凡三日,臞仙先生不惟殷勤款待,而且以其鄉邦文獻絶人之學力,向同游人竭誠指導,使余得獲極可寶貴之教益,此則尤深銘感者也。

滇賢碑傳集叙[①]

我國文字之著於竹帛,乃在古代較晚近之時。先民的樸質,農業未盛,多食禽獸之肉,有要事需記,即鎸之於骨上。其尤要者,乃著之於吉金。然其爲用蓋較刻骨爲晚。此後事變繁頤,骨金弗給,乃代之以木,以竹,以帛,以迄於紙而用始大備。自我國發明後,其利用且遍於全世界。木竹帛紙之用廣,或以記米鹽之瑣屑,或以載典章著作之弘富。其爲用也,在於萃。至分記一事一人,或一時之感慨咏歌者,則多刻之於石。石較骨堅,較金易治,而較紙爲永世,故二三千年以來,流傳至溥。其爲用也,在於特。前者可兼後而後者未能兼前,亦其體質限之。世變愈繁,人趨簡易。知識定律之獲取,由於萃,不由於特。且文人諛慕,多叢浮辭。故碑誌及私人傳記之文,近世雖數量至巨,而常爲儒者所薄視。雖然在知識之域中,萃者,果也;特者,質也。無瓦甄而欲

---

①編者注:本文原刊史學集刊 1944 年第 4 期。

以成室,工者猶且弗能。且治史專家,萃汗牛充棟之質料而撮其指要,略有不慎,訛誤隨之。體例所限,未能詳著,而吾人對於先哲之欽仰,其鄉里,經歷,瑣務,生卒歲月,以及其他種種,皆爲研尋時之所弗能廢。簡要叙述,殊難令人厭足。又對於社會及自然界之觀察,古今不同。昔人所忽,未必非今人之所當珍視。故近人治史,首注意於史料之來源,而猶汲汲於所謂第一手之史料。蓋此類史料訛誤較少,絶非經過多手、生吞活剝之粗製品可比。我國自兩宋以來,金石著録,已成專業。朱熹名臣言行録之編輯,皆取資於碑誌、傳記,及當時人之筆録,而不加改纂,其謹嚴慎重有如此者。自此以後,著録金石及碑傳之典籍尤稱繁夥,著者之意蓋亦有見於此。滇南山澤峻深,離中原絶遠。然自二千年前,文化已自廣被。觀近年在昭通、晋寧及其他各地所出之古物,其文化成績與中原固極迫近。迨唐中葉,朝政失紀;宋祖建國,猜疑縮恭,遂致滇南淪絶域者幾五百年。元人混一,贍思丁諸人以勳以治,而滇南復歸中土。數百年來,文物蒸蒸。如楊文襄之勳業,錢南園之節概,中原名臣未能或先。金石傳記,數亦富有,而搜集著録尚有所待,斯真好古者之一大憾事也!友人方矑仙先生治學精竺,於鄉邦文獻,尤所孳孳。萃十年之精力,述成滇賢碑傳集十卷。其搜集也,不辭險遠,不憚勞瘁;攀陵探谷,剜苔剔蘚。而又擇之甚嚴,取之極精。且於其所采録,皆注明其來源所自,使有疑寶之讀者得以按書而取證。學者得此書一讀,足知此土先哲。對於我民族文治武治之努力,不後中土,而油然興其思齊之思,此豈非考古界之一大快事乎?雖然,史之大用有二:一曰求是,二曰垂訓。此書詳録鄉先正之嘉言懿行以垂後世,不惟便於①研討,且令晚學後進得所瞻慕,其有裨益於人心當非淺鮮。然荒烟蔓草之中,深山幽谷之内,尚多殘碣牐石,或記閭閻之疾苦,或陳夫馬之差派;或載隄堰之修築,或列橋梁之興廢。雖言或不文,語雜鄙俚,爲儒者所弗道,其影響於國計民生,常既弘且巨。矓仙先生雖年六十,而體魄强固,神知不稍衰頹,尚其能更賈餘勇以從事於廣搜博采者乎? 則炳昶雖不敏仍願執鞭以隨子之後也。

中華民國廿九年五月,徐炳昶,時寓昆明黑龍潭之龍泉觀中。

---

① 編者注:原於"於"後衍一"於"字。

論封建勢力^①

宇宙內的現象無窮,而表示現象的文字有限,所以一字或一辭常有用以表示兩個或兩個以上相鄰近的現象,意義未能洽合,也是在學術界中常常不能免的事情。尤以東西互譯,社會情勢懸殊,完全適合,甚少可能。然因辭義欠明,觀念亦因之以混雜,小有不慎,常常引起學術上或實用上無謂的紛爭。所以正名一事,雖不容易嚴格作到,却應當時時念及,刻時補救。否則無謂糾紛,很難解除,甚或致引起社會中頗巨大的損失。

近若干年來,大家常用,尤其是左派作家常用"打倒封建勢力"一辭,我國人有頗長的時候疑惑它的涵義。我絕不否認在我國社會中間有巨大的惡劣勢力,阻撓進步,應該打倒;我也大略明白用這一個辭的朋友們心目中所要指的東西是什麼。但是我所不能明白的是此種惡劣勢力何以叫作封建勢力,它同封建又有何

---

①編者注:本文原刊正報 1945 年 4 月 21 日、22 日。

種關係等類。懷疑頗久,未能解釋。以後才恍然大悟:他們不過
抄襲一個西洋名辭,并無深意。德俄諸國脱離西洋 Feudality 不
久,我們從前把他不很正確地譯爲封建,人家要打倒封建勢力,我
們也得跟着打倒封建勢力! 此一名辭遂一變而爲惡劣勢力的代
名辭! 不問原義,張冠李戴,我國學術幼稚,思想不求清楚,於此
一端,已可概見。

　　封建這個辭是我國古老名詞之一。這個制度的實現主要地
是在周朝。從前儒者誤認秦漢以前,唐虞三代皆屬封建,殊不正
確。堯舜禹時代,氏族林立,還没有固定的政治組織,遑言封建?
氏族分立,雖與封建相近,然封建一辭原意乃指一王在上,將土地
分受宗親。使之世襲以作屏藩。此時無一尊之國王,何能有衆建
之諸侯? 夏禹以後,政治固定組織雖漸形成,而夏商二代之王,在
全國中不過爲群王中之一王(king of kings①) 在他們旁邊還有不
少的小王存在。他們同國王的關係並非君臣,不過像春秋時代群
侯同盟主的關係,强則服從,弱則散處各立,固非正確意義的封
建。商朝自武丁以後,國力强盛,似漸有封建的事實,但規模狹
小,尚不足以言制度。至周朝,經文王、武王、周公諸人弈世的力
征經營,"滅國者五十","并建母弟以藩屏周","姬姓之國者四十
人"。此外弈世婚姻的姜,古帝王後裔的嬀、姒及子等等,亦皆受
封國,結爲婚姻。自此以後,全中國的名城大邑,不屬於周王的宗
室,就屬於他的親戚。古代氏族,間有流遺,間降爲附庸,受宗親
的鎮撫,周王室從此乃巍然在上,爲群王中之王(the king of king-

---

① 編者注:"kings",原誤作"knigs"。

s①）。此次大變化算我國政治向一統前進之一重要步驟。雖説以後王綱不振，群侯成爲王室的離心力，可是因爲强國從前多屬宗親，所以到春秋時代，還有齊桓、晋文等伯主翊贊王室，不肯改德改物。直到戰國，群侯漸盡，即有存者亦很微弱，不足爲天下重輕。僅餘六七强國，互相争雄。至秦漢而中國大一統之局以成。封建制度遂告結束。我國封建的經過，大致如此。

　　於此尚有一點需要説明的，就是周人本屬耕稼民族，周公率領東征的就是這些農民。征服一地後，封建宗親，實在就是農業殖民。帶來的農民耕種近郊的地帶，每夫受地百畝（約合二百四十步爲畝之四十畝）。這些人也是農夫，也是戰士。情形頗像後代的屯田。大諸侯或分配有商朝的遺民——俘虜，這些人大約僅能住近郊外圈叫作遂的地方。因爲他們爲被征服的民族，所以每夫僅得地七十畝。上兩種人大約仍須代耕公田若干畝以備賦税。至於最新征服古代氏族的遺民，則因被征服最後，所以權利愈差，每夫不過給地五十畝，也許居住離國都更遠，也許間處於遂甸之間。他們所耕没有公田與私田的分別，不過收取若干税額而已。孟子所説“夏后氏五十而貢，殷人七十而助，周人百畝而徹”，并不是三代繼承，取民制度的異同，却是周人定制，征服者與被征服者權利的差異。“殷人”及“夏人”既爲被征服民族，所以没有作戰的權利，也没有作戰的義務。西周盛時，戰事稀少，征服者與被征服者權利秩然，不得逾越。及至春秋時代，戰争頻繁，征服者雖權利稍多，而負擔特重。且常思戰士的過少，則削除從前的分別，

①編者注：“kings”，原誤作“hingc”。

蓋自晉人轅田及州兵的創作而征服者及被征服者的權利負擔,漸漸相等(用蒙文通先生説)。魯人初稅畝而公田及私田的區劃亦復泯滅。至於賦稅的輕重大約因國而不同。强國急於爭伯,而民甚繁,其賦稅較重。反之中等國家如魯、衛等,既無爭伯之企圖,用民較少,或反多保持舊制,民力小紓。左傳所載仲孫湫所説"魯不棄①周禮,未可動也",公山不狃所説"魯雖無與立,必有與斃",及論語孔子所説"齊一變至於魯,魯一變至於道",全須用這個觀點去看,才能得到它們的真諦。同封建制度有密切關係之井田制度的變遷,大約就是這樣。他固然不像後代迂儒所想象那樣的郅治,但是也不見得如現代左派學者,將西洋制度來硬套出的辦法。特點是變遷雖多而不甚劇烈,否則當日社會中應有的重大矛盾,在古書中無留遺的顯著痕迹,不可解釋,我國古代社會的變遷,將完全無法明白。

如果以上所説無大錯誤,則不惟井田制度早經破壞,即封建制度,在秦漢以後,也可謂無復留遺。在國相或長史掌握中的諸王,食禄則有之,以云封建制度,不過餼羊的僅存。然餼羊雖存,終非告朔禮也。

如果看清楚上面所説的現象,就已經可以明白它同歐洲中世紀的 Feudality 不甚相同,頂重要的分別就是周朝的制度乃是統治階級文王、武王、周公諸人的一整套計劃,至於西歐的制度都是反對當日統治階級沙爾大帝子孫的意志所形成的一種事實。本來羅馬帝國是歐洲當日的一統帝國,絕不像夏商二代或以前氏族

---

①編者注:"棄",原誤作"弁",據通行本左傳改。

林立的社會，這已經是大不相同。但是這些還不很要緊。帝國於
第二世紀末，逐漸崩潰，歐洲大亂者五六百年。直至第八世紀末，
沙爾大帝出，東征西討，才把西歐的大部分復行統一。可是他并
沒有恢復羅馬帝國的租稅制度，服務於政府的人并沒有正式的官
俸。主要的是將土地分配給他們。受分地權的人，和舊有地權而
尚未取消的人，全得擔負兵役。土地是擔負兵役的報酬，不擔負
兵役便須沒收地產。自然，受分土地的人全有將土地傳給自己子
孫的傾向，但是沙爾大帝各種法令，防制他那些伯爵（Count）有世
襲的危險，所以終他的身，真正的封建制度還未能形成。大帝死
後，傾向變成了事實，無論將來的皇帝與國王願意與否，他們全不
能不承認。而後西洋的"封建制度"完全成立。因爲中國的封建
制度開始是一個整套的計劃，所以在後期對於王室雖説是一種離
心力的表示，可是在前期，還有不短的時期有向心的作用。再進
一步説，中國的封建對於將來統一大業，還作了不少的推進，而西
洋的"封建"却是對於羅馬一統帝國只顯出一種分離的作用。次
重要的是：因爲中國封建，不過是農業殖民，所以戰勝之後，暫作
戰士的農民，大部分還沒有脱離生産，雖説權利特殊，而身體勤
勞，尚不容易腐化。封建的初期，卿士大夫，尚知稼穡之艱難，壓
榨未甚，尚能有若干的和平。此後因社會環境的變遷，而與其他
人民權利義務亦漸變爲平等，社會自身間之矛盾不甚尖鋭。西方
"封建"因爲是對於武士的酬勳，所以其所屬人民皆爲農奴。僅
有統制階級與生産階級的分別，無"農民戰士"中間階級聯繫。
且自九世紀武朝制度成立後至十五六世紀制度漸次崩潰止，戰爭
連續，幾無休息的時期。武士以戰争爲經常職業，即稍有閑暇，亦

僅從事游獵,稼穡艱難的思想,從開始的時候即不發達,所以西洋"封建時期"的農奴與中國封建時期的農民(近人亦多以爲農奴),他們苦痛的程度,似乎略有差別。西洋貴族與平民中間的矛盾亦較尖鋭。

從以上兩點看起,西方人民當日的條件皆遠劣於中國。但是一種有出息的人民,隨處努力。常常從惡劣的環境中間找出來一種更良好的出路。西方"封建制度"不若中國的有計劃,所以權利與義務皆不甚分明,以致養成長期的混亂。但正因爲一切皆不分明,所以國王的約束權力自始即極有限。貴族對國王時時企圖整理其權利與義務之關係,反倒孕育出來西方的代議制度。最有名的英國大憲章也不過是貴族與國王調整權利與義務關係之舉動,可是它却開了近代憲法的先河。中國在西周盛時,王室約束權力正强,大家也很少爭端,權利與義務無調整的需要。春秋戰國,則王室已衰,也不需要同它調整。秦漢統一以後,則地域廣大,當日交通方法尚未發達,無論儒者有若何重民的傳統,而對於國家大事,選舉多人,聚集一堂,共同商酌的辦法,殊屬不可想像。統一自有極大的好處,而當交通不便之際,亦有博大的笨重與不便。所以在中國,民治思想雖發達很早,而民主制度却歷數千年未見萌芽。從淺處看,似有不可解的矛盾,但如果能尋流溯源,也會找出來其中有必然的形勢。説到這裏,已經超出封建題目的範圍,現在言歸正傳,就是我們近來以封建舊名詞翻譯西洋的 Feudality,如果仔細分析,這兩個詞的中間,實有很大的區別。但是用舊名詞譯新事物,從不會有涵義完全相同的時候,而每次創造新名詞,在事實上甚少可能。無論這兩個詞中間有多大的分別,而有兩個重要點却是相同:第一,對於中央集權爲一種離心力;第二,爲世襲的。有這兩重要點相同,所以彼此互譯雖不盡善,却自有其理由,不過總要記清楚的,是這本是一個舊名詞,自有定義,絕不能用新譯增加的意義反過來推翻原義罷了。

中國的封建幾已絕迹(晋初似有復興的形勢,但南渡以後又復衰落。唐自中葉以後,近於歐洲之封建又興,但至宋又消滅)。不然後代迂儒日慨嘆於井田封建不復存在的事實,即將無法解釋。雖王侯的名義尚存,則名存實亡,情勢全非。等到清代,連與地域最後的微細聯繫也完全消滅,可謂根株盡絕,全無留遺。但西方的"封建"則消滅不久,尤以德國與俄國的消滅爲尤晚。嚴格講起,不過上次歐戰以後的事情。如此晚近,則其殘餘勢力當然尚有留存。故在彼國"打倒封建殘餘勢力"的口號固屬理明詞當(日本財閥皆屬封建殘餘勢力,其尤著者)。但在中國,不察情勢,抄襲他人之口號,反覆尋繹,真可怪駭。

我在上面很强調我國自秦漢以後,封建制度無復留遺,現在并無所謂封建的殘餘勢力。這是否要説我國現在的民間并無重要的惡劣勢力,大家高呼"打倒封建勢力"是一種無病呻吟呢?否否,大謬不然。曠觀我們數千年的歷史,我們中華民族的政治能力并不亞於任何政治能力高的民族,甚至可以説比他們的能力都高,所以比較近兩千年的歷史,中國民間的惡劣勢力比西歐那邊的惡劣勢力甚有遜色。但是歐洲自近二三百年來,十八世紀前半,英國代議制度大有發展,大陸也受它很重大的影響。法國大革命後,民治潮流一發莫遏。加以工業革命,日進月征,交通方法的邁進有一日千里的形勢,民治基礎遂得確實建立,舊日惡劣之封建殘餘勢力遂被逐漸淘汰。工商業興起,對於舊日的渣滓固然盡了滌蕩的作用,可是它的自身又成了可怕黑暗勢力,蘇俄革命又加之以洗□[1]。蓋近二三百年,歐洲在政治方面進步極速。社會組織雖還未達到理想地域,而從前的黑暗勢力已經要迅速地消滅,也是異常正確、不容否認的事實。至於我國,雖從前的腐惡勢力并不超過人家,而受病也相當地深。近數百年來,不惟毫無滌蕩,并且病的深度還有增加。如清末,如袁世凱,皆能加速細菌的蔓延。國民政府成立後,有消毒的企圖而無時效藥的發明,毒菌威力實尚氣焰萬丈。如不迅速努力,慎重進行,病入膏肓[2],即將有致命的危險。再來諱疾忌醫,一眠不起,毫無疑問!我們大聲疾呼,還恐怕來不及,那敢説人家無病呻吟?不過欲圖殺敵致果,必先認清敵人。如果粗心浮氣,認敵不清,戰略錯誤,少有不覆敗者。我們斷斷爭辯,主因在此。并非敢漫作寬心之談以鬆懈大家對宛敵作戰之努力也。現在我們細細分析大家所指爲封建勢力者全屬何物,再逐個分析他們同真實的封建及西式"封建"有何分別,在今日何種爲患最甚。對於計劃向彼鬥爭的戰略或有裨益。

看近人所舉的封建勢力大約不外數種,曰世族,曰地主,曰土司,曰軍閥,曰土豪,曰劣紳,曰官僚。世族大盛於兩晋及南北朝,隋唐二代雖科舉日興,而世族餘威尚多存在。范陽之盧、博陵之崔、滎陽之鄭仍爲大衆景仰,有時天子與之爭勝而不可必得!然而宋以後,科舉彌封之制興,而販夫走卒的子孫,如果勤於學問,

[1]編者注:原稿此字無法辨識。
[2]編者注:"肓",原誤作"盲"。

可一躍而膺狀元宰相的上選,仕族遂不復爲世重。它們的興起,實沿東漢末年清流君子衡量人物的遺風,以儒素德業自異於人,而不因高官厚祿衒耀□①世。袁朗因其家族世有忠義死節之士。以至鄙夷"歷代首爲佐命"之琅琊王氏,不願與爲伍,門第早期之真誼本應如此。此後雖或"尚於婚媾,求於利祿",爲以詬病,然如崔祐甫、崔群、李吉甫及李德裕父子、杜佑、鄭覃諸人,或以清節,或世經濟事業,或以經學,卓然獨異,遂致身台輔,絕非承藉門第濫竽官祿。它們興起同周朝的封建和西式的"封建"皆絕不相同。他們當政時候的功罪也頗難説。普通説起,他們的短處是没有進取心,比方説,東晉國勢遠勝南宋,而南宋人猶常鬧恢復,東晉人則已若淡忘。王羲之、蔡謨、孫綽,皆賢者,而對於經略中原皆盡力阻撓。長處是並無野心,識解大禮,能使政象安寧。如王導、郗鑒、謝安、王華、王曇首、徐勉、周捨之流,全是這一派的作風。南北朝欲易帝祚者類皆出於武人,並不出於世族。且南北兩方的世族對於中國舊文化的保存,皆有相當的功績,絕非西方羅馬世族之所能企及,中世紀之武人貴族無從比擬,更比不説。要之,中國世族僅有"世"之一點頗近封建,餘皆相去甚遠。且已早屬過去陳迹,可不多談。地主大者連阡陌,以致貧民無立錐。不肖者且重利盤剥,凌暴佃户,爲患頗劇。在歷史上,王莽以帝王之力與之爭鬥,而終不勝,幸有限田及租庸調制,小資補救,然自宋後,此等限制亦復無聞。此與西式"封建"中的莊園制度亦頗近似。它的興起,據今日所知,一小部分由於農民數世勤儉,且恰巧

①編者注:原稿此字無法辨識。

子孫不多，積累至此。尚有一小部分經大亂之後，土地荒蕪，占領爲業，亦由勤儉始能保守。以上二種，乃真正農民，欺□①鄉民者實不多見。此外尚有經營小商業致富，改業爲地主者，亦屬此類。但此數種在百分率中僅占小部分。其餘經營較大商業者，從前亦多買莊田。我國爲官退休并無養老金之制度，故一行作吏必要買幾畝地不能自耕，必須作地主。諸葛亮的"薄田十五頃"，乃爲歷史上最有名譽的地主。再其次是軍閥强占，抗戰以前東三省的巨大田主大半屬此範疇。以現在情形而論，北幾省較少（東三省則爲例外），南省較多。地主們在任何時候同官僚均有關係，蓋我國政治不够清明，與官僚毫無關係，對於財産之保護頗成問題。宋元以後，門第已衰，其祖父作官，子孫不學即難登仕途，如不作地主，亦難繼續其書香。此制幸賴我國早行群子分産制度，故尚不易太集中，爲患尚可小減。然平均地權仍當爲戰後最主要之措施也。土司僅存於西南各邊省，但蒙古王公、蒙藏喇嘛，亦與其性質相同。最可稱爲封建勢力者，七類中僅有此一類。蓋不惟世襲與爲中央集權之離心之力條件具備，即其開始受封亦有近於周代封建者，有近於西式"封建"者。今日他們中開明的人物□②度也頗近春秋時代的公侯，其頑□③人物也頗近於西方中世紀的封主。雖然如此，今日高喊"打倒封建勢力"者大約不指此類人物。因其在中國全體不居重要之地位。這一類問題與小民族的問題密切關聯。蘇俄在革命以前，小民族問題比我國複雜的多，但自

---

①編者注：原稿此字無法辨識。
②編者注：原稿此字無法辨識。
③編者注：原稿此字無法辨識。

從他們施行新民族政策以來,進步極速。此次世界大戰,蘇俄的
損失甚大,可是在他們那些小民族中間,并未見有裂痕,足徵其政
策的成功,我國如能多取材於蘇俄的新民族政策,扶植青年的新
興勢力,舍棄從前利用王公或喇嘛的落伍辦法,那問題并不嚴重。
軍閥在唐代中葉以後,最爲猖獗,不惟世襲及反抗中央兩條件具
備,且其興起反對中央政府的意志,也全同於西式的"封建"。并
且這些節度使的態度也同於西方公侯的粗暴豪橫,不同於中國公
侯的溫文爾雅。不過到宋太祖後完全消滅,這我却不能不佩服宋
太祖的手段高強。民國初年,袁世凱死後,又幾乎歷史重演,但是
他們的基礎還未紮穩,已經被消滅掉。所以就是世襲的一個重要
條件,除了東北某一將領還有點相似,其餘全未演出。今日雖還
小有殘餘,實已不足爲患,也不需要多談。土豪實屬古代游俠朱
家、郭解的餘風,作奸犯科,報伸睚眦。但經歷代君主的□①抑,
勢已不振。不過"天高皇帝遠"的地方却還有些留遺。像清末河
套的王同春尚爲最後土豪的重鎮。他們不甚像封建時代的人物,
却像西方十六七世紀海外冒險的豪士。"成則爲王敗爲寇"。他
們實在不是守法的良善公民。交通系統建立後,□②治稍上軌
道,無官僚爲庇縱,也會不久消滅。以王同春的偉大勢力,而竟被
簸弄於官吏之手,無可如何,足徵土豪雖□③,尚不足以言封建勢
力。消滅自有方法,并不需要口號與標語。劣紳到處皆有,爲患
殊烈。但此爲官僚的另一方面,成功即爲官僚,不成只好在鄉間

---

①編者注:原稿此字無法辨識。
②編者注:原稿此字無法辨識。
③編者注:原稿此字無法辨識。

魚肉鄰里。他們實爲官僚政治的附屬品，離開官僚，他們即不能生活，可與官僚合論。官僚可以説是政治發達後的腐爛物，中央集權制下的寄生蟲，我國有兩千餘年的統一政治，自然會養成他們的存在。他們的本領很大，作弊的能力極高，壞了很大的事情，却并不容易找出來他們的漏洞。你要攻擊他們打倒他們，他們却會蹤影無存，消失你戰鬥的對象。他們的面孔是和善的，無害的，以至於是可親的，但是你一不小心，他們就會鑽進你的心臟，消蝕你的肺腑。他們真是如紅樓夢上所説："坐山觀虎鬥，借刀殺人，引風吹火，站乾岸兒，推倒油瓶不扶，都是全掛子的武藝。"國民政府開始成立，他們也頗害怕，但是不久又滲入行政的各門部！我們終天致憾於行政效率的未能增加，可是，如果對於消毒的特效品找不出來，不惟行政效率永遠不能增加，并且腐蝕日深，是可以致命的！雖然如此，這是微生毒菌，并不是虎狼。拳打虎狼的方法去□①消滅毒菌，完全失敗，蓋可斷言。這種寄生蟲不惟與封建勢力毫無關係，并且同它是處於兩個極端，因爲一個是離心力的表現，另外一個却是過度、集權後的附屬品。

　　要而言之，普通所指的封建勢力不外上述七端。除世族問題早已無足重輕，軍閥問題已近無足重輕，土司係部分問題，重要不及全國外，餘三問題皆與官僚有密切的關係，而最密切者爲劣紳問題。官僚問題解決，餘三者皆可迎刃而解。否則治絲愈棼，終無了期。然官僚雖惡劣，却非封建勢力。故"打倒封建勢力"一口號，在今日爲不切要。

————————

①編者注：原稿此字無法辨識。

　　想研究一國的歷史，須多知道他國的歷史，多作比較以助了解，乃是一定的道理。但是拿別國的材料來作比較，是一件事，把研究別國歷史的結果硬往自己歷史的頭上嵌，却完全是另外一回事。各民族社會生活的環境不同，怎麼樣能有簡單的理論可以普遍地使用？我國近來一部分學者，尤其是左派的學者，迷信了西方惟物史觀學者的經典，以爲氏族社會以後必須是奴隸社會，此後又必須是封建社會①、資本主義社會、社會主義社會。在它們中間似乎有邏輯上的必要，秩序確定②萬不容紊亂者。實在此在西方亦非定論。歷史家談埃及的 Fedai Epuoch 氏絶没有不合理的地方。又况封建爲我國數千年的舊名詞，何能随便解釋。因爲氏③族社會後必須爲奴隸社會，所以夏商，甚而至於周，也得爲奴隸社會，不得爲封建社會，因爲資本主義社會以前必須是封建社會，而我國自海通以前尚未達到此階段，所以我國自秦以後至海通，倒反成了封建社會，原誼如何，悍然不顧，實在彼等如有必要，何不造一新詞？何必沿用此意義絶不相干之舊詞，致□④混淆？他們大約也感覺到它們的性質不很相類，就□⑤造出來“官僚的中央集權的封建制”的奇怪名詞！這個詞固然不是中國固有，但是我不知道，如果把它譯成西文，西洋學者能明白它的涵義否！因爲在西方，第九世紀以後，帝政解紐而封建興起，第十五六世紀後，王權進步而封建制度又漸衰落，是封建與中央集權處於兩極

①編者注：“會”，原脱，據前後文補。
②編者注：原於“定”後衍一“會”字。
③編者注：“氏”，原誤作“也”。
④編者注：原稿此字無法辨識。
⑤編者注：原稿此字無法辨識。

端,互相矛盾,互爲消長,不容並立,歷史事實具在,不容混淆。現在忽有中央集權的封建制出現,你教西洋的學者怎麼樣能了解呢? 我們嘗怪我國人思想不够清楚,希望用西方富分析世的科學方法來醫療他們,可是西洋學說的輸入的結果反産生出來這樣的混亂,令人撟舌難下,驚詫無已。

我們的結論是封建爲中央權力分離後的出産品,官僚爲中央集權過度後的出産品,西歐統一爲破例,分裂爲常例,故大患在封建。中國與它正反,統一爲正常,分裂爲破例,大患在官僚。今日我們應該集中全力撲滅可以危害民族生命的官僚主義的細菌,不應該拿"打倒封建勢力"不切實的口號,混亂戰略以産生全軍覆没的危險。至於如何撲滅官僚主義,俟余有暇,當繼續有所論述。

從治學精神方面看我國的
學術獨立自主問題^①

　　近日學術界中對於我們學術將來的獨立自主問題討論得很熱烈,是一件很好的現象。我們八年苦戰,所爭的是政治和經濟的獨立自主問題,但是如果我們的學術思想永遠不能獨立和自主,那我們的政治和經濟,就是暫時爭到獨立自主,也全是假的,不久也仍會失掉。我們在學術方面,已經有數十年的歷史,可是直到現在,才注意到這個問題,雖然不算太早,但是能注意到總算是一件可喜的事情。不過大家近來所討論的,大部分是制度或設備的問題,我們以爲如果沒有獨立自主的治學精神,那就有較好的制度和設備,也還不够。必須治學的精神,不受牽掣,不受限制,而後制度和設備,乃得有所附麗和受領導,不致成爲無用之物。

---

①編者注:本文原刊現代知識 1947 年第 2 卷第 2、3 期合刊。

我們所說學術思想的獨立自主精神,并不是指科學精神的自身,因爲科學精神是全人類的,無國界的,惟一的,并且是不可抵抗的。所以關於它,沒有獨立自主的問題。并且可以進一步說,凡說科學精神,就是說它是獨立自主的,不能獨立自主,也就不成其爲科學精神,所以獨立自主,對於科學,根本上不成問題。我們現在所要說的,是人知無涯,即科學的發展亦無涯。近代文明的三個大代表:英、法、德,他們全很有理由地說:某一種科學是我們的。比方說:英國人可以說,物理學是英國的科學,因爲近代的物理學實在是由牛頓奠的基礎。法國人可以說,化學是法國的科學,因爲近代的化學實在是由拉瓦西耶(Lavoisier)建的規模。我們的學術思想,如果不想獨立自主則已,如果想獨立自主,那必須將來也可以說某幾種科學是我們中國的科學,當我們中國學者在這些範圍以內,"篳路藍縷以啟山林"以前,你們對宇宙間這一分部的現象還沒有辦法可以妥當地處理! 那才算真正達到了獨立自主的目的。否則總是趕着人家尾巴後邊轉,即使有若干的成績,却總難與人家度長量短,獨立自主自然是無法談到啦。

一定有人疑惑人家科學先進的國家對於科學的領域大致已經占領,現在只有圈子内的材料可供研討,圈子外面幾乎全無地方。所以我們現在只有趕緊跟着人家追,等追的差不太遠,就已經算很好;在其他範圍内打主意,那就算認錯了目的,結果一定會徒勞無功。

雖然,豈其然哉? 宇宙間的現象,不論就其外包與内涵來講,永遠是無限的;而人類的知識永遠是有限的。以有限比無限,永遠不能成比例,我們只要努力,就永遠有新領域可開發。說領域幾乎全被人家占領,那簡直是一件笑話。真正具科學頭腦的學者沒有人能相信的。

可是話又説回來了,無徵不信,處在近三百年科學突飛猛進以後,説知識界中還有未開闢的新領域,似乎是頗難着想。——這話説來太長,但是爲了大家容易瞭解這個問題,也不妨找出幾個例子談談。

科學最粗淺的分類是分作自然科學和人文科學兩大支。我們就試着從這兩方面各找出點例子談談,今天先從自然科學談起。我個人對於這方面的知識異常貧乏,但是我想隨便談談,也還不妨。

氣象學爲一項頗晚起的科學,近來也有相當的發達,可是一直到現在,我們人類對於氣象的自身,還是一點没有辦法,一點也不能控制(控制氣象就是俗説的呼風唤雨)。不惟實行控制就是控制它的可能性,現在還有極多的人對它很懷疑。從前人對於氣象的觀念異常迷糊,以爲這既不是屬於地上的事情,就應該是屬於天上的事情,以致於把氣象學和天文學當作兩門極相鄰近,或可混合的科學! 現在鄉下大多數的人還以爲風霜雨露(氣象學的對象)與星辰日月(天文學的對象)有密切不可分離的關係!他們可不曉得天文學上所研究的星宿,動動就説多少光年。以走的極迅速的光,從它們那裏發出,可以經過數十年,以至於數百年還没有走到我們地球附近。它們距離我們的遥遠至於如此。至於氣象學所研究對象的範圍不過是地球表面上的一薄層。我們現在知道,如果我們乘汽球上升至同温層,已經没有風,没有雨。即使它同下層風雨的變化,還不能説完全没有關係,可是它們中間的關係比較已經微末。現在我們設想作一個直徑一公尺的地球，那氣象學所研究主要對象的範圍，不能超出於表面上數公厘的距離。它對於我們地球這樣的密近，可是一直到現在，我們人類的大科學家對它還是毫無辦法，這是否有點寒傖呢？

我們在科學進步史上可以看出來一件永恒的事情！它的前一部分是說：如果我們對於某種現象的真正原因還沒有認識，我們就絕不能希望可以控制它；它的後一部分是說：一旦我們知道了它的真正的原因，如果還肯繼續地去努力，我們就可以漸漸地去控制着它。實在我們人類全部的進化史就是這一件公例的實現。現在氣象學的發達雖說還不很長久，可是我們對於氣象變化的真正原因，總算大體已經知道。氣象上的主要現象，颱風和下雨，不過是地球表面上氣壓變化的結果。現在就是一個中學校的學生，只要能稍具氣象學上的常識，斷沒有再相信是老龍王下雨，或滕六、巽二能起雲降雪者。氣象變化的真正原因，已經得到，只要能再繼續努力，將來漸漸可以控制住它，蓋可斷言。

現在人類的衣食所需，極大部份還是靠着農業。大家嗤我們中國的農人是靠天吃飯，實在說起，拿全世界來講，水利修，林木茂，彼善於此，固亦有之。然而水利林業，對於雨量不過是小有補救。沙漠曠野，現在的科學家還是無奈它何！至於我們中國人，百分之七十餘全是農人，而又水利未修，林木稀少，小有水旱，就是成千成百地餓死！將來即使水利、林業能着着舉辦，而我們的東亞大陸十年九旱。大旱之時，溝井也會缺水，林木也會萎焦，其所能改良的也很有限度。我們北方人覺得只有北方缺雨，南方當可無虞，實在并不如此。抗戰時期，我在昆明過了七八年，覺得他們那裏雨澤充足，遠非我們北方所能及。可是在這七八年中，只有一年雨澤特別地多，我疑惑它已經過多，或至傷禾，及至一問農人，才知道這一年特別豐收，爲好多年所未見！因這一年的大豐收，才恍然於他年的雨澤還不够豐裕。南方尚且如此，說中國的十年九旱，絕非誇張。就從全世界來看，可以說水的成災，大約由人事的未盡，而旱的成災，却直至今日，人類還沒有大辦法。因不降雨而變成沙漠的地帶異常廣泛。人類能力的薄弱，真可驚人。

　　近來歐美的科學家也有人努力於人造雨術，還沒有大成功。我對於他們工作的歷史也不太清楚，但是我總覺得他們注意的範圍還嫌太小，他們太急着"喚雨"，却不注意"呼風"，不曉得能呼風，才能大規模地喚雨，呼風喚雨原非兩事。他們僅注意於當地或附近空中水分的凝集，遇着這些地方空中所含的水分接近飽和，還未能全飽和的時候，可以使它提前降落，但如所含的水分離飽和度尚遠，他們却還找不出辦法。我在前面說過旱災對人類，比水災更覺嚴重，缺乏雨量的地方還太廣大，那是否因爲地球上已經有水分缺乏的徵象？否否，大謬不然。大陸上或沙漠間可以缺乏水分，而就地球的全體看，絕没有水分缺乏的危險。大家全知道雨量不過是海洋的水因熱蒸發，又順風向而送之於陸上，凝結降落。海洋不缺乏水量，地球上絕無缺乏水分之患。像我們處在中國北方的大平原上邊，海洋在東，東方的海風一到，甘霖未有不立降者，此蓋婦人孺子均已熟知。但彼等僅知東風之可以降雨，未知東風降雨是因爲它飽含海氣，少差一點。現在海洋中的水量既極豐富，而據研究地下水的學者說，地下水的儲量尚多出於海洋之總量數倍。按着科學上的常識判斷，大約地球在三二十萬年以內,絕不致於有缺乏水分的危險。我們人類真正進入歷史的階段,就是頂古的,也還不及萬年。等到數十萬年以後,我們的子孫,已經到了數千輩,或萬輩,到那時候,水分還不一定就缺乏,然則我們在今日,空抱杞憂,不肯努力去改善它的狀況,豈不是有點太不爭氣了麼?

并且我們可以進一步說,把理論的氣象學進之於實用,控制氣象,并不是歐美各國科學家的使命,却是中國科學家的使命。這并不是我們看不起人家,誇張自己,這是因爲環境使然。我們如果不想適應環境則已,我們如果還想適應環境,就應該把這一個課題認識清楚以後,毅然決然擔負起來。我們特殊的環境有兩點:(一)需要造成事實的原則,已經成了歷史上顚撲不破的真理。歐美的社會組織,偏重工商,農業的改良還不是那樣地急需。我國的社會組織,百分之七八十的人民屬於農民,所以對於農業的改良需要的更急切。就是將來工業革命,而我國既不願蹈帝國主義的覆轍,主要的工業品銷路就得靠着國內的市場。如果一切農民滯留於饑餓綫上,工業品製成後推銷到什麼地方去? 從另外一方面看,可以說我國的農場特別廣大,土壤非常肥沃,如西北各省"厥土黃壤,厥田上上",今猶古昔,只因雨量不豐,遂被視爲瘠區。如果我們控制氣象的工作成功,那些地方一定變成五洲的上腴。我們的需要既特別地殷切,我們的工作就應該特別地勤奮。(二)凡一件開新的事業,最難的是下脚的第一步。因爲在這一步以前,大家對於它的可實現性還不敢確信,所以進步甚難。等到這一步走上了路,大家對於它的實現毫無疑問,爭着去努力,自然容易進步。可是想走這第一步,阻力小的地方容易走,大的地方難走，也是一定的道理。想控制雨量的阻力有兩點：一點離海太遠，如果立國在中亞細亞，像阿富汗那樣的國家，想使它研究控制雨量幾乎是不可能。另外一點是離海雖不遠，而海岸上有高山，工作時的困難也就要大的多。因爲飽含水分的空氣，遇着高山的阻礙，其中的水分就會凝結落下。過到高山彼方的海上空氣，裏面所含的水分已經離飽和的程度頗遠，那在想使它降落的時候，也要增加了不少的困難。我國北方的大平原緊接着大海，數百里中一望平衍，不見丘陵，而又十年九旱，在這樣的地勢上面走第一步，比在其他地方全容易，大致不成問題。需要既殷，地勢又特別地方便，中國的科學家，如果不自振作，專跟着別國科學家尾巴後面轉，對特殊的天賦一點不知利用，那真是大惑不解，辜負了自己特殊的使命。

　　近代人的機械力已經相當偉大，如果能盡力去研究，以之變換氣壓，控制海風，當屬可能的事。尤其是從原子能可被利用以後，能源有無限制的增加。如果科學家能集中精力，利用此種新發見的能力，以變換氣壓的方法以控制氣象上的各種變化，我堅確相信在五十年以內，可以獲得最大的成功。那時候全地球的風調雨順，一切的沙漠全已變爲綠野。因地帶的不同，雖還存在着氣候上的差異，而出人意料，可以引起巨大損失的變化，完全消除。人類的幸福絕非從前及現代人所能想象。如果這種工作的榮譽，歸於我們的科學家，那我們對於人類全體的貢獻可謂相當巨大。這就是我們在爭學術獨立自主時候所能開闢的一條新路。實在這一類可能的新路不曉得有多少條。我現在不過在自然科學的範圍以內隨便舉一個例而已。至於人文科學方面的例，姑以俟諸異日。

"快"的文化與"慢"的文化①

　　現在大家,往往把美蘇的對立,看成兩種文化的對立,這并非的當之論,我們固然也可以把這"兩個世界"的文化稱爲資本主義文化與社會主義文化,如若是"往遠處看"時,這兩種文化實在是一個系統。因爲這兩個义化全是工業革命以後的產物。

　　工業革命以後,資産漸形集中,因而無錢的人,都跑到大都市來謀生活。身爲工人替別人勞作。工業革命的結果,生產力增加了,這對社會原是有好處的。但是由於資産集中的結果,少數人確是因此而獲益,但大多數人却依舊受窮困的束縛而没有得到好處。於是社會中產生出來種種問題,都市裏發生種種變遷,其結果是富者愈富,貧者愈貧。在這不平的趨勢下,於是社會主義便應運而生了。因此這兩種文化,實是一脉相承的文化,只是解決兩種不同的問題而已,并不能算是兩種文化,但若往遠處看確也

①編者注:本文原刊正論 1948 年新第 11 期,爲正論第六次座談會徐旭生發言内容,由虞大胄記録。

有兩種文①化擺在面前。

　　我所説的"往遠處看"是一般人所没能留意到的。是中西文化的問題,中西文化的區別,前人所説甚多,據我看,可説是一種是農業的文化,一種是工商業的文化,這兩種文化的特點,可以用"慢"和"快"兩個字來代表,我們中國的文化,就是代表這種"慢"的作風的,如其有一套道理時,我們可以説是一種"慢的哲學"。這兩種文化的不同,并不自近代始。換句話説并不是自近代工業革命以後,或是商業革命以後,中西文化才走上不同的路綫。相反的中西兩方遠在古代便走的是不同路綫,西方自埃及、巴比倫以來即是工商業的文化。這一點我從前雖也多年研究文化問題,也雖在西方經過多少年,但并不懂得此點,最近十幾年尤其是抗戰後在昆明的時候,才發現這一點。

　　中西文化爲何走上這不同的路綫呢? 這是由於雙方的社會背景不同之所致。中國一向是農業社會所以産生農業文化,西洋則自四千年前埃及、巴比倫時代就是工商業的社會,何以見得?四千年前埃及和巴比倫都是非常强盛的,其所以强盛的原因,是因爲在他旁邊的民族都不懂得冶金術,而他們這時却已懂得。其他民族尚在石器時代中過活着,而他們已經是青銅器時代了。有了銅器作兵器,較之石器自然利害百倍,以銅作爲商品,當然勝人一籌。我們只看他們經營紅海東岸的西乃半島,便是他們銅器發達的明證。埃及本在紅海之西,西乃半島在紅海之東。以那時的航海術,而橫渡此大海,是多麼困難的事? 而值得注意的這西乃

---

①編者注:"文",原誤作"支"。

半島并非膏腴沃土，却是一遍墝瘠之地。直到現在西乃半島依然荒涼無比，無法耕種。但是，以色列人爲甚麼一定要爭這個地方呢？爲甚麼一定與當地的野蠻民族拼死拼活的，冒戰爭的危險而來爭這不毛之地呢？原因是西乃半島有銅鑛。這在如今的考古學上是可以找到證據的。他們肯冒戰爭的危險，與該地野蠻人作殊死鬥，來奪取西乃半島，是與現在的資本主義向外爭取資源殖民地，其意義是完全一樣的。這就足以證明西方從早就是工商業的社會了。

埃及的尼羅河兩岸土地肥沃，看來似乎應以農立國，而不應工商業在社會中占支配之地位。其實尼羅河兩岸之土地固皆肥沃，但其範圍不大，僅不過距尼羅河八九英里之狹長地區而已。其窄處僅不過一二英里可耕。總計埃及以之可耕地區之面積尚不及西西里島之面積。約值中國浙江省之四分之一強。所以埃及受此限制，就必須興起工商業，而不能以農立國了。希臘文化發達到頂點的時候，從希臘的雅典到西西里島這一帶，也全都是工商業的社會，因此也自然的産生工商業的文化，這種發展，在西方，一直貫澈到現在。但是我們中國的文化，都是另外的一套了，他不是工商業的文化，而是農業的文化。然而中國爲甚麼一直就是農業的社會呢？他是不是也有機會作工商業的發展呢？這機會是有的。從歷史上看：我們曾有三次變到工商業社會的機會（也可説是兩次，因爲第三次乃是第二次的繼續）。第一次的機會是在商周之間的，現在我們習慣所用"士農工商"的商字，和夏商周的商字是一個字。這個相同，并不是偶然的，胡適之先生認爲商朝人亡了國以後，就專門從事於商業的活動，有如如今的猶太人一樣,所以名之曰商人。根據歷史判斷,在商朝的末年,工商業是很發達的。在尚書上酒誥"妹土,嗣爾股肱,純其藝①黍稷,奔走事厥考厥長,肇牽車牛遠服賈",經商於數百里之外,其規模之大,可以想見。而且,工業與商業是有緊密的關係的。商業的發達就證明是工業的發達,因爲工業製造了商品,商人才可拿去賣,才可行之甚遠,以易有無。因爲只有工業才有地域性,才能限定只有某地生產某種工業,至於農業則不然,到處皆有農業,自無買賣的必要了。所以必賴工業發達而後商業才能發達。我們清楚的知道殷墟文化。那時的煉銅是非常發達的。據考古家考察:銅的質,是遠在西周之上的,其工業發達可以想見。這時如果商朝不亡的話,中國定會走到工商業的路上去了。但是也正因爲其時工商業發達,統治者因而發了財,因而就變成腐化了。這時西北方來了個新興的農業民族,把他給打敗了,這就是"周"。

在夏商的時候,并不是封建制度,而是氏②族社會。所謂三代封建之傳說是靠不住的。説周是封建制度則可,説夏商是封建制度是絕對不可的。夏商是氏族社會,氏族集團林立,夏商於其間不過是較大者而已,故可以説是盟主。而到商亡周興以後,周公雄才大略,因此他吞併各氏族,擴大了統治的區域。而將天下大邑分封功臣及周室子弟,於是天下全歸周室掌握,周室高高在上儼然衆王之王了。此是,夏商以後中國向統一路上走了一大步,開中國歷史上,統一的先河。其影響於後者甚大。

周朝打倒商朝,就是農業民族打倒了工商業民族。又因周人

①編者注:"藝",原誤作"芸",據通行本尚書改。
②編者注:"氏",原誤作"民",後三處同。

善耕,所到之地,必行駐防與屯田之辦法,那時的駐防是屯田的駐防。這樣一來,戰鬥人員依舊不脱離生產。征服階級不脱離生產,所以他腐敗得比較慢。歷史上,征服階級早晚是要腐敗的。但周朝腐敗得慢,畢竟是很難得的事了。這段歷史,影響到秦商鞅效法周公之治,爲只保持秦人的戰鬥力,所以他叫秦人耕種而叫別人去經商了。

以上是歷史上第一次走向工商業的機會,這個機會因周朝興起而消失了。歷史上第二個機會是春秋戰國的時代,近來,研究社會史的人,以爲春秋時代商業資本已經抬頭了。實際這時還未到發達的時代,我們看一看,鄭國弦高犒秦師送禮送了四張牛皮,十二隻牛。我想這禮物在弦高一定是筆不輕的禮物,至少當是送了他全部財產之一半,那麼其全部財產至多也不過有十幾張牛皮,二三十隻牛罷了。由此看來可見弦高那時并没有大量的商業資本,商業還不能算發達,我國可考的商業史是貨殖列傳。貨殖傳上的人如子貢和陶朱①公,都是春秋末年、戰國之初的人物,所以我認爲商業資本是於此時抬頭的。此時如無打擊,我國可能走上工商業的途境上去。但是周公成功的事實,給人的印象太深了。尤其是在讀書人的腦筋當中。所以終至於有商鞅的重農輕商的政策出現,而又打擊了工商業。

後人每謂:重農輕商爲我們一貫之思想。而我國思想上與政治最有關係的,不外儒、墨、道、法四家,在儒家的論語、孟子、荀子就没有重農輕商的話存在,孟子雖有賤丈夫一段話,只不過是指

---

①編者注:"朱",原誤作"未"。

囤積居奇的奸商而已。而道、墨兩家對商業資本隻字未提。而"重農輕商"只是法家的思想而已。重農輕商的理論家是韓非子,而其實行家則爲商鞅。在儒、道、墨、法四大家中,獨法家的堅主抑商重農,何以別家獨無一言呢? 蓋因法家倡導重農輕商是合乎時代潮流的。因爲秦位於今之隴陝之地,文化落後,民風淳樸,勇敢善戰,爲保持秦人之戰鬥力,自應重農輕商。到了漢朝,這思想就已經爲各家所公認的了。這是中國走上工商業社會的第二個打擊。

最後一次走上工商業社會的機會就是在漢武帝的時代。漢朝曾經禁止商人做各種的事情。依然是重農輕商,但是因爲國內統一,各地往來的關稅取消了,所以商業反倒非常發達,商人聲勢反倒極爲喧赫。他們對於政令視若無睹,對於政府的需索費用,一毛不拔毫不負擔。恰值這時漢武帝窮兵黷武,大量需財,國家公帑不夠了,於是起用商人出身的桑弘羊、孔僅等來算商人的錢。桑弘羊本身出自商人,對於商人的情形,知道最爲清楚,因此最能制裁商人,使商人受到嚴重的打擊,不僅如此,同時并將商人在政治上的地位,也予以無情的打擊。在秦亡以後統治者多爲掘起田間的平民,草莽中打出來的功臣,一變而爲新貴。那時的吏制,各地太守多選自朝中的郎官(皇帝的侍從,馬弁),而郎官的來源即爲上述功臣的子弟,和富商巨賈。後者是以納資捐官的方法來買得郎官的位置的。在郎官之中新貴的紈袴子弟養尊處優,缺乏歷練,自不是新興的商人的對手。因此派放太守等官時,其人選,便天然的要落於較爲能幹的商人郎官的頭上,循此而往,政治勢權力必落於商人手中而後已。但這時漢武帝却擢用儒臣公孫弘等倡行選舉制度，選拔品學兼優之士，自此任用士人從政，鏟除政治上商人的勢力。經此打擊之後，商人僅可在經濟上占有勢力，而在政治上就不得不退出舞臺了。經這三次打擊以後商人再也抬不起來了。所以中國一直是農業的社會。因此産生了中國的農業文化。

農業文化的特徵是慢，我們幾千年來一直是在慢慢的漸近，比起西方的工商業文化的突飛猛進，自不可同日而語。我們近代所以吃了虧，便全在此。但慢也有慢的好處，快的好處明顯易見，慢的好處，却非大家所能都知罷了，我個人便是寧取這慢的哲學的，寧好這慢的文化的。慢的好處何在，不是幾句的所能説明：簡單的説，可説是更能持久，更爲穩健，即以走路來説，我們若一步步的走，一下可以走八九十里路，或一百里路都非難事，我們若是急步快跑，跑不了多遠就一定要停止休息了。所謂"飄風不終朝，驟雨不終日"，我們中國這次抗戰的所以能持久致勝，就全是由於農業文化之功，其一切力量便全是來自農村，以我們的惡劣條件，若在事前説能抗戰八年，不僅大家都不會相信，必并且連想都不會往這裏想的，就是我們自己也不例外，但事實上，抗戰了八年却是鐵一般的事實。若説一天兩天，一月兩月，還可以説是僥倖。漫長的八年豈能是僥倖，其原因便全是這文化的關係。我們不能將敵人趕出領土，是因爲我們没有工商業的文化，我們終於維持了八年，也就因爲我們是農業文化。大家一般説我們抗戰致勝是由於地大、人多，地大是來於人多，但人爲什麼還多呢，豈非來於農業文化？四千年前，中國人口没有埃及、巴比倫人口衆多，何以他們滅亡，而我們獨能存在着呢？我們的人口爲甚麼一天比

一天加多呢? 外國人也承認中國人的同化力大,歷史上五胡、元、
清的人們并未被人殺光,然而他們都那裏去了呢? 一言以蔽之,
完全被同化了。例如,最近漢人推翻了滿人,滿洲人被漢人同化
了。而滿洲人是不是想恢復獨立呢? 日本人曾利用這種種族漏
洞而在東北建立"滿洲國"用以號召滿洲人,然而事實上有幾個
滿洲人去參加"滿洲國"呢? 相反的却是很多的滿洲人參加抗
戰。如今漢人之中誰也不再把滿洲人當做外國人看了,而滿洲人
自己也不以爲現在是居住在外國的土上,此種偉大的、無殺戮①
的、無歧視的走上同化之路,就是農業文化之功。

　　農業文化爲甚麽有如此大的同化力量呢? 因爲比較農業文
化落後的文化是游牧文化。兩者相較,農業是安定的,游牧是不
安定的;農業文化是和平的,游牧文化是獷悍的。所以兩者相遇,
農業民族是非常危險的。中國歷代的外患不在西南而在西北,就
因爲西北民族爲游牧民族。所以,如果游牧民族願意從事農業,
農民們不但不反對,而且希望馬上變成和自己同樣的人。

　　相反的,比較工商業文化落後的文化是農業文化。而農業對
於工商業不但無危險,反而會供給他原料。同時工商業者唯恐有
人與其競爭,不希望別人學習他們的生產方式。如此一來,誰的
同化力大、誰的同化力小,就可以知道了。雖②然工商業的文化
也在高喊同化,但是却是在進行着分化? 例如英國一心一意打算
同化愛爾蘭,而結果却背道而馳了。

　　所以看來,我們認爲歐洲是快的文化,不論資本主義文化抑

①編者注:"戮",原誤作"戳"。
②編者注:"雖",原誤作"幔"。

或社會主義文化皆不出此範疇。<u>中國</u>的文化是慢①的文化。快的文化的好處是大家所共知的。但是慢的文化的優點却并未爲大家注意到。如今的社會主義與資本主義的衝突并不是文化衝突，而都是快的文化。在這裏社會主義的文化比資本主義的文化更快，社會主義的文化更能迎頭趕上，其結果一定是社會主義文化戰勝。等快的文化統一之後大家有機會休息，這時才能顯得出慢的文化的優點，才感覺得慢的文化的需要。這時縱使<u>中國</u>人自己不能把這種文化宣揚於世，而大家也終全自行找出一種慢的文化的。

目前西方文化之所以行之於世界就是因爲他已經不是西方文化了，而成爲世界性的文化。<u>中國</u>文化如果打算存在也必須不使之僅爲<u>中國</u>之文化，而必須使之具有世界性。否則大有拔毛除根之危。拿<u>中國</u>的歷史故事來比從前，在政治上秦國統一了中國，而在文化上却是<u>魯國</u>統一了中國。秦②國的政治統一很快的就消失，<u>魯國</u>雖本身被滅亡，而其文化的統一却傳之於長久。我們自然希③望，文化能發揚，同時政治上不被④侵削。但兩者若不可得而兼的時候，我個人毫不遲疑的主張寧願作<u>魯國</u>。不過作<u>魯國</u>并不是一件容易事，在社會仍未動搖時，大家只須墨守成規即可，如<u>臧文仲</u>之流，就很夠了，但在社會現已發生動搖，若想使<u>魯國</u>的文化爲人接受，就必須有新的改造，新的精神，這就是將前面

---

① 編者注："慢"，原誤作"幔"。
② 編者注："秦"，原誤作"魯"。
③ 編者注："希"，原誤作"失"。
④ 編者注：原於"被"後衍一"上"字。

所説，中國的農業文化爲未來世界接受，而必須具有世界性的道理（注：農業文化雖由農業社會産生，但農業文化却并非一定要附麗於農業社會，正如酒可離酒糟而存在一樣）。但魯國文化到孔子等完成新的改造時，是經過一段艱苦的挣扎奮鬥的，魯國人在這方面曾有英勇衛國的表現，三家的整軍經武，使人不敢輕戲魯國，孔門子弟在這方面，尤有卓越的表現，并非對於時勢冷淡，齊國侵魯即賴冉有等奮兵擊退。有一次吳國大軍在境，魯國選敢死之士五百人，而那寬袍博帶的有若即在其中。正因爲魯國上下如此英勇奮鬥，才給一個喘息的機會使新的文化成長成功。這段歷史實對我們當前的局勢，有深厚的教訓意義。

老子書爲關尹子所著説^①

　　老子書時代問題的論戰,在二三十年以前,由梁啟超開始,他主張老子書是戰國時代的著作。此後史學界關於此問題繼續發表了很多文章,對於此問題之解決有若干的推進。在今日史學界中大多數相信老子不是春秋末期的人。相信舊説認爲他是孔子前輩的人者并不很多,而多數還是相信老子書爲老聃自己所寫。我個人近數年來研究的結果,覺得:人是一個問題,書另外是一個問題。老聃這個人的時代從前正統的説法并不很錯,他實在是孔子的前輩;至於他的書却是他身後百餘年的關尹子所著。管子的書我們現在很有把握地説它是戰國時代人所著,決不是管夷吾自己寫的。搜尋古代人的事迹,整理和發展他的學説,用他的名子作爲書名,是古人常用的辦法。老子書不是老聃自著即是一例。現在將我主張老子書爲關尹子所著的理由寫出,以就正於海内外

①編者注:本文原刊史學集刊第 7 期第 1、2 分合刊。

之治此學者。

　　傳統的説法認爲老子是春秋下半期的人，孔子（紀元前552—479）的前輩，有禮記曾子問篇，莊子天道、天運、外物諸篇及史記老子列傳可證。但是不相信傳統説法的人，最重要的理由是説據曾子問篇所載及老子傳中孔子問禮於老聃的説法，可以證明老聃是熟諳禮法的人，對於禮的細微曲折知道的很清楚，而且是很拘謹的人，但老子書中所表現的思想，如"失道而後德，失德而後仁，失仁而後義，失義而後禮，夫禮者忠信之薄而亂之首"等語，證明他是一個反對禮法、輕視禮教的人。思想上有這樣的矛盾是不可能的。所以老子決不是"孔子問禮於老聃"的老子。但經仔細研究，他們所舉的理由并不能成立。因爲兩極端的事情互相接近是一件顛撲不破的真理。説魏、晉人蔑視禮法是不錯的，但説他們最重視禮法也仍是真的。他們居喪食肉飲酒，裸袒相處，固然是蔑棄禮法，但是禮儀的繁文縟節是貴族社會中的特別標誌。當一個貴族社會發展到相當高的時期，在他們的小範圍中一定會發生許多繁文縟節。貴族中間的一部分，對於平民很輕視最重要的理由，便是平民不習慣於這些繁文縟節。我們可以説這些繁文縟節就是貴族社會由積漸的習慣作出來的一種特別儀式以自別於平民的東西。所以無論任何貴族社會，没有不崇尚禮法的。魏、晉是貴族社會發展到很高的一個時期，所以一定要崇尚禮法。看他們對家諱那樣的謹嚴，對於喪服那樣的考究，這些古人已經説得很多，我們在這裏不必贅述。他們的崇尚禮法是顯而易見的。但他們受這些繁文縟節的束縛，難道不感覺痛苦麼？尤其在魏、晉易代之際，他們精神上感到不可忍受的壓迫，總想衝決藩籬,所以就進而蔑棄禮法,以至於裸袒相處。這種心理上的矛盾,起於社會中間實在的矛盾,是很自然的。老聃終日研究這些繁文縟節,玩弄它們,因而就生出一種蔑視它們的態度,這在外面看來好像矛盾,其實決不矛盾。我們還可以再舉一個西方的例子:在希臘古哲人中,最不信鬼神,主張唯物的,伊璧鳩魯算是最重要的一人。他爲甚麼能如此不信鬼神? 即是因爲他的母親正是一個終日降神的女巫。這位哲學家在幼年七八歲時,也與他母親一同降神,他對於巫覡騙人的技倆知道得最清楚,所以他那不信神祇的主張那樣澈底。這樣的心理狀態,不就同樣可以説明老聃嫻習禮儀却蔑視禮法的思想麼?

在莊子書中述及老聃與孔子的談話,固然可以説是莊子的寓言,但是我們現在如果想作一段寓言,以朱熹爲主人,我們所要找出的對話人,一定會是陸九淵、呂祖謙、陳亮等,如果拿邵雍、司馬光來作主席的對話人,便會成了笑話。所以莊子所記孔、老兩人的談話,雖未必有歷史上的價值,但是他既然可以設想他兩人談話,便可以爲兩人同時作旁證。至於梁啟超所説老子列傳全係抄襲莊子的話,十有八九是從莊子的天道、天運、外物三篇雜湊而成,實在只是他的想像之談,并没有檢查原書,如果檢查原書,他就可以看見二書并無公同之點;老子列傳所舉的史料是另有來原的。至於曾子問篇更是儒家的著作比較可靠,決不是道家因爲自高聲價的造謠。在戰國及西漢初期,孔子不過是儒家的首領,尚未太尊。拉別學派的首領以張己軍的辦法尚不太多。即有,而時間太近,被拉的方面也絶不會輕信。對於這些史料的懷疑,已經解釋明白,全可以煥然冰釋了。呂氏春秋不二篇説:"老耽貴柔,

孔子貴仁,墨翟貴廉,關尹貴清,子列子貴虛,陳駢貴齊,陽生貴
己,孫臏貴勢,王廖貴先,兒良貴後。”“老耼”困學紀聞十引仍作
“老聃”。這十個人的次序大致是按時代先後排列的,這也可以
證明先秦的人全是覺得老聃爲孔子的先輩。

　　現在我們可以更進一步看看春秋後半期的社會情形,是否可
以發生老子書中所包含的思想。從前的儒者一談起聲名文物就
想到了西周,覺得那個時候是無可比擬的。他們并不知道在春秋
時文化有很像樣的推進。我們從左傳并國語上所載,春秋早期霸
主未發生以前,那時的聲名文物同西周的時候總差不甚遠。但是
我們拿這些與春秋中期的聲名文物相比,總可以很容易地感覺到
它還比較質樸,不如春秋中期時的雍容爾雅。推進文化最有功的
人,就是齊桓、晋文那一些霸主。尤其是晋文公,對於此種推進,
當有更大的功績。晋文諡號稱文,楚成王也說他:“文而有禮。”①
公卿士大夫相見時,歌咏詩篇是春秋中葉特有的習慣,但是在晋
文公以前,這種習慣還没有見過記載。直到晋文公同秦穆公他們
郎舅相見時,咏歌詩篇才第一次見於記載②,此後就成了風尚。
他“作三軍謀元帥”的時候,還是要用一位“說(悦)禮樂而敦詩
書”的郤縠③。這一切全可以證明晋文公對文物如何的重視。等
到春秋中葉,魯成公及襄公時,各國卿士大夫的辭令,可以說發展
到最高階段。諸侯中間的朝聘會賀,也特別地繁數。這一切全可
以證明當時文化的開展。可是從另外一方面看,當時人民的普通

①左傳僖公二十三年。
②同上。
③左傳僖公二十七年。

生活如何呢？當時戰争的次數比春秋初期霸主未興時，減少了若干。但是次數雖減，它的規模却增大了許多，人民還是不能休息。朝聘會賀的次數加多，饋贈的禮物也增加了很多。看魯成公、襄公的時期，小國最痛心疾首的事，一方面是戰争不休，另外一方面就是"幣重"。鄭國子產有名相業的重要一部分，就是常常不畏强禦地向大國争幣帛的數目以減少人民的負擔①。此時的情形正是老子書所説的："朝甚除，田甚蕪，倉甚虚，服文綵，帶利劍，厭飲食，財貨有餘。"這幾句話中除了帶利劍一事或者是春秋、戰國交替時所興起的習慣外，其餘都很合於當時的情形。所以當時一方面是聲名文物很高，另外一方面却是普通人民生活很苦。當時晋國政治家趙武，很想醫治當時的病痛，一方面"弭兵"，另一方面"輕諸侯之幣"。他的時代與老聃的時代正相前後（他死於紀元前 547)，他所行的政策，同老子書中反對文化的理論，很多相似之處。不過一個是實行家，一個是理論家。從以上所説，可以證明春秋中葉正是發生老子書中所包含的思想的時候。我們還可以拿西洋思想史上的事例來比較一下：世界思想史中反對文化最有名的人有三：第一自然是老子，第二是法國的盧梭，第三是俄國的托爾斯泰。我們再看看後兩個思想家所處的時代：法國在十七世紀路易十四王時，文化異常發展，它的哲學、文學、科學、藝術與一般的聲名文物，全發展到很高的階段。但是因爲路易十四王好大喜功，争戰不休，到他的晚年及他的身後十八世紀的時候，人民苦痛已極。俄國從彼得大帝以後，才輸入西歐的文物，在普

①子產執鄭政在魯襄、昭二公時。

希金以後，文學特別發達，宮庭和貴族的奢侈，在歐洲也是很特殊的，可是大多數的人民、農奴，顛連無告，呻吟痛苦。讀十九世紀的俄國文藝作品，就可以看出他們水深火熱的程度。盧梭和托爾斯泰處於這樣的情形下，發生了反對文化的思想，也是很自然的。他們兩國當時的社會情形同中國春秋中葉的社會情形很有相似的地方。他們既然因爲社會的環境，成爲兩個反對文化的文豪，然則在我們中國相類的社會環境中，産生一個反對文化的哲人，又有什麼可詫異呢？

　　從以上所説，我們似乎是要證明老子書就是老聃所著，爲春秋後期的作品，問題却不是這樣簡單。老子書不能爲春秋時代作品無法駁倒的證據有兩點：第一，老子書中有“萬乘之主”一辭，我們現在要看看在春秋時代各國車乘的情形如何。論語上常談及“千乘之國”，詩經魯頌閟宮篇也有“公車千乘”的話。并且還要知道這是春秋中葉以後的情形。春秋初期各國所有的兵車數目記載得很少。只有衛文公當喪亂之餘，休養生息，末年達到三百乘①。這樣的數目，恐怕離衛國原有的車乘數目已經差不太多。魯僖公時代前後，是各國誇大擴張的時代，例如晉國開始只有一軍，到晉獻公就擴充到兩軍②。晉文公又擴充成三軍③。以後又添加三行④，簡直就有六軍的形勢。魯頌的閟宮篇是僖公時作品，就可以證明那時候的誇張擴大。由他最誇張的説法，才有

①左傳閔公二年。
②同書閔公元年。
③左傳僖公二十七年。
④同書僖公二十八年。

“公車千乘”的説法，我們可以猜想到隱公、桓公、莊公時，未必達到這個數目。晉國是春秋時最强的國家，在城濮之戰所用的爲七百乘①，鞍之戰所用的爲八百乘②，他國内全體車乘的數目或者可以達到兩三千乘。此後兼併的小國愈多，人民的生育也大量地增加，兵車的數目也就跟着增加。直到平邱之會時（紀元前529年），晉人傾國以出，共四千乘，其國内總還有若干留守。據左傳魯昭公十一年所記：“因其十家九縣，長轂九百，其餘四十縣，遺守四千。”杜注説：“長轂，戎車也，縣百乘，計遺守國者尚有四千乘。”在晉國當最强盛時，共有四千九百乘。老子書如果是春秋時代所著，則“萬乘之主”一辭如何講法？

　　第二點是我的亡友錢玄同先生對我説的。據他説：“老子書中‘載營魄抱一能無離乎？專氣致柔能嬰兒乎？滌除元覽能無疵乎；愛民治國能無知乎；天門開闔能無雌乎？明白四達能無爲乎？’一段所用的韻腳‘離兒疵知雌爲’諸字，離爲在古韻中屬歌戈麻部，知、兒在古韻中屬支佳部，疵屬旨微齊皆灰部。在三百篇

---

①左傳成公二年。

②梁啟超所控訴，尚有仁義及其他各詞。其他各詞雖亦可疑，但不信梁氏之言的仍有話説，所以我也不願引用。仁義一詞，梁氏謂爲“孟子的專賣品”，從前像是没有的。張煦先生引易繫辭、易説卦、謚法解及左傳莊公二十二年“酒以成禮”以下數語以破之（古史辨第四册三〇七頁）。但除其所引左傳外，謚法解的著作時期，郭沫若先生所主張爲戰國周慎靚王以前時作品之説，最爲可靠，絶非“周初”之書。易繫辭之作當在戰國後期。説卦更晚，可能晚至西漢初年。所以這些全不足破梁氏。惟國語周語上有“且禮所以觀忠信仁義也。……仁所以行也；信所以守也；義所以節也。……仁行則報，信守則固，義節則度”數語。周語下有“言仁必及人，言義必及利”及“仁文之愛也，義文之制也”數語。周語上最末條仁義雖未連説，却在一起説。國語爲書，雖寫作必在戰國，而其所據尚多爲春秋時代的材料，比較可信。以之駁梁氏之説，較引易繫辭、説卦及周書謚法解爲善。

中知與離、爲，從來不能通押。可是在楚辭九歌少司命篇‘悲莫
悲兮生別離，樂莫樂兮新相知’句中知與離通押，這就是春秋及
春秋以前的韻和戰國時韻的分別，老子書中離兒疵知此爲通押，
足證它是戰國時期的作品。”他這一些話我覺得很有道理，無法
駁辯的。從以上所說一方面證明春秋後期正是適宜於老子書中
所包含思想的時期，另一方面證明老子書決不能是春秋時期的作
品。這樣的矛盾我們該如何解釋？其實也很簡單，就是我們前面
所說過的將書與人分開，就沒有矛盾了。現在如果一定要說老聃
是戰國時的人，或者說根本沒有這個人，不過是戰國時人捏造出
來的一個名字，那就如同由管子書的内容就斷定說管夷吾是戰國
時的人，或是戰國時捏造的名字一樣。這豈不是太可笑了麼？

　　然則老子書到底是甚麼人所作的呢？這却很難說。由史記
老子列傳所記：

　　　　居周久之，見周之衰，迺遂去至關，關令尹喜曰：“子將
　　　隱矣，彊爲我著書。”於是老子迺著書上下篇，言道德之意，
　　　五千餘言而去，莫知其所終。

司馬遷這一段所記，歷史真實性如何，我們暫且不必管，但至少可
以說這是早期的一種傳說，很可能是戰國時期遺留下來的傳說。
傳說這些話的人，相信老子書五千言并不是老聃自己寫出傳給
誰，却是由一個關尹把它傳出，這樣早期的傳說，總該含着若干的
真實性，不可以不注意。

　　莊子天下篇說：“古之道術有在於是者，關尹、老聃聞其風而
悦之。”後面又說“關尹、老聃乎，古之博大真人哉”。皆以關尹叙

於老聃之前。從來没有人説關尹是老聃的前輩,從漢朝以後,關尹的地位很不重要,他不過成了老聃的一個配角。可是在這裏,莊子書著者把他叙在前頭,這樣的顛倒從來没有過一個滿意的解釋。我讀荀子非十二子篇看見他説:"是陳仲、史鰌也。"又説:"是惠施、鄧析也。"不苟篇説:"田仲、史鰌不如盜。"楊倞注:"史鰌,衞大夫,字子魚。"才恍然瞭悟莊子書作者這樣顛倒的緣故。鄧析是春秋末期的人,他是鄭國人,於魯定公九年(紀元前501年)被殺。惠施是戰國時代的人,同魏惠王、孟子、莊子大約同時。史鰌見於左傳襄公二十九年及定公十三年。這兩個時間相隔四十七年之久,大約是一個長壽的人。史魚又見於論語衞靈公篇,他大約與孔子同時而略前;田仲即陳仲,又見孟子滕文公篇及盡心篇,戰國策中亦談及此人[1]。因其居於於陵,又稱於陵仲子,亦爲與孟子同時人。如按年代之次序則應稱爲鄧析、惠施及史鰌、田仲,不應該顛倒稱舉。其顛倒稱舉的原因,是因爲當時的人皆相信史鰌、鄧析對於此兩派學説雖然也有意見的流傳,却并無學説的發展。至於推闡意旨,演述爲有系統的學説,却是惠施、田仲的事。這種時代顛倒的稱舉法,可以幫助我們明瞭莊子書稱關尹、老聃的時代顛倒。

　　然則關尹到底是何時的人呢? 老子的時代已經不够清楚,關尹的時代更爲模糊。但莊子達生篇和吕氏春秋審己篇皆有子列子請問關尹子之説,足證先秦人皆相信關尹子與列禦寇同時或稍早。莊子讓王篇説:"子列子窮,客言之鄭子陽,子陽令官遺之

---

①戰國策齊四。

粟,列子辭,其卒,民果作難,殺子陽。"呂氏春秋適威篇、首時篇
及淮南子氾論篇皆談及此事,足證列禦寇與鄭子陽同時。按史記
鄭世家子陽之死在鄭繻公二十五年。又按六國表是年爲周安王
四年(紀元前 398 年)。據此則關尹當生於紀元前第五世紀中
葉,死於紀元前第四世紀之初期①。孔子死於公元前479 年,老子
即死在孔子後,關尹也還趕不上見到他。所以史記所載關尹請老
子著書及呂氏春秋審己篇高誘注"關尹喜師老子"之説均不足
信。大約老子是孔子同時的一個隱君子,有思想或意見的留傳,
可是并没有著書。并且在那時似乎還没有著書習慣。論語是孔
子弟子所追記的。關尹聽説到老聃的思想,也是"聞其風而悦
之",就搜集并推闡他的學説,大約也增加了不少自己的意思,才
寫成五千言的老子書,傳給他的弟子及後人。因爲他整理老子的
學説,而他二人的身世又都不够清楚,傳世稍久,就演出來老子列
傳中所載還相當質樸,却是與時代不合的説法。戰國時的人離他
們很近,全知道老子的學説是由關尹推闡或引申的。所以總説關
尹、老聃而不説老聃、關尹。我們從老子列傳所載前期的傳説,證
之以先秦諸子的記述,推究他們的生存時期及著作年月,所得結
果如上所説,似乎不至於有大錯誤。

　　我們現在再來考察説老子書爲春秋時的作品的兩個困難是
否可以解决呢。三百篇的著作時代,不够明瞭,通常全説陳風的
株林篇爲最晚的著作。這一篇是在公元前第六世紀開始的時候
作的。王夫之據左傳定公二年所記"秦哀公爲之賦無衣"之文,

---

①此點用先秦諸子繫年説。

謂三百篇有春秋後期的作品①。他這句話固然有理，但看左傳所記，各國卿士大夫相會遇時所歌咏的詩篇，似乎當時三百篇已經結集成功。其中即使羼雜有春秋後期作品也一定很少，或者僅有無衣一篇也很難説。所以我們還不妨説，三百篇是紀元前第七世紀和以前的作品。這距第四世紀有二百餘年，用韻可以有相當的變化。楚辭中離騷、九歌等篇，當爲紀元前第四世紀末和第三世紀初的作品，同關尹子的時代相去不及百年，用韻相同，是很易解釋的。

　　我們現在進一步看看戰國時各國所有的車乘情形，戰國時稱强國總是説"萬乘之國"，例如孟子梁惠王下篇説："以萬乘之國伐萬乘之國。"上萬乘之國指齊，下萬乘之國指燕。又如戰國策中山策齊人説："我萬乘之國也，中山千乘之國也。"這是因爲當時稱强國是萬乘之國，稱二三等國皆爲千乘之國。實在説，强國也很可以達不到萬乘，二三等國家也可能達到兩三千乘。現在想知道各强國內的車乘數目材料很缺乏，僅有戰國策內所載的幾條可資比較。戰國策這部書是戰國或秦、漢之際，縱橫捭闔之流，對他們自己學派所作的宣傳著作，并且爲加入學派新手作教科書用的東西，本身并没有什麽歷史上的價值。但是，他們是當時或稍後的人，對於當時的情形，尚有一部分的真實的認識。他們既然想用它作宣傳或教科書，也必須説得近情理，才可以使人相信，所以我們如果把蘇秦、張儀等人所説的話，當作他們當時真正説過那樣的話，固然是太天真，但如果只把這些當作可以反映當時社

①詩經稗疏卷一無衣條下。

會一部分情形的材料來看,也未嘗不可以利用。它裏面所載的材料,驟然看來,很多自相矛盾之處。我們現在把其中可用的材料按次序列舉如後:

1. 秦一:"戰車萬乘"(蘇秦説秦王,指秦)

2. 秦三:"戰車千乘"(范睢説秦王,指秦)

3. 秦四:"王一善楚而關内二萬乘之主,注地於齊"(黃歇説秦王,指韓、魏)

4. 又:"厭案萬乘之國二國,千乘之宋也"(或説秦王,二國指齊、魏)

5. 齊四:"大王居千乘之地"(顏斶説齊王,指齊)

6. 齊五:"夫中山千乘之國也,而敵萬乘之國二"(蘇秦説齊王,二國指燕、趙)

7. 齊六:"萬乘之國被圍於趙"(魯連遺燕將書,指燕)

8. 又:"破萬乘之燕"(魯仲子説田單)

9. 楚一:"而令兩萬乘之國常以急求所欲"(子象説宋王,指齊、楚)

10. 又:"車千乘,騎萬匹"(蘇秦説楚王,指楚)

11. 又:"車千乘,騎萬匹"(張儀説楚王,指秦)

12. 又:"秦王顧令之起,'寡人聞之,萬乘之君得罪一士,社稷其危,今此之謂也'。遂出革車千乘,卒萬人,屬之子滿與子虎……"(莫敖子華對楚王;萬乘之君秦王自謂)

13. 趙二:"車千乘,騎萬匹"(蘇秦説趙王,指趙)

14. 魏一:"車六百乘,騎五千匹"(蘇秦説魏王,指魏)

15. 又:"李從以車百乘使楚,犀首又以車三千乘使燕、

趙"（諸侯客告其王）

16. 魏二："臣萬乘之魏而卑秦、楚"（張丑説田嬰）

17. 又："以魏之而持三萬乘之國輔之，魏必安矣"（蘇代說昭魚，指秦、齊、韓）

18. 韓一："車千乘，騎萬匹"（張儀説韓王，指秦）

19. 燕一："車七百乘，騎六千匹"（蘇秦説燕王，指燕）

20. 燕二："以萬乘之強國"（樂毅答燕王，指齊）

21. 中山："齊強萬乘之國"（藍諸君言）

内除三、四、六、七、八、九、十六、十七、二十、二十一，十條皆泛指強國，無大用處外，第十二條所言萬乘之君亦近泛指，無何用處；出革車千乘在春秋末期時似尚不可能，且是時秦楚間交通不甚便，不能興大師。第十五條乃屬誇張之辭，犀首決無以三千乘使燕、趙的道理。其餘九條大致切近當日的情勢，但驟然看起，矛盾甚大：第一條説秦國戰車萬乘，第二條、第十一條、第十八條説秦國車千乘。第五條説齊王居千乘之地，而第九條、第十七條、第二十條全以萬乘指齊，雖説後幾條皆近泛指，但同千乘相差太多。第十條説楚國車千乘而第九條也説楚是萬乘之國。第十三條説趙車千乘而第六條也説是萬乘，皆與前條相類。第十四條説魏之車六百乘，第十九條説燕之七百乘數字當更正確，但與第三條、第四條、第六條、第七條、第八條、第十六條所言之萬乘相差更多。這些并不能説他們是信口開河。戰國策雖未必是一人所寫，但如蘇秦、張儀合縱連橫之説却好像一人所寫。而其中蘇秦一人所説已經自相矛盾，有時説秦戰車萬乘，有時説它車千乘。這是很難理解的事。反復尋繹，好像其中所舉的數字不是同樣性質，一種是每次出兵時所用戰車的略數,另外一種是全體人民所有車乘的略數。如前面所說,晉國先有車兩三千乘,最盛時達到四千九百乘,可是他在城濮及鞍之戰所用的兵車不過七八百乘。如果不然,春秋中葉秦國公子鍼懼罪出奔,因爲他出去時很從容,所以將車乘全部帶出,有千乘之多①。秦哀公救楚一定不是傾國出軍,也已經出革車數百乘(見上論十二條)。到范雎時秦國已經兼并了差不多中國的一半,但仍只有戰車千乘,那就完全無法理解了。

　　研究春秋、戰國時代戰時所用戰車問題,最應注意者是在春秋時,戰車是最重要的武器,到春秋後期已經開始用步卒,到戰國時,步卒與騎兵在作戰占最重要位置,戰車已經降居次要。否則當時每次戰役動輒斬首數萬以至數十萬,而所用戰車不過千乘或數百乘,也成了不可理解之事。

　　大致在春秋後期晉國達到約有五千乘,爲當時各國兵車最大的數目,楚國雖強,而地居水鄉,兵車一定比晉國少,齊、秦兩國也不可能與晉國抗衡。在春秋、戰國之際,從左傳結尾那年(魯哀公二十七年,紀元前 468 年)到資治通鑑開始那年(周威烈王二十三年,紀元前 403),中間經六七十年,後代學者稱之爲無歷史時代。因爲在此以前有春秋、左傳、國語、公羊、穀梁諸書,年月及事實均相當清楚。在此以後雖然還没有春秋時代清楚,但史記上所記的事實已經逐漸加多。只有在此六七十年時間除了寥寥幾件大事以外,幾乎無可指述。所以後代學者稱之爲無歷史時代。但在此時期内,雖然史料異常缺乏,但如細心推究,即可猜想出那

①左傳昭公元年。

時在各國間有極重大的變化。主要的是春秋時的小國差不多皆是在此時期被大國滅掉。在春秋末期魯昭、定、哀的時候,小國被滅掉的已經不少,然而大體看來,大約還剩有若干。這些小國到戰國初期已經完全不見,一定是在此時期內被消滅了。消滅這樣多的國家,却没有史料的留遺,大國太强,小國太弱,兼并時没有多大抵抗力,恐怕是一件重要的原因。兼并愈多,兵車的數目也迅速地增加。到戰國初期,如晉、楚、齊、秦等國戰車或已達到八九千乘(三晉合起來或者已經超過萬乘),古人用數目字多係略數,達到八九千乘就可以誇稱爲萬乘。關尹子生在此時,用萬乘之主一辭,也是很可想像的事。

　　由以上所説,認老子書爲關尹所著,前面所舉兩件無法解釋的困難完全消滅。考之以早期的傳説,參之以戰國學術界中顛倒時代次序的説法,如我們上面所主張似屬近似。

字諡同源説①

從來講字諡區別的人，總是用禮記“幼名，冠字，五十以伯仲，死諡”②之説。以字爲生前所用，諡爲死後所用，分別劃然，絶不混淆。自王國維研究金文，才知道遹敦中所稱之穆王即周穆王滿，“生時稱之”，而推論到文、武、成、康、昭、穆皆號而非諡，又説：“此美名者，生稱之，死亦稱之。”最後推論：“諡法之作其在宗周共、懿諸王以後乎？”③則以共、懿以後，諡與號始有區別，諡自此不能再通用於生前。郭沫若先生繼續此研究，認爲自共、懿以後，諡仍能通用於生前。據宗周鐘、趞鼎第二器、匡卣、齊侯鐘第五、庚壺、洹子孟姜壺，及左傳楚莊王語、呂氏春秋周公旦詩等而結論爲諡法之興當在戰國時代。又因周書諡法解中無“靚”及

①编者注：本文原刊史學集刊第7期第1、2分合刊。
②禮記檀弓上。
③觀堂集林十八。

"柭"二字,推論謚法解的成書在慎靚王以前①。其說甚確。但就我個人所研究,謚與號之分別,似尚晚於戰國時,而字與謚同屬一物。并且郭先生文中尚有些小錯誤,因繼續王、郭二氏的研究推論如下:

因爲人類相處,互相呼喚,必須有差別,而名以興。邃古以前,僅有此名而已,無他號也。以後名不敷用,無以識別異,遂或以地別之,或以其祖或父之名別之,而姓以興。在西歐文字中,姓之字尾多用生格,或加以地、村、山等字;我國名字中,介之推、孟之反、孟施舍等名中之"之""施"等字也同西歐文字中用生格之意相彷。姓的字多爲地名或爲人名,爲考古的人所盡知。到了周朝時,姓又分爲姓氏兩種。禮記上說:"繫之以姓而弗別,綴之以食而弗殊,雖百世而昏姻不通者,周道然也。"②似乎在周以前,姓氏未必有分。到戰國以後姓氏又混而爲一,也屬盡人皆知。名姓氏三物同源分化的層次,大約如此。

人類雖說能用姓與名互相別異,但他們還不能以此爲滿足。他們有性情上的差別,有容貌上的差別,有形體上的差別,有遭遇上的差別。因爲有這些差別大家就要用這些來呼喚他。就在現在,送外號的事還是很多。這就是字的起源。最古的大約由於別人的呼喚,初由一人開始,後由眾人承認,也間或有自己想自標異而以後他人亦稱之者。這個字似乎比普通的名更爲尊異,所以生前如此稱呼,死後題在神主上也用此稱呼。正如王氏所說:"此

---

① 金文叢考。
② 大傳。

美名者生稱之,死亦稱之。”

　　左傳上説:“諸侯以字爲諡,因以爲族。”杜預注從“字”字斷句,説“諸侯位卑不得賜姓,故其臣因氏其王父字”,接“爲諡”以下,説“或使即先人之諡,稱以爲族”。孔疏爲:“杜意諸侯以字,言賜先人字爲族也。爲諡因以爲族,謂賜族雖以先人之字,或用先人所爲之諡因將爲族。”①看注與疏的意思皆把字與諡,認爲兩件互不相干的東西。可是“以字爲諡”四字文意甚明:字即是諡,諡即是字。如果象杜、孔所説爲兩件互不相干的東西,他何不説以字與諡而説以字爲諡? 他二人生在字諡二物已經分别很大的時候,不能追溯古昔,就這樣牽強附會,也很難怪他們。我們現在可以從另一方面來證明字與諡之原爲一物:

　　我們如果從左傳、國語、公羊、穀梁諸書研究諡法,便可以看出一個奇怪現象,就是:周、魯、衛、齊、陳、蔡皆有諡,而宋、鄭、秦、楚、吴、越皆無之;晋則早期無有,至春秋中葉始漸流行。秦、楚、吴、越因爲文化的差異而不用諡法,無足詫異。奇怪的是宋、鄭及晋的初期也全不用。宋或者還可以説是殷人的風俗,可是晋、鄭明屬周文化的系統,也不用諡法,却很難理解。春秋此數國之名人如宋之華元、向戌,鄭之子産、子太叔,晋之狐偃、先軫,他們死後因爲功績甚大,一定要立廟設主,可是他們的諡號又在哪裏?鄭國僅有馮簡子②有諡,或許爲沿用他國之習慣。至春秋末葉,鄭又有“桓子思”“武子賸”二人③,杜注謂桓爲諡,則似以子思爲

①左傳隱公八年。
②同書襄公三十一年。
③前同書哀公七年,後哀公九年。

其字,不知其何氏。又注:"賸,罕達也。"亦似以武爲諡,以子賸爲字。下文又有子姚,杜注:"武子賸也。"則似以罕達爲有一諡二字。且其謂武子氏罕,名達,亦未知何據。不承上文,稱諡而無氏,左傳無此書法。諡字并舉,亦無他例。且子姚何知其非他人?似杜預此注均屬臆測。"桓""武"未必非氏。定、哀間左傳叙鄭事甚不明,只可存疑。最不可解的,晉國有續鞫居,他不過是賈季的一個狗腿,被使殺人,以後被殺[1]。像他這樣的人,誰還給他送諡法?而他的諡號爲"簡伯",且并非惡諡。魯的郈昭伯也是很不著名,最後被殺的人[2],他却也有美諡。可是上面所舉的宋、鄭、晉的名人皆無諡號。如果遵從通常的解釋,那就無法理解。如果説字諡最初同物,便很容易明白。子産、子太叔,生時如此稱就叫作字,死後"措之廟立之主"還是如此稱,就叫作諡。至於魯國之臧文仲、臧武仲、季文子等之諡號,也是當彼等生時即如此稱。如果能明白字與諡本是相同的稱呼,以上所説的現象,也就没甚麽奇怪了。

我前面説"亦間或有自己想自標異而以後他人亦稱之"之例,就如史記殷本紀所説:"於是湯曰:'吾甚武。'號曰武王。"又楚世家所説:"楚熊通怒曰:'……而王不加位,我自尊耳。'乃自立爲武王。"這兩個例子後人不得其解,就疑惑史記記湯的事非實,熊通自稱,爲蠻夷之風。但是湯之稱武王,見於詩經商頌長發篇,决非虚謬。而甲骨文内部不見此稱,只稱爲唐,足見"武王"非平常的稱號;殷之廟號或用名而不用字。至於熊通父祖之名或曰若敖,或曰霄敖,或曰蚡冒,其名稱皆與中國絶異;自熊通

①左傳文公六年。
②同書昭公二十五年。

始稱武王,明屬受中原文化的影響,何能斥爲蠻夷之風? 如果不承認這一點,則左傳所説:"陳桓公方有寵於王。"①當日桓公正在生時,陳非蠻夷,這樣稱呼又將何説? 如果承認字謚同物,這些疑問全都渙然冰釋了。

　字因爲是由別人或由自己的稱呼,所以在早期的時候,不一定人人全有。如魯文公的夫人因爲大歸時候的悲痛,"魯人謂之哀姜"②。在此以前當無此號。没有字而需要入廟設主的時候,或者書名,或者請於人君另外給他一個名字:謚的起源想當如是。如果有字而非惡名,或即書之於主。如係美名而後世不願稱者,就如魯昭公爲季孫所逐,死後季孫對之仍有餘憾,與大家商量説:"吾欲爲君謚,使子孫知之。"此即因他以爲昭爲美名,昭公不配此稱,想換掉它,但終因大家不贊成而未改,并非他死以後才上之以昭的謚號③。衛靈公因北宮喜及析朱鉏二人有功,於彼等没有死以前,即賜北宮喜謚曰貞子,賜析朱鉏謚曰成子④。這就是他允許他二人死後可以如此稱,生前亦可以如此稱。用字作謚的時候,大約還要經過請命於君的一道手續。如禮記曲禮篇所言:"既葬見天子曰類見,言謚曰類。"就是諸侯死後,其子請謚於天子的典禮。檀弓篇記:"公叔文子卒,其子戍請謚於君曰:'日月有時,將葬矣,請所以易其名者。'"大約是因爲他的名字叫拔或發,生時的字叫文子,此時請君允許他用"文子"二字。但衛靈公

①左傳隱公四年。
②同書文公十八年。
③同書定公元年。
④同書昭公二十年。

因其有功,不只允許他用此字,且加"貞惠"二字:"故謂夫子貞惠文子。"此次請在葬前,與曲禮所記不同,大約是因爲請天子路遠,只能在葬後,國君近在國中,故在葬前即可請求。

這以上所說全是引申王、郭二氏的意思而加以補充的説明。可是郭先生謚法之起源一文,還有兩點小錯誤,一點與謚法問題無關,却也不妨在此附帶説説,即他講洹子孟姜壺時説:"銘所記者乃文子死後,齊侯請命於天子,册桓子爲卿。此事當在齊莊公五年或六年,蓋文子於三年秋猶諫齊侯之厚禮欒盈,則文子之死當在是年或翌年。齊莊公六年夏五月爲崔杼所弑,則桓子之爲卿當在五年與六年之間也。"在他這一段話裏有兩點錯誤:第一,他説齊莊公被弑時文子已死,實在"崔子弑齊君,陳文子有馬十乘,棄而違之至於他邦",明見於論語公冶長篇,則莊公死時文子尚在。且莊公死後數年,文子尚見於左傳①,是文子之死當在莊公死後數年。第二,他説"文子死後齊侯請命於天子,册桓子爲卿",實在文子并没有爲齊卿,桓子直到魯昭公二年出使晋國,晋因其非卿,嫌齊國無禮,乃將之拘捕半年(自四月至十月),足證此時尚未立爲卿。陳桓子及身是否曾爲齊卿,左傳無明文。齊景公時,國、高仍爲"天子之命卿"。其初年政在崔氏及慶氏;慶氏亡後政在欒高(非命卿之高)。及景公十六年(魯昭十年),欒高族滅而桓子已歸老,則是桓子終身未嘗爲卿。然壺文中并無爲卿之文,此問題可以不談。這一點是因爲郭先生精神偶未貫注,希望他的著作重版時,加以改正。另外一點與謚法問題有關,就是

————————

① 左傳襄公二十八年,即齊景公三年。

他說左傳中有一節僞托，這一節的全文如下：

　　楚子疾，告大夫曰："不穀不德，少主社稷，生十年而喪先君，未及習師保之教訓而應受多福，是以不德，而亡師於鄢。以辱社稷，爲大夫憂，其弘多矣。若以大夫之靈，獲保首領以歿於地，唯是春秋窀穸之事，所以從先君於禰廟者，請爲靈若厲，大夫擇焉。"莫對，乃五命乃許。秋，楚共王卒，子囊謀謚，大夫曰："君有命矣。"子囊曰："君命以共，若之何毀之；赫赫楚國而君臨之，撫有蠻夷，奄征四海以屬諸夏，而知其過，可不謂共乎？請謚之共。"大夫從之。①

　　郭先生的理由是古無惡謚，靈、厲皆美善之辭，并無惡誼，固屬至確，但我曾遍查史記各國世家，見在楚共王死以前，謚靈或厲的，周有厲王，晉有厲公、靈公，陳有厲公、靈公，宋有厲公，鄭有厲公、靈公，魯有厲公，蔡有厲侯，其中善終者有宋厲公、魯厲公、蔡厲侯、鄭厲公四人，其餘六人内周厲王雖善終而出居於彘十四年，餘五人皆被弑。鄭厲公雖善終，也曾出奔二次，結果也不能算好。宋、魯、蔡三國之君雖不知其是否有不幸之處，但他們皆在周厲王以前數十年，到春秋中葉恐怕多被遺忘。從周厲王起到楚共王死時差不多三百年，謚厲謚靈的共七人，沒有一個有好的結果。這一點對當時的人當有很深的印象。桓、靈非惡謚，可是在漢桓、靈以後，則皆不欲謚桓、靈；徽、欽非惡謚，可是在宋徽、欽以後，則皆不欲謚徽、欽。楚共王因喪亡師旅，自感痛心，乃欲用靈、厲二倒楣的謚號以自譴責，毫無足怪。

━━━━━━━━

①左傳襄公十三年。

并且此節中還有一點足以證明郭先生"生時稱謚"之説,也可以間接證明此文之非僞。即"君命以共,若之何毁之"二語。這句話注、疏中無解。後人多以君命之"命"與上邊君有命之"命"作同解,而此句遂無從詮釋,實在"命"與"名"古字多通用,如吕氏春秋本生篇:

> 出則以車,入則以輦,務以自佚,命之曰招蹷之機;肥肉厚酒,務以自彊,命之曰爛腸之食;靡曼皓齒,鄭、衛之音,務以自樂,命之曰伐性之斧。

漢枚乘七發篇亦有類似語法,不過"命之曰"簡作"命曰"。這些命字全宜作名字解,始可通。"君命以共"之"命"也應當解作名字。"君命以共"就是説他生時稱爲共王,下面説"若之何毁之",毁是原來有而此後把它毁掉;如果原來他并没有叫作共王,怎能説是"毁之"? 子囊的意思是説他原來叫做共王,我們不必改换,因爲他有那樣的功績,可以配得上稱共王,所以不改。像這樣解釋,同郭先生的主旨決無矛盾,所以毫無理由説它僞造。

郭先生文中先説:"謚法之興不僅當在宗周恭、懿諸王以後,且直當在春秋之中葉以後。"以後又考訂謚法解作於周慎靚王以前,他又説:"'孟子見梁惠王''孟子見梁襄王'等等,前人或以爲後録書者所加,或以爲諸王没後之追述,蓋皆爲謚法舊聞所囿,未必盡然也。"他似乎以爲到戰國中葉以後生前已不能稱謚,但是也未敢斷定。據我們的看法,生前不能稱謚,實遠在此時以後。先秦諸子繫年詳考戰國時君王多有兩謚[1],就足以證明此點。因

---

[1] 先秦諸子繫年一三一節。

爲謚與字本同源，或由他自己如此稱，或由他人如此稱，所以無可
詫異。如楚頃襄王又可以叫作楚莊王，宋王偃國策説他謚
"康"①，可是荀子書中説他謚"獻"②，也即因爲這個道理。史記
記漢高祖及他的女兒魯元公主，同時人還在生時就稱他們爲高
祖、魯元③。顧炎武説這些全是"後人追爲之辭也，自東京以下即
無此語，文益謹而格卑矣"④。他是要説古人對於生時稱謚可以
隨便。其實細看史記的文字，實是他們生時即稱高祖與魯元。高
祖的謚法是太祖高皇帝，并不是高祖，後人還有以"高祖"二字爲
錯誤者，然史記明書，决非錯誤。此"高祖"二字何來，從來没有
滿意的解釋。我們覺得他這樣的稱呼，也并不是像唐、宋以後生
時上尊號的例子，一個人在某一天大家舉行上尊號的典禮，從此
以後就如此稱呼他；却是像小説紅樓夢中所説賈母的稱"老祖
宗"，清末西太后的稱"老佛爺"，開始大約有人這樣稱她們，她們
不僅不反對，并且欣然接受，此後大家便相沿地叫下去。（紅樓
夢雖屬小説，但它所描寫的却是清中葉王公府第中的情事。必須
王公府第中有這一類的習慣，他才能這樣描寫。）如果疑惑祖係
死去後祖宗的稱呼，那帝原來也是死後的稱呼，所謂"措之廟立
之主曰帝"⑤。秦始皇自稱皇帝，也就是將死後稱呼改作生前稱
呼的先例。高祖既建立朝代，當爲漢代之祖，而當時群臣遂以高
祖稱之，至於"高"字後人因其不見於謚法解，遂有謂其非謚者。

①戰國策宋衛。
②荀子王霸篇。
③史記張敖傳。
④日知録卷二十三，生稱謚條。此節證引頗詳可參考。
⑤禮記曲禮。

但歷代沿用，怎麼能説它不是謚？只可以説它與"靚""赦"同類，出現於謚法解寫作時代以後罷了。至其死後上尊號曰"高皇帝"，是因爲按着禮法，他應當稱爲漢太祖，高祖二字不合，因仍循其生時稱法，尊之曰高皇帝。

還有一點可以證明當時還有生時稱謚的習慣，就是南粵王趙佗自立爲南粵武王，以後他又自號爲南粵武帝①。後人不知古今風俗不同，也同楚熊通稱爲楚武王一樣解爲蠻夷之風。實在這是無論如何説不通的。褚先生補梁孝王世家，竇太后謂景帝曰："安車太駕，以梁孝王爲寄。"時孝王尚在，也是因爲他生時即如此稱。史稱"孝王慈孝，每聞太后病，口不能食，居不安寢，因其慈孝，即稱之爲孝王"。字謚尚未分，亦無嫌無疑也。褚補三王世家"今昭帝新立"，時昭帝尚在，足證是時字謚分辨尚未嚴格。漢書内即無相類書法，當因班固時（東漢初，紀元後一世紀）字謚已完全分立。可是一直到晋朝還有人字作王武子、車武子②，直到宋朝還有人名作錢文子，也還算保存着一點謚字同源的痕迹。

---

①前漢書趙佗傳。
②王濟字武子；車胤亦字武子。

從批評科學歷史材料談到處理
我國古史材料方法①

近些天,因爲要鼓勵全國人民愛祖國的情感,科學工作者作了些宣揚我國早期偉大發明和發現的文章,登到各種報紙或雜誌上。但是由於他們有些人對於批評史料的方法不很熟悉,以致引起歷史工作者的不滿,去函糾正,這些信函也登載在各種刊物上。原著作人也很虛心地接受他們的批評,公開改正錯誤。這樣實事求是,不亂往自己臉上貼金,及虛心接受批評的態度,全是很好的,可以示範的。

雖然如此,在我國今日的史學界中,批評史料的標準的重要點,去全體得到大家共同承認的程度還有若干的距離。用大家已經共同承認的點去批評,自然可以得到同樣的、確定不易的結果。不幸還有若干點,大家的意見頗有不同,可是誰也沒有把這些關

①編者注:本文原刊光明日報增刊 1951 年 6 月 9 日第 5 版。

於方法的重要點當作問題來研究、討論和解決。各人按着各人的意思去工作,這樣很可以得到些頗不相同的結果。以後就拿在史學界中還沒有完全一致的意見去糾正自然科學工作者關於科學歷史著作的錯誤,雖說後者虛懷若谷,可是我們歷史科學工作者是否因此就能幫助他們,使他們離真理更接近一步,却還很成問題。所以我們現在對於歷史上尚未得到大家共同承認的各問題,再仔細考慮一番,共同討論一番,如果可能加以澈底的解決,實在很有必要。我今天把我讀各文時所得到的意見陳述於後,以就正於海内外的治此學者。

　　讀各篇糾正錯誤的文章,不難看到它們的作者全是屬於疑古派。我國所保存的史料雖多,從很早的時候雖說已經有批評史料的名著,如通鑑考異等書,但因從前所稱的經書有壓倒一切的權威,對於它們誰也不敢批評,所以舊日學者雖以崔述等人思想的大膽和明晰,而對於古史部分終究不能得到完全合於科學條理的結果。等到五四前後,有了疑古派。這一派的疑古,同從前人的疑古不同:他們所疑是全面的,不是部分的。自從他們的摧陷廓清,而後中國的古史才漸漸進入科學整理的階段。他們對古史的功績很大,毫無疑問。但是他們是最早大規模打倒偶像的人,人類的精神是"扶向東來又西倒"。他們的工作是大膽有餘,而細密檢察不足。他們主要的功績,第一是打倒原來所叫作"經典"的權威,或者更可以說,是把它的真正寫作時代定出來,指出它並不是夏商或西周的紀錄,不過是在春秋或戰國的時代漸漸寫成的東西。第二,是把殷虛時代以前的傳說,如果更確切一點,是把夏啟以前的傳說,如堯舜禹及他們以前的傳說完全趕出歷史的界域,把它們當作純粹的神話。第一點大致可以説完全正確,但是,第二點還頗有問題。他們説:殷虛時代以前的史料,非當日的紀錄,不過是些傳説,完全正確,但是他們忽視了幾件事:第一,他們沒注意到世界任何古代民族的歷史的開始,全是傳説,並無當日的紀錄。真正著於簡册,全是相當晚近的事。第二,他們沒够注意,任何早期的歷史,全是與神話相間雜;神話慢慢逐漸退步,才達到真正歷史的境地。"凡古代的史實只要那裏而不摻雜神話,大約全是僞造,至少説,它是已經經過一番人化的工作了;反倒是淆雜神話的説法,尚屬近古。"像我從前答復二個書評時所已經説過的。第三,戰國時代,各家爭鳴,互相駁斥的很劇烈,可是在他們書裏面,關於古史,雖然有些互相矛盾的地方,可是相同的還不很少。如果屬於一家的造謡,何以他們同時的反對派没有立時捉住他們? 疑古派誇張其異點,却抹殺其同點,態度是不够科學的。──疑古派既然有這樣的缺陷,然則應該怎麽辦,是否對於古書應該毫無懷疑地接受? ──那却萬萬不可! 人類知識的進步,絶不能走回頭路。我們對於保存着的古代史料,應該很審慎地,很有分別地處理,據我們現在的看法,我們對於這些史料可以分作四段去處理:第一,春秋以前的史料,有甲骨文,金文,易經的卦爻辭,盤庚篇以後的今文尚書,一小部分的詩經。這些史料,極可寳貴,但是它們是記它們當時的事情,涉及古史的材料數量太少;專靠這些,無法可以畫出古代歷史的輪廓。第二是春秋及戰國的材料。西漢所保存的,如果與前期所保存的没有矛盾,也可附入此部分。上面所舉出以外的群經,先秦及西漢諸子,周書、國語、國策、史記、竹書紀年等皆屬之。這一部分是研究傳説時代的人所靠的最重要的來源。它一方面材料較多，靠着它就可以畫出傳説時代古史的輪廓；另外一方面，它離古代還不太遠，傳説失真地方，應該比較地少。可是急須注意的有一點：我國民族的起源，同其他古代民族的起源頗相似，就是説它是多元的，不是單元的。可是到春秋時代，去多元的時期已經相當地遠，對於從前多元的情形，已經逐漸忘掉，不很明了。當他們要記錄古史的時候，誤認我國的民族屬於一元。當這些多元的材料不能逗頭的時候，他們就不免小有改動增删，以使其成完整的一體。他們雖説没有故意造謡的嫌疑，但因爲他們對於過去情形不够明了，而且無失敗的經驗，因而所用方法很有問題，他們所得的結果殊可懷疑。他們這些工作主要的是尚書堯典、皋陶謨、禹貢三篇，大戴禮五帝德、帝繫兩篇，史記五帝本紀、夏本紀兩篇，最晚還有漢書律曆志内所載劉歆的世經。這些篇中所記的事迹成問題的很多，可是因爲它很有系統，全歸一元化，有合於當時精神上的需要，所以寫完以後遂成了一種壓倒的權威。幸而它書所記不同的説法未盡湮没。但因向來尊崇這些篇章爲正經正史，合於它的就算作真實，不合於它的就被斥爲虚僞。古史無法整理，這是一個頂重要的原因。現在整理古史，應該先注意未經系統化的材料。再證之以考古工作所得的地下和地上的實物，以近代社會科學所得的結果爲比較，審慎檢察，以求得古代近似的經過。至於正經正史裏面所記綜合的材料合於此的，可判定爲其取材尚屬真實，有可保存的價值，否則必屬曾經增删，暫可置之不論。要之，這一時期所保存的史料，去古未遠，除了曾經增删的綜合材料或受它影響的説法，全屬異常寶貴。無充足的理由，萬不能一筆抹殺。還需要補足一句的是這些史料，固然必須與考古所得地下材料不衝突始屬可信，但如地下材料不能證明也不能否定，揆之社會進化的程叙，事屬可能的也應該暫時信爲真實，不能借口於尚未被證明，就給它一筆抹殺。因爲地下所保存的材料極有限制，且意義多不明確。如果過度懷疑，將使一部分可靠的歷史知識，完全棄置，實在是有背科學的精神。第三，東漢一方面因爲有紙的發明，他方面因爲有儒生帝王的提倡，社會文化很有推進，古史知識也逐漸散布於社會中間。可是因爲這種散布，而關於古事的傳説，社會中又自然地孳乳起來，也就像三國演義流行於社會以後，諸葛亮及劉、關、張的故事逐漸無限加多一樣。所以見於此後的書所增添的故事，儘可以棄置不顧。不過（一）因爲魏晉之交有譙周及皇甫謐二人曾經對於古史作一番研究。二人書皆已經散逸，但據各書所引，可以看出譙氏的批評精神還算發達，皇甫氏雖然較差，但他見的古書也還一定較我們爲多。（二）因後魏時的水經注中也還保有古代一部分的材料。所以如果這些書同前期的材料無矛盾，也不妨取作參考。但是也只是參考而已，並不能拿此期所存的材料補前期的不足。第四，在水經注以後所談的古事，即當一筆勾消以免眩惑。試問春秋戰國人不知，兩漢人不知，甚至好采雜説的皇甫謐也不知，如神農以後各帝年數之類，唐宋以後的人却言之歷歷，他們到底從那裏知道？如果不是臆造，還有何説？此類事例尚多，治古史者萬不可不注意。如果能將材料的時代這樣分析清楚，而又補之以考古學及社會學的知識，按着科學的條理，細心地、一點一滴地工作，傳説時代的略近經過，總可以得着一個大略的輪廓。前期極端疑古派所抹殺的，還有一部分可以恢復起來。

如果我們上邊所説無大謬誤，我們就可以拿這樣的標準去衡量樂天宇先生(人民日報三月六日及九日)、清華大學天文學習會(光明日報三月七日)及高德明先生(人民日報三月七日)、漢桐先生(光明日報三月十六日)的見解。我們覺得樂先生除了他引用的書籍不大適當外，其所主張並無大謬誤；清華大學天文學習會的文章(光明日報三月七日)甚有研究，但關於先秦古史一部分却甚爲脆弱，甚至在漢桐所指摘以外，還有些可議的地方。高德明及漢桐二先生的指摘全很好，不過措詞之間，也還有可商量的餘地。我爲什麼有這樣的看法？兹將理由陳述於後：

樂先生的文章本來要指明種子春化法爲"我國在農業科學上的偉大發明之一"，他所引的古書不過是個引子，與本題無大關係。即使這一部分不成立，全文的主旨也可以不受影響！這是頂重要的一點。就是他引古書一部分，除了神農本草經一書，並不見於漢書藝文志，至到隋書經籍志才見著録，大約爲紀元後一二世紀時的著作，已由高先生指明外，樂先生引他書所要指明的點並無大謬誤。所説"神農氏嘗百草，辨五穀，作耒耜，發明栽培等"，並不見於先秦古書。但是淮南子脩務訓已有"古者茹草飲水，采草木之實，食蠃蛖之肉，時多疾病毒傷之害。於是神農乃如教民播種百穀，相土地宜：燥濕，肥墝，高下。嘗百草之滋味，水泉之甘苦，令民知有辟(避)就。當此之時，一日而遇七十毒"之説。淮南子成書，雖晚在紀元前二世紀下半紀，非先秦古書，但是這一節還没有受過綜合材料的影響，可信爲先秦戰國的傳説。不過神農一詞及所含的意義需要説明。第一，要知道神農絶非炎帝，這在史記封禪書中並列二帝，就可證明。炎帝爲華夏族兩大部族之一,是一個氏族和人的名字,並非子虛烏有。至於神農原誼大約是一位神衹,並非氏族名或人名。禮記月令季夏月下所記載還用原義。把炎帝和神農混淆,始見於劉歆世經。在淮南子中,二名並用,似仍有分別。神農一名,也見於易經繫辭下,爲庖犧後之一帝,也載作末耜的說法。繫辭大約爲紀元前三世紀末或二世紀的作品。它所記的庖犧是從苗蠻族的 Bu-l(第一祖先)采用,並非華夏舊說。可是此名進入北方,華夏族特用"庖犧"二字表明,並有"以佃以漁"的說法,實在已經得了新意義,要指一個游牧漁獵的時代。同時把表明農神的"神農"一詞,也變作指明農業的時代,所以就有作末耜的說法。本來我國農業起源甚古。我們在陝西寶雞鬥雞臺發掘一史前遺址得到微黑的穀粒,放在罐內,足以證明我國進入農業階段遠在史前。古人把庖犧和神農二名放在黃帝以前,是要說在黃帝以前有游牧漁獵及農業二時代。逐漸用作兩個人名是較晚的看法。用社會發展史的觀點來檢察,可以說大致不誤。至於嘗百草的說法,是要說農業發展的初期,療治已經由巫術而漸進於醫藥。農業的興起的預備條件是由於很長的時候積漸尋找和試驗百草而得到諸穀的種子。由於這些尋找和試驗,積漸知道些草木的療治性質,同當日揞訣念咒的巫術治療辦法同時並用,也是一種頗近情理的揣測。然而淮南子內神農嘗百草的說法也不能算大錯誤。至於黃帝妃西陵氏發明蠶絲的說法,樂先生所引王楨農書,時期過晚,雖王氏必有所本,但我到現在還不知道他所本何書。我所知道的,是先秦無此說,西漢人也無此說,出現過晚,當在一筆勾消之列。不過蠶桑實在是我國最先發明的。西陰村的發掘已經得繭一個。此遺址不能晚於夏,或能更早，這已經足以證明我國的蠶絲發明很早。世界各國養蠶法全由我國輸入。<u>兩漢</u>時代我國的西略，<u>羅馬帝國</u>的東侵，大約全有保護絲路的因素。這一切全可以證明<u>樂先生</u>所要指明的無大謬誤。

<u>清華大學天文學習會</u>（後簡稱<u>天文會</u>）引用<u>堯典</u>證明四千年前我國已有"豐富正確的天文知識"。實則<u>竺可楨</u>先生於二十餘年前已以現代的天文學證明<u>堯典</u>内所載四仲月中星非四千年前的中星，乃三千年前的中星，爲"殷末周初……現象"。我個人也曾經用小不同的觀點得到同樣的結果。<u>天文會</u>對於<u>竺</u>先生已經發表的文章未能參考，殊屬遺憾。它又稱"<u>舜</u>作'璇璣玉衡以齊七政'"，而釋爲"璣衡是兩種測天儀器，這説明當時已經使用儀器作天象觀測"。姑不論<u>堯典</u>所記很多不可信，即使可信，而<u>堯典</u>上有"在璇璣玉衡"之文，絶無"作璇環玉衡"之文。古注釋"璇璣玉衡"爲北斗七星裏面幾個星的名字，儀器解釋較後，不可信。實在，在<u>舜</u>的時候認識北斗各星尚屬可能，至於儀器的發明與實用均在<u>兩漢</u>以後，<u>先秦</u>没有看見實用儀器的痕迹。觀測與實用儀器是兩件事情，我國觀測甚早，實用儀器頗晚，不能混爲一談。日食條引<u>尚書</u>"乃季秋月朔，辰弗集於房"之文，實則這是僞<u>古文尚書</u>的詞句，未可依據。<u>左傳</u>昭十七年引夏書作"辰弗集於房，瞽奏鼓，嗇夫馳，庶人走"，無"季秋月朔"一句。我個人推測此句作僞者或别有所依據，他無法作那樣的僞（見拙著<u>中國古史的傳説時代叙言</u>）。但這是另外一個問題。引古書的人必須一字不改和分辨來源。<u>天文會</u>上面改"在"爲"作"，及此句不辨來源，均足貽反對人以口實。六曆非古，大約爲<u>戰國</u>末期及<u>西漢</u>初期所製

作,在今日我國史學界中似已成定説,天文會對近日學術界已作出的成績沒有參考到,也頗不合。又據傳説説"黃帝作蓋天,顓頊作渾天,堯創渾儀,舜製璣衡",璣衡的説前面已談。上面三句也屬秦漢人的托古,不宜置信。呂氏春秋及淮南子二書均有攬羅一切雜説,作當日百科全書的意趣。可是前書中毫無蓋天及渾天的影子,其他先秦古書也完全無有,至淮南子才有接近蓋天的傳説,渾天説當更後(不能晚於紀元前二世紀末)。就以上各點就可以推測此二家天文學説發生的時代。當在秦漢之際。至它所説的宣夜當係郄萌個人的最新的發明(我個人覺得此説最進步),大約在東漢時代。因其爲最新發明,故後人斥之爲"無師法"。實則無師法正足以提高郄氏發明的榮譽,何足爲病?總之我國學術的長處,在耐心觀測和精確紀錄,短處在未能發達理論,即有也較希臘爲晚。蓋天及渾天,希臘均有相類的理論,而均較早。我們科學家以真理爲目的,對於我們的長處固然要表揚出來,對於我們的短處也不必有意隱諱。否則經人駁斥,無法應付,反使讀者懷疑我們所説的長處是否真實。我們歷史上真實的榮譽已經極多,何必誇稱萬能,反令人起不真確的感覺?天文會文中,除以上所指摘,其餘部分全極精當,希望讀者千萬不要因爲這一點的未滿人意,就懷疑全篇的價值才好。

　　高先生的指摘已有樂先生答復,我無他話可説。漢桐先生對於三皇五帝説的懷疑也並不錯。但是我們覺得帝之爲五,皇之爲三,果然是戰國晚期後起的學説,但是炎帝(或赤帝)、黃帝、顓頊、太昊(非伏羲)、少昊、堯、舜、禹、嚳(嚳不必在堯前,堯父説更無稽)等名,古書多見,並非子虛。這全是我們氏族末期的著名首領，並非一家，且並非一族。從前所定的時代也有問題。但古代傳説，尚多含有歷史的質素，並非完全神話。有巢、燧人，原指時代，並非個人。伏羲（即庖犧）、神農的來源，前面已經略説，但也並非嚮壁虛造。外如夏禹治水的問題，最爲人們聚訟。實則他的治水，不過僅在黃河下游，主要是在兗州流域。此點王夫之於數百年前已經看出。我近來又看到禹貢兗州條下，也還保存有顯著的痕迹（此點當由專篇闡明）。這也足以證明禹貢雖爲春秋晚期或戰國時代的作品，却也保存有一部分可靠的史料，未便一筆抹殺。禹的治水主要就是疏九河。兩河間在史前時代，已經有運河的開鑿（還在禹疏九河前一兩千年），然則夏禹也毫無不能疏導九河的理由。詳細見拙著中國古史的傳説時代的洪水解，此不再贅。要之，對於古代所保存的傳説時代的材料，不經批評，就輕易地接受，固然太過天真，可是太過懷疑，就一筆抹殺的辦法，也太屬武斷。用武斷的看法把我國歷史的黎明時期砍去一大截子，更不應該。如果學者不相信我在上面所提出的標準，也希望他們肯考慮、討論、修正、決定，才可以逐漸對於此段真正歷史經過的知識得有增進。否則即使多言曉曉，也永遠不會有結果。話説的太多了，即此爲止。

　　　　　　　　　　一九五一年三月廿二日寫畢。

培養考古幹部,加强考古工作,開展歷史研究①

　　研究人類的歷史,一方面要依靠文字記錄的史料,另一方面也一定要依靠保存在地上或地下的遺迹和遺物。人類的歷史雖然已經綿延了幾十萬年,而有文字記錄的時期,却是非常地短。在地球上,文化最古的民族,它們有文字記錄也不過僅有幾千年。當我們要研究還没有文字記錄的原始社會的時候,找不到文獻史料,所可依靠的就僅只有保存在地上或地下的遺迹和遺物了。這就是近代歷史研究進步所積漸找出來的科學方法,尤其是馬克思列寧主義曾經確切指出,爲我們作歷史工作的人所必須遵守的方法。專門對後一種史料作工作的人叫作考古工作者。

　　我們中華民族文化發達很早,不惟文獻史料保存的最豐富,就是在地上或地下所保存的歷代勞動人民遺留下的遺迹遺物也非常衆多,這是人人所知道的。由於過去反動統治階級不注意保

---

①編者注:本文原刊文物參考資料 1954 年第 9 期。

護,破壞甚多,就是有幾個具"思古幽情"的人,他所注意的也衹是些稀有的文字資料、重寶彝器、珍奇飾物,至於廣大勞動人民所離不開的生活或生產資料,却没有人注意。因此,被有意或無意地毁滅散失的,不知道有多少了。尤其是近百年來,被帝國主義掠奪破壞的更達到了極可驚的數目。幸由中國共產黨及毛主席所領導的解放戰争,迅速把這些反動的統治者和帝國主義强盗從我們的國土上面完全清除出去,挽救了祖國數千年遺留下的歷史文化遺産,免遭繼續破壞的浩劫,并進一步加以調查保護,整理研究,爲我國作歷史或考古工作的人們創造了優良的條件,開闢了廣闊的前途。

近幾年來,在國家進行基本建設中,地下的古物發現出來的很多。這一次在北京歷史博物館"全國基建出土文物展覽會"所展出的古物不過是各省市所出土古物中的一小部分,這是已經洋洋大觀,解決了不少歷史上重要的問題,這是非常令人興奮的事情。

雖然如此,我們的考古工作中的具體困難還是很多。主要的原因是過去反動統治者利用少數的幾個人把持全國的考古事業,壟斷學術研究,不願多培養新興的人才。遺害所及,是我國從事考古事業雖已有數十年的歷史,而全國的考古工作人才還是爲數甚少。

我國地下地上文物的蘊藏如是地豐富,基本建設工程的進行如是地急迫,實際需要的考古幹部的數量同現有的數量相比較,相差太遠,在進行工作中真是東支西吾,捉襟露肘,感到實在無法應付。過去兩年來中央文化部社會文化事業管理局、中國科學院考古研究所同北京大學歷史系合作,辦了兩期短期考古訓練班,稍可補救,但距人才敷用的程度還相差的很遠。此外,有些省份,如陝西、河南因爲基建工程很多,文物清理工作很忙,近來也很注意於考古人才的培養,辦些短期訓練班,訓練出來一些幹部。雖然程度不很齊一,但總可以補救一部分人才的缺乏。

就在這一方面,也還不是沒有問題的,因爲注意到培養考古幹部的,實在還是限於很少的省市,如陝西、河南、湖南、山東等,其他各省市就比較注意少些,尤其是邊遠各省,如雲南、貴州、廣西等省,有的人似乎覺得在那裏基建工作不很緊迫,地下的蘊藏也不夠豐富,并沒有培養考古幹部的需要,這實在是錯誤的。

我們的本國歷史教科書以往有一個很大的缺陷,就是上面所寫的幾乎盡是漢族的歷史,很少叙述各兄弟民族的歷史。現在由於中國共產黨及毛主席的正確領導,國內的一切民族都親密地團結成一個整體,從前反動的大漢族主義的時代已經完全過去了,可是表現在歷史教科書內的缺陷現在還沒有能夠及時的填補起來。這種缺陷是絕不能長期存在的。可是我們又將如①何去進行填補這種缺陷呢? 國內各民族,除漢族以外,只有很少數的民族,如西藏、維吾爾、滿洲、蒙古還有些自己寫作的歷史,其他很多的民族或者沒有寫出的歷史材料,或者根本還沒有文字,就是有點口耳相傳的材料,通常也是不夠清楚。那些是真實的經過,那些是幻想的補充,非有地下材料的比較和別擇,實在沒有其他辦法可以幫助我們去進行科學的研究。即就漢族的歷史來看,已經

---

①編者注:“如”,原誤作“和”。

需要很豐富的考古材料來充實，來檢查；至於從我們兄弟民族的
歷史來看，那就大部分要靠着將來在地下或地上所搜集到的考古
材料來創寫他們過去的歷史。

　　我們偉大的盟邦蘇聯，在十月革命後的初期，也有同樣的困
難：革命以前所寫作多是俄羅斯民族的歷史，并不是包括在俄國
國境內一切民族的歷史。歷史的開頭通常是基輔大公國，頂多也
不過加一點希臘時代希臘人在黑海北岸的殖民地等等。在一九
三四年，斯大林、日丹諾夫、基洛夫，在其關於蘇聯歷史教科書大
綱的意見中，就指出這大綱草案之缺點，即這草案就沒有照顧到
烏克蘭、別洛露西亞、芬蘭及波羅的海沿岸的其他民族，北高加
索、外高加索民族、中亞細亞及遠東民族以及伏爾加河一帶及北
方民族——如韃靼族、巴什基爾族、莫爾達維亞族、朱瓦什族等等
的歷史教材。這以上的意見更有力地推動蘇聯考古事業的發展。
吉謝列夫説：“在三十年代和四十年代考古學範圍，精確地説已
經包括了我們的廣大的國土全境。”因爲有這件大規模地，異常
奮勉地工作，所以他又可以説：“現在我們國家裏的許多民族，都
認識了自己的歷史，在不久之前，他們的過去歷史，因爲文獻不
足，還是在暗晦之中，無人知道。”[1]現在我們只要把潘克拉托娃
的蘇聯上古中古史（中文有譯本）及其他中學教本隨便掀一掀，
就可以很容易地看出它同從前所編的俄國歷史有很大的不同：它
現在不是從基輔大公國或黑海北岸希臘人殖民地開始，而是從高
加索山南方的烏拉爾都開始了，因爲這個地方進入記錄的歷史，

----

[1]以上所引，皆出中蘇友好協會編的吉謝列夫講演集五十八及以後各頁。

不惟比基輔大公國,并且比黑海岸希臘人殖民地進入記録的歷史的時間早的多。此外在全部歷史中俄羅斯民族固然還保存着它最重要的位置,可是現在包括在蘇聯境内的各民族的歷史全得到它們應有的位置。這一部分重大的改革差不多全是靠着考古工作這些年中所努力得到的成績。

我國將來克服歷史方面如上述的缺陷,并没有其他可以取巧的辦法,還得跟着蘇聯老大哥學,必須在全國範圍中展開科學的考古工作。在各兄弟民族從前居住過或現在仍居住着的地方進行考古工作的重要,絕不下於在陝西、河南、山東、湖南及其他各省。就我個人所見到的隨便舉一個例子:雲南昭通地方及其附近,在地面上還存在有許多叫作"梁堆"的高丘,大約是古代人民居住并與墓葬混合的遺迹,可是從來没有進行有計劃的科學發掘過。那裏也還有些彝文的碑刻,也没有經過科學的搜集、研究。我個人相信:就是這一部分不很困難的工作,如果作得好,就會對於彝族真正經過的歷史有若干的貢獻。其他各處像這一類的遺迹還是異常豐富,不過從前的學術界没有注意到,所以湮没不彰。現在想要研究我們各兄弟民族的歷史,就幾乎要完全靠着新發現的考古材料,來填補從前記録歷史上所留下的空白。

從以上所説,就可以看出來:不管在考古工作已經進行多年的地區,不管在考古工作還未開始的邊疆省份,全需要相當多的考古幹部。在前者的省份中,目前由於配合基建工作,地區廣闊,任務緊急,考古幹部是遠不敷需要。在後者的省份中,雖説配合基建工作没有那樣急迫,而民族工作實占一切工作的中心,尤其是要把各兄弟民族過去的歷史工作做好,在調查清理地上地下現在的古代遺迹遺物的實物史料方面，就不得不需要大批的考古幹部。可是在那裏，培養考古幹部的工作，據我個人所知道的，現在也還沒有真正開始，人才仍極端缺乏。前者省份應該如何擴充幹部，以期適應需要的問題，此處暫且不談。我今天所要强調的，就是希望對邊疆各省，尤其是對住居着各兄弟民族的地區，千萬不要存有無古可考的錯誤想法，也不要覺得那裏配合基建工作的任務最近并不緊急，可以慢慢地來籌畫，那也不切合實際。

現在我們能訓練考古人才的人實在很少，在目前條件比較好的各省要自己培養幹部已感覺是很困難，邊疆各省更不要説。所以首都主持考古事業的機關，應該盡力多開班次，大量讓各地逐年選派學生來首都學習，尤其是應該鼓勵少數民族地區選派學生前來學習。訓練若干時間後派到西安、洛陽、長沙等處有實地工作的區域，參加工作，從田野實習中取得經驗。在一定的時間能這樣經常地作下去，不幾年是可以增加相當數量的生力軍，可以提高清理發掘工作的效率，解决一部分考古工作中人手不够的困難的。另一方面，參加學習的人在課堂中學習理論基礎，在田野實習中學得實際技術，過了一段時期後，即可以具有獨立工作的能力，那時也就可以回去開始作考古工作了。在兄弟民族區域工作，如果有本民族考古工作的幹部參加，那是更可以得到不少的方便的。這一項工作，應該早日注意，早日布置，不應該過緩。尤其是在目前有經驗的考古人才仍是有限的困難情况下，正因爲在質量上不能要求過高、過急，所以培養幹部的開始時候應該儘量提早。主要就是今日的歷史考古學界必須計劃，在不久以後的將來，應如何把各兄弟民族的歷史整理的相當就緒，以期對於我們

本國歷史内的最大缺陷得有彌補。這方面的工作很重要,我今天
特鄭重地提出,希望我們大家都來注意,并采取一些有效的措施。

山海經的地理意義①

　　山海經爲現在存在的我國最古的地理書之一,自來没有人疑
惑過。司馬遷曾説“至禹本紀、山海經所有怪物,余不敢言之”
(史記大宛列傳),他不過對於書中所記怪物未敢深信,對於它的
地理價值并没有一點懷疑。東漢明帝因爲王景治水有功,并且想
使他修治黄河,“乃賜景山海經、河渠書、禹貢圖及錢幣衣服”(後
漢書本傳),足以證明當時的人如何重視山海經的地理價值。此
後各正史中的經籍或藝文志没有不把它列入地理類的。清朝纂
修四庫書的學者獨倡異説,把山海經列入子部小説家“瑣語之
屬”,他們的理由是“書中叙述山水多雜以神怪”,又説:“道里山
川率難考據,案以耳目所及,百不一真。諸家并以爲地理書之冠,
亦爲未允。核實定名,實則小説之最古者爾。”他們這些謬説,固
然不足以損害山海經的地理價值,但是,如果不把他們所提出的

---

①編者注:本文原刊地理知識 1955 年第 6 卷第 8 期。

理由解釋清楚,總不免使後人有點疑惑。現在我們來看看他們所提出的理由是否還有點道理。

　　他們所提出的理由有二:一爲"多雜以神怪",二爲"道里山川率難考據"。第一疑并不重要。它的來源有二:1.因爲古人形容事物多與今人不同,如經中形容鳥獸,常説它們有"人面",實則説者的意思不過要説它們的面孔有些像人,并不是説它完全像人。又如海内西經:有"服常樹,其上有三頭人",古人謂一人爲一頭,三頭人即三人之意。後人誤會意思,遂覺奇怪。2.爲遠道誤傳,以似亂真。此類的例子山經中尚少,海外及大荒各經則頗多。比方説:海外南經中所説"貫匈(即胸字)國""三首國",西經中所説"三身國",現在的人全不會相信它的真實,但是我們從郭璞"貫匈國"的注中可以得到它的解釋。郭注引異物志説:"穿匈之國,去其衣則無自然者,蓋似效此貫匈人也。"異物志爲東漢楊孚著,大約當時還有所謂穿匈人,親眼看見,才知道他們不過衣着如此,因爲他不敢懷疑古書,所以反以此穿匈人爲仿效古貫匈人,不知道古貫匈人本由此衣着的特異而誤傳。第二疑較重要。想解釋此疑問,先要明白古簡書的形制。在二十餘年前,中國西北科學考察團在漢居延塞(今額濟納河沿岸)一帶,不惟得到大批漢代的木簡,并且得到一卷完整的簡書。每簡寬約半寸,長約五六寸,兩端有槽,各以麻繩聯之。積至數十或更多的簡,就把它捲起來。所謂一卷(卷、捲古係一字)原誼就是這樣。麻繩很容易腐朽,斷後再聯繫時就很容易錯誤。平常的書,章節較長,各簡連比,有意義可尋找,再繫的時候訛誤可以較少。山海經則每節頗短,一簡或二三簡可寫一節,各節間也很少聯繫,散亂後沒有法子找出來它們互相聯屬的意義，所以錯簡特別多。又經中的一二三四(因爲四古文作〓)等數目字很容易互相訛誤，訛誤後又無法改正，山經中道里數目相加後多與總數不合，這就是重要原因之一。又山名多與後面總數不合，一因數字訛誤，二因脫簡未能補足所致。如果我們上面所說没有大錯，那"道里"的"率難考據"，就没有多少可疑惑的地方。至於山川名稱，古今變更頗多，可是比較起來，水名沿用古名的還有一大半，山名沿用的比較地少的多。它的理由不很清楚。或者因爲從古到今人民多聚居於河畔平川的地方，至於山間就人口很少，遇到大變亂，或致人烟俱絶，人烟多的地方，名字容易傳下，人烟少或無人的地方，名字容易喪失，也很難説。知道這些，所説"山川率難考據"，也無足疑。所以四庫書目列山海經於小説内，毫無是處。對於上述的疑惑既已解釋清楚，就可以進一步研究它的地理内容了。

今書分十八卷：南、西、北、東、中山經共五卷；海外南、西、北、東經四卷；海内南、西、北、東經四卷；大荒東、南、西、北經四卷；末又有海内經一卷。海内外及大荒各經，均自傳聞采録，可用今日的地理證明的頗少，有最充分的地理意義的爲五山經，據畢沅的説法，五山經是古代土地之圖，周禮大司徒用來瞭解各地土地的廣袤，山林川澤以及丘陵墳衍原隰的名稱和物產的。管子書内説凡用兵的時候必須知道山川形勢，道里遠近，森林沼澤之所在，而山海經的内容，就是這些。所以這本書能够世傳不廢(大意見畢沅山海經新校正序)。從這裏更可説明山海經的地理意義了。

五山經中，南山經可考者少，大概它所涉及的地方，在漢代還是"蠻貊"之地，所以其他書傳很少記載。西山經内山水多分布在今陝西、甘肅、青海一帶，山水名稱，大都可考。北山一經所載山名大都在塞外，古稱荒服之地，只有北次三經所載的山川名稱，約在今河北、山西一帶。東山經亦大都不可考，根據少數可考的地名如泰山、空桑之山、灤水、環水等研究，大約是現在山東地方。至於中山經所述的山川地名則大都在今日河南、湖北、湖南、四川、江西等地了。

五山經中南、北二經又各分爲三經，東、西二經又各分爲四經，中經又分爲十二經，似乎南、北較略。但考其山數，則南經共四十山（今本內細數與每篇後總數又小有出入，後仿此），西經共七十七山，北經共八十七山，東經共四十六山，中經百九十七山，足證南、東二經較略。想找一經中山的地望，首須注意從它們所出的水向那方向流，流入何水。比方說：所出水"北流注於渭"，那山在渭南，不問可知。用此法考查各山經中的地望，西、北、中三經中的山，大約均可推知其所在。

西山一經內十餘水，大部直接或間接北入渭，或東南流入洛（出陝西，入河南的洛），或入河，此數水今均知所在，而松果、太華、小華、符禺、英山、竹山、浮山、瑜次、皤冢各山均可考，地望甚明，大約爲現在秦嶺山脉，西端當在甘肅南境，山由東向西。二經內六水，或東入河，或南流、東流注涇、渭，地望在今渭北，無疑義。山亦由東向西。山經保存古代神話最多的無過於西山三經，很難推知其所在地。四經內十九山，除中曲一山外皆有水，且源流很明，易知所在地。所載西流注於洛（北洛水）的三水，東流注於河的六水，可知諸山當在今郃陽、澄城的北境，西北走，到白於之山爲洛水源，涇谷之山爲涇水源，鳥鼠同穴之山爲渭水源。這一山群均在今陝西、甘肅、青海境內。雖間雜神話，却還歷歷可指。

北山一經所叙的山很難知道它們的所在地。其中讎水、飜水、伊水、魚水、泜水均西入於河，是諸山當在黃河（古書中的"河"字爲一專名詞，均指黃河）東，與二經所叙諸山相近，又有雁門水、北岳山各條，似乎全能證明這種解釋。可是，此經中杠水、匠韓水、敦薧水等均西入"泑澤"，自漢以後，大家均認"泑澤"爲蒲昌海，就是現在的羅布淖爾，這點恐不可靠，有待將來研究此經的人去解決。二經及三經中的山，地望明顯，無大困難。二經中的管涔山，現在仍用舊名。其中酸水、晉水、勝水皆東入汾，可見諸山均當在黃河東，汾水西。湖灌水東入海，或爲今桑乾河的一源。修水東注雁門，地望亦合。三經中所記山，現在還有不少沿用舊名，水也有不少可考的。就是不可考，而入河、入虖沱、入洹、入滏、入沁，方向很明白，所以地望也不難考出。大約西自現在吉縣的孟門，東轉爲黃河濱的王屋、太行諸山，北轉爲神囷、發鳩諸山，最北到今北京北面的各山。但是，三經中所載的方向與次序頗多錯誤，或者是因爲錯簡所以如此。

中山十二經地望均明。一經所載各山均在今山西南部，黃河北岸。二經載九山，五山有水，而即魚水西流入伊水，餘鮮水、陽水、蔧水均北流入伊水。蔓渠之山又爲伊水發源之山，所以各山均在伊水南岸或發源處，當在現在欒川、嵩各縣境內，無疑義。三經載五山，敖岸之山"北望河林"，餘四山全有水北入河，而四水又均見於水經注，能知其所在。大約西起今新安，東至今孟津，也無疑義。四經載九山，六山有水：四水北入洛，一水南注伊，灌舉之山爲洛所發源，而鹿蹄、扶豬、釐、熊耳、灌舉諸山均可指定。大約在今陝西的上洛,河南的盧氏、洛寧、嵩、宜陽各縣境内,也無疑義。五經載十六山,僅後五山有六水:三水南入洛,二水北入河,大約北起山西省西南部的汾河南岸,南過黃河,到河南西部的閿鄉、靈寶各縣境内。六經載十四山,由東向西數,僅前二山無水,而平逢之山有"南望伊洛"的話。餘四山皆出二水,南入洛,北入穀。再西三山所出水,二水南入洛,一水北入穀。再西傅山爲穀水發源處,又有一水南入洛。再西三山所出的水,因北已無穀水中遮,所以徑入於河。再西陽華之山出三水,也北入河,南入洛。所以此經内各山所在全很明瞭:大約東自孟津、洛陽的北邙,迤西,過穀水的南岸,洛水的北岸,直西到陝西東境。七經載十九山,少室、泰室最著名。其中九山有水,除最西五山無水外,再東有三山所出的水皆南或西入伊,從此推斷,前五山或在伊水發源處的西方,洛水的北岸,今盧氏、嵩各縣境内。最東到敏山、大騩之山,爲今密縣境。八經載二十三山,五山有水。最西起首各山爲沮、漳各水的上游,大約西自今湖北的房縣,迤邐而東,過保康、南漳、荆門各縣。再東各山未知在何處,或已進入大洪山脉。九經載十六山,八山有水,除岷山爲大江發源處,餘七水均東入岷江,然則此經各山應該均在岷江西岸。十經載九山,全無水,不知所在。十一經載四十八山,僅十三山有水,大約在現在盧氏、嵩各縣南境,迤而南,至内鄉、鎮平各縣境,轉東到南陽、唐河、泌陽、舞陽各縣。十二經載十五山,洞庭之山最著名,外柴桑之山在今江西的廬山附近,餘山均未載水,所以不能知道所在地。但據上述二山推測,或爲大江南岸,湖南及江西的北境各山。總之,中山經所載山最多。除十經所載外,均可考知其所在地,山名沿用的也還不少，所以還算明晰。

此外南、東二經，不惟載山較少，并且不容易推斷其所在地。只有南二經所載菑水、句餘①之山、浮玉之山、會稽之山，現在還用舊名，均在今浙江的東西部。三經浪水，多解爲今廣西的義江，也還不能準說。東山經除泰山外，均不知所在地。只有一經中有"東北流注於海""北流注於海"的記載，或可推斷此經所載各山在山東半島的北部。

從以上所説，我們可以看出西、北、中三山經中所載山，大致可以知道它們的所在地，并且可以知道書中的條理大致也還很有次序。南、東二山經所載，却困難很多。南山經所載，當日僻在荒遠，還在意中，東山經所載多近在齊魯文化之區，可是山水所能考出的已經絶無僅有，殊使人詫異。此外山經中對於陝西省山水、河南省西部山水、山西省南部山水，叙述特別明晰，這是很可注意的一點。

此外經中所載可作醫療用的動植物，實開後世本草一類著作的先河；每經末所記祭山時所用的牲牢珪幣，也是研究古代宗教史時最可珍貴的史料；所記載礦產，可以使我們知道當時人所認識礦產的種類。這一切對於地理均有關係。山經寫定於戰國，或已在戰國末期，爲全世界所保存的古地理書之一，内容實極豐富，我們應該好好地研究它，整理它。

清畢沅的山海經新校正，對於它的地理意義頗有所見，駁斥郭璞對於地理的疏漏，稱讚酈道元考驗山川名號的精確，全極有

---

①編者注："餘"，原誤作"除"，據通行本山海經改。

理。對於地名偶同、地望不合的山水，也能精確指出。不過信道不篤，間或有些不以地望爲標準的地方。郝懿行的山海經箋疏寫定在畢書後，及見畢書，可是他對於經的地理意義，觀念很不清楚。除引用畢書一部分外，他自己偶有考訂，僅據名稱的偶同，不知道本經的條理、地望的重要，所以它的價值較畢書爲遜。

最後附帶説明的就是海内、海外、大荒各經中，保存着不少未經系統化的古代傳説，最可珍貴。但是它屬於歷史範圍，兹不詳説。

考古學能從哪一方面爲歷史服務^①

考古學是一門比較新的學問。我國雖説遠自北宋，已經有不少學者考證碑碣，著録古物，作了些有關考古的重要工作，可是他們當時不過是"攄懷舊之蓄念，發思古之幽情"，玩玩古董以助雅興罷了。因爲它和史學還没有發生關係，它自身也就没有發展成爲考古的學術。直到十八世紀之末，有些研究文字學者才開始用吉金（祭祀時所用的鼎彝之屬叫作吉金）上的古文字考證文字的變化和源流，也時時用這些最可靠的材料訂正説文解字中的訛誤，而後從前的古器物學才向考古方向走了一大步。等到二十世紀初年，王國維諸人才開始拿甲骨文和金文中的材料證明，解釋或訂正從前的歷史典籍，而後古物才同歷史搭上真正的關係，古器物學才真正發展成爲考古學。本世紀的二十年代開始了科學發掘，地下遺物出土漸多。全國解放以後，人民政府關懷這門科

---

①編者注：本文原刊歷史教學 1956 年 9 月號。

學,推動不遺餘力。加以全國各地幾乎都有基建工程,整理地下的工作是基建工程開始以前的萬不可少的工序,國家督促考古學術機關加緊清理;工廠的幹部和工人也漸漸地明白了古文物的重要性,紛紛向政府報告,因此出土文物異常豐富。一兩年内所出古物往往超過從前數十年的成績,而後考古學術才得以大踏步前進。經過這幾十年,考古學遂成了向歷史科學供給材料的主要源泉之一。要之,考古學漸漸成爲一門獨立的學問,在我們中國,不過是近一二百年的事情,就在歐西也差不多。如果從廣義説,我們從十一二世紀,歐陽修著集古錄,呂大臨著考古圖,北宋官府著宣和博古圖的時代算起,那我們還要比他們早幾百年。

　　人類保存史料爲時很早。從還没有文字的時候起,已經保存若干的傳説。此後發明了文字,遂逐漸把當時的史事經過以及從前保存的傳説記録下來。越積越富,遂致有"汗牛充棟"的成語。我國歷史悠久,保存史料的豐富,世界任何國家皆所不及。編纂成系統的著作,如歷代的"正史",資治通鑑、續通鑑,各代紀事本末等書也異常豐富。雖然如此,要説修成符合科學軌範的歷史却還有待於將來。因爲,不惟中國,就在世界任何國家内,有文字記録的歷史典籍全是出現於階級社會的。開始時所注意的不過是些巨大的時變,如天災及戰爭等類。以後人智進化,漸漸知道政治的關係國計民生,歷史家的寫作遂集中於記録政治現象。他們所注意的是統治階級的活動狀況,至於被統治的階級,廣大民衆,他們覺得他們不過是些被保護的"阿斗","小人之德草",草隨風倒,不值得注意。頂多也不過注意到他們如果迫於飢寒,也能起來作激烈的反抗,以至於推翻統治階級,改朝換帝。爲了保持統治階級的長遠利益,覺得對他們不要趕盡殺絕,要采用温和政策,使階級矛盾不致特別尖鋭,發展到不可收拾的地步。歷代所謂賢士大夫他們日夜焦心的問題不過是這個問題。至於勞苦大衆,他們本是推進社會生産力的真正發動力,可是"士君子"們對他們的勞動完全忽視。重本輕末,重農抑商,自秦、漢以來,兩千餘年間成了最主要的國策,可是關係農業的書還是寥寥可數,而關於工藝的書尤屬鳳毛麟角。積習所限,無足深怪。就是在歐西,在馬克思、恩格斯講學以前,清楚認識勞動民衆爲社會進步的真正推動力的也并没有什麽人! 所以世界各國雖保存有極豐富關於歷史的典籍,不過這些僅可備爲真正編纂歷史時的資料,至於真正記録人民的著作還有待於世界各國歷史工作者的持久努力。歷史資料主要來源之一固有賴於文獻的記録,而另外一個主要來源也就是地上與地下的物質資料。從前對於它的那些藝術上歷史上的價值雖然也還有人注意,可是那些離藝術較遠的,與歷史的關係不够顯著的物件,如瓦缶、鐵犁之類,即使有人看見,也總覺得無足重輕,掉頭不顧。據説前清末年,由於潘祖蔭、陳介祺、吳大澂諸人的提倡,凡鐘鼎上有文字的,價錢高到每一個字一兩銀子。至於没有文字的,價錢就低的多。他們重視有文字者固然不差,可是忽視無文字者就很不對。陳介祺對於有文字的陶器也還搜集一些。至於没有文字的古磚舊瓦,那就什麽人也不去注意它們。這還是士大夫看不起勞動人民的意識在那裏作怪,因此他們即使能進一步訂正史籍,但是他們所訂正的也不過是統治階級的事迹。他們對於社會真正動力的勞動大衆的重要性完全不知道,對於有關於他們生活的地上和地下的寶貴資料熟視無睹,那他們就是對於歷史有些貢獻，也就很有限了。所以今日考古學者最基礎的認識——其實也是一切科學工作者最基礎的認識——是認識勞動大衆是推動社會前進的真正發動力，凡對於他們生活有關的遺物或遺迹，即使只是一點一滴，也絕不能忽視。至於那些具有高度藝術性的作品，應該從它們是集中了勞動大衆的知慧的產品這一角度上認識它們的重要性，不應該單從記錄"聖君賢相"的功績，由於他們的提倡而發展了藝術這些地方來誇説它們的積極意義。考古學對於將來真正人民歷史的編纂有極大的重要性，但是由於時代的不同，它對歷史服務性質也有差異。這些時代約可分爲下列三分：

　　第一是還没有文字記錄的時代。這個時代非常綿長。我們人類的出生，根據現在比較可靠的科學研究來計算，大約有一百萬年。就是我們中國人的遠系祖先，中國猿人的出現也已經有五六十萬年。可是人類的發明文字却很晚。地球上最古的文字，如埃及的象形文及兩河流域的楔形文，也不過五六千年。我們中國最古文字的發現在於何時，到現在還没有一定的説法。但是我們大致總可以説，最遠也不能超過四千餘年，最近也得離四千年不遠。這樣的兩極限大致不會大錯。這以前綿長五十萬年光景的年代，什麼記錄也没有留下。我們想知道我們祖先的艱苦鬥爭的經過，其中的難關幾乎是難以逾越的。我們雖然也傳説些什麼發明火啦，什麼"以石爲兵"啦，不過這些攙雜着推測的傳説也是模糊不清，傳説的人們自己也不免若信若疑。幸而世界考古學者和古人類學者頑强地工作，於前世紀的末期及現世紀的初期陸續發現了爪哇直立猿人、海德堡人、尼安德特人以及其他各期人類的骨骼和用具。在我們<u>中國</u>，這一方面的研究雖開始的較晚一點，可是從二十年代起，由於繼續不斷的工作，也發現了<u>中國</u>猿人、<u>河套</u>人、<u>山頂洞</u>人，以及<u>仰韶</u>、<u>龍山</u>各期的豐富的骨骼和骨、石、陶各種器皿。全國解放以後，經人民政府對各種科學的大力提倡，考古學者和古人類學者又在很短的時間内找到<u>丁村</u>人、<u>資陽</u>人、<u>來賓</u>人及很多新石器時代的遺址，得到豐富的考古學及古人類學的材料。我們人類祖先這幾十萬年的詳細經過，我們固然無法知道，并且將來也不可能像對於近萬年的歷史那樣詳細地知道，可是我們尋找到了他們進化的主要階段，知道各階段的重要的特徵，他們艱苦奮鬥若干年後所獲得巨大的進步，證明了<u>達爾文</u>人類由靈長類演化的正確學説，掃除了宗教家上帝在六七千年前造世界和人類的鬼話，使人類感覺到前途無限光明，更增加我們向前奮鬥的勇氣。這樣的總成績也不能算不偉大。可是，歸根結底，這一節偉大的展望全是由於地上面的搜集，地下面的發掘，考古學者及古人類學者的辛勤工作才能發現出來。不但如是，我們就是在現在的時期，對於歷史的這一階段的研究工作還是有很迫切的需要的。因爲我們是一個多民族的國家，我們現在所講授的中國歷史還有很大的缺陷。很多的兄弟民族的同志讀了我們的歷史，就很不滿意地，但是很有理由地説：“這不過是<u>漢族</u>的歷史。我們也是<u>中華民族</u>的一部分，何以我們祖先的歷史在<u>中國</u>歷史裏面完全不見？”他們這樣義正辭嚴的責難，我們這些作歷史工作的人應該有所答復。這樣的情形不惟我們<u>中國</u>有，就是<u>蘇聯</u>在十月革命後的初期，問題也很嚴重。他們當日所寫出的歷史是<u>俄國</u>的歷史，并不是<u>蘇聯</u>全民族的歷史。直到四十年代的初期，

才感覺到問題的嚴重,急起直追,辛勤工作一二十年後才能補救
從前的缺點,寫出來真正的蘇聯歷史。我們現在也有同樣問題,
也應該急起直追,以期早日補救這樣的缺陷。可是問題并不簡
單,急着想補救缺陷也還有不少的困難。在各兄弟民族中間,有
些民族還有若干記錄的歷史,有些已經大部分譯成漢文,比方説,
如蒙古及滿洲人的歷史,那自然比較容易。其次,即使還沒有譯
成漢文,如藏族和維吾爾族的歷史,既然已經有文字的記錄,趕緊
把它清理出來(因爲有些是混雜於宗教的經典裏面),翻譯出來,
也還比較容易。可是,有不少的兄弟民族直到現在還沒有文字,
更説不到記錄。有些雖也有象形的文字(比方説麼些),可是它
的用途僅限於宗教的經咒,歷史記載幾乎完全没有。他們雖也保
存有若干的歷史傳説,而簡略模糊,無法據着它去寫歷史。蘇聯
過去的經驗是靠着考古學者的搜集與發掘。他們尤其是在亞洲
方面作了些很有成績的工作,而後對蘇聯各民族的歷史才進行了
全面的研究。蘇聯現在的歷史教科書與從前大不相同:它不起於
基輔的大公國,也不起於希臘人在黑海岸的殖民,却起於亞洲的
烏拉爾圖。這全是由於考古學者的工作成績,才能這樣訂正。這
一類缺陷我們現在既是已經感覺到,就應該一方面把已經有的漢
文的兄弟民族的史料搜集和整理起來,把還沒有翻譯成漢文的史
料趕緊設法搜集起來,翻譯出來;另外一方面更重要的是漢族中
研究兄弟民族的歷史的工作者要學習他們的語言和文字;而最主
要的却是大力地培養兄弟民族自己的考古工作幹部,這樣作起來
才可以互相幫助,加緊前進,庶幾將來在十到二十年的期間內可
以把這個缺陷彌補過來,使那時候所編纂出來的中國歷史真正成

了在中國住居各民族的歷史，而不只是漢族歷史。這個工作一小部分靠着歷史學者的努力，而絕大部分却要靠考古學者的合作。

第二是已有文字記録却還簡單的時代。在我們中國上起自炎、黄，下到紀元前二百二十一年秦始皇統一中國止，是屬於這一個階段。這些文字記録有的是口耳相傳已經很久，才有人把它搜集整理和記録起來，在殷盤庚以前的關於歷史傳説就是屬於這一種性質。有的是當時人已經留遺下來些原始資料，我們可以直接去研究它，在殷盤庚（紀元前一千三百年左右）以後，歷史已經進入這一個階段。在這兩三千年間，因爲已經有文字的記録，年月比較清楚（就有爭論也不過差個幾十年到一二百年。不像從前一差就是上千年或萬年），意義比較明確，因而考古工作也比較容易進步。可是要真正寫歷史，專靠文字記録遠遠地不够，還要靠着考古工作的協助。協助的方式大約可分三端：（一）補足：孔子在兩千幾百年以前，研究殷禮，已經致忱於“宋不足徵”。可是自從前世紀之末，殷墟發現骨甲文字以後，殷後期的歷史補足的很多。我們現在可以毫無誇張地説：“我們所能接觸的史料比孔子在兩千餘年前還要多一部分。”又如詩經中有關歷史部分的材料，及今文尚書中的商書和周書，在史料中有極高的價值。這些材料原來是從鐘鼎文字記録下來的，可是所記録的僅僅是一部分，其餘没有記録的還不知道有多少。現在所得到的吉金文字又可以把這些材料補充許多。如毛公鼎文可以補尚書，虢季子白盤文可以補詩經，是大家全知道的。其實件件銘文全是重要的史料，絕不限於文字多的幾件。（二）正誤：比方説，史記殷本紀説殷先王自上甲微以後，有報丁、報乙、報丙的世次，但是自從得了甲骨文的材料，經過學者精審的研究，我們現在可以確實有據地把它改爲報乙、報丙、報丁的世次。并且因此可以證明太史公的記録雖有錯誤，却并非無根據，也可以推斷夏本紀的記録也有同類的性質。又如從前的人并不很知道古代還没有鐵，尚書禹貢篇梁州（今陝西南部及四川）下又有“厥貢璆、鐵”的文字，就更信鐵從古已有，説至少夏禹時代一定有。可是根據我們近幾十年來的考古工作可以確鑿地説：春秋以前還没有鐵；左傳昭公二十九年傳“晋趙鞅、荀寅帥師城汝濱，遂賦晋國一鼓鐵以鑄刑鼎”，爲關於鐵的最早記録。又可以證明禹貢的寫作最早也不能在春秋以前。這也是一種正誤。（三）解釋和證明古書：比方説：越絶書的寶劍篇就説過：“軒轅、神農、赫胥之時，以石爲兵，斷樹木爲宫室，死而龍臧（壟藏），夫神聖主使然。至黄帝之時，以玉爲兵，以伐樹木爲宫室，鑿地，夫玉亦神物也，又遇聖主使然，死而龍臧。禹穴之時，以銅爲兵，以鑿伊闕，通龍門，決江、導河，東注於東海。天下通平，治爲宫室，豈非聖主之力哉？當此之時作鐵兵，威服三軍，天下聞之，莫敢不服。”這一段書流傳已經有一千七八百年的長期（越絶書爲第二世紀人所著），可是若明若没。它把用石、用玉、用銅、用鐵分爲四期，與現代學者分石器時代、銅器時代、鐵器時代相合，這一定有古代的傳説爲依據，所以毫無錯誤。可是一兩千年來大家對於它的意義已經不清楚，看見它也不過覺得是些“郢書燕説”，姑妄言之妄聽之而已。自歐西的學術輸入，學術界才又開始注意此事。可是在我國的古代是否也有同樣的階段，因爲未見證據，還不能没有疑惑，經過幾十年的科學采集和發掘，確實證明我國同樣經過舊石器時代、新石器時代。在綿長的時間裏還絕無金屬的發現。殷代青銅器鑄造的技術和藝術已經達到高度的熟練，可是在當時遺址上也絕無鐵器的發現。直到西周還是處於相同的階段。到春秋時代才有鐵器的使用。用這樣無法否認的證據，才可以解釋和證明越絕書這一段文字的意義。由以上三端就可以肯定在這一時代中雖說已經有了文字記錄，可是考古資料仍有它很高的重要性。

　　第三是文字記錄已經詳明的時代。我國歷史自秦漢以來即屬於這個時代。當此時代，因爲已經有了詳明的文字記錄，所以考古資料的重要性比以前兩時代大爲降低。雖然如此，它的重要性仍是持久地保留着。關於這一點，我們還可以用前時代的三端來考察。不過在考察以前還需要說一句話以免誤會，就是近來人談及考古工作時多偏重地下的發掘，覺得地上碑碣一類的研究似乎已經不屬於考古工作的範圍，其實這是錯誤的。不管地下或地上，只要是屬於實物的歷史意義的研究，全包括在考古工作之內。我們現在就“補足”一點來看考古工作是否還有重要性。驟一看起，似乎在此時期內，文字的記錄已經極詳盡——尤其是在宋以後——考古工作大約不能再補充什麽東西。實在這是很浮淺的看法。文字的記錄無論怎樣詳盡，也不能把有關係的材料包括無遺。尤其是在邊疆各地，往往相當大的事故也常常疏漏。自近百年來，如闕特勤碑的考釋，好太王碑的考釋，張義潮、曹義金諸人事迹的考證，高昌諸王世次的考證。還有其他不少相類的工作，對於史籍的補充全有很重要的意義。這是一方面。碑碣中諛死人、頌官僚的文字固可一筆勾消，可是那裏面叙述某些人的仕官經歷常常超出於正史所記載的很多，并且異常可靠，這對於考證歷史也很有用處。近世多有碑傳集一類書的集刻,也不是無意義的工作,就是因此。這又是一方面。尤其重要的是書籍上的記載,對於有關民生疾苦的事迹往往記的不够詳細。比方説,有一次我走過武安縣及涉縣中間的徘徊(音還依照古音的裴回)鎮。那個地方僻處山中,地面挖不出井,民間吃的水是由數十里外山泉流來的水,因此吃水成了大問題。民間關於吃水的傳説異常豐富;它村西古廟裏面有不少關於民間争水的碑。這些材料對於這一部分人民生活(更可以説是生死)的關係非常迫切,它指出直到現代還待解決的問題,可是它不惟不見於全國性的大著作,就是在地方志裏面偶然談到,恐怕也是寥寥三幾行,未見得會詳明。本地文化程度不高,我疑惑也未見得有私人的著作詳述這些經過。這一類的材料,在我國各地實在到處全有,可是從來被文人忽視,很少人去搜集它,記載它。這又是一方面。總之我國地上和地下所保存的材料還有很多,對於研究歷史極有用處,還需要考古工作者辛勤地工作。

在這一時期中考古工作訂正文字記録謬誤的地方或不很多,可是仍有一些。比方説,遼史中壽隆年號的錯誤就是靠着北京陶然亭内一通遼碑,才能把它改爲壽昌。尤其是官家著作以及階級成見很深的著作,對於農民起義的事迹歪曲的厲害。偏見淺的著作比較地靠得住,可是它通常不敢斥官書的歪曲。比方説,俗稱的張獻忠七殺碑,前面還有幾句話説天以一切與人,人却不能報答天……(大意如此)。前些年,在成都真正把這個碑發掘出來(我在解放以前的華西大學見過拓本),却絶没有"七殺"字樣。這就足以證明"七殺"乃是統治階級的捏造。近來史學界對於太平天國的遺物搜集很勤,對於糾正階級歪曲的説法很有成效,也就是考古工作訂正文字記錄謬誤的顯例。

　　從前我們知道古代没有紙以前寫字用"簡書"，古書注中也常看見"錯簡"的字樣，可是簡書是什麽樣子我們不知道，何以簡那樣容易錯，我們也無法猜測。自從中國西北科學考察團在漢居延塞找到漢代的簡書，簡長四五寸，寬不能超過半寸，厚二分許（約數），兩頭有刻深處，用麻繩結刻把它們連起來，數十簡連爲一聯，通常不用就可以卷起。所得簡書係木簡，想係因爲西北缺竹所以用木代替。木簡這樣處理，想竹簡也會差不多。從此以後，我們才知道簡書的真正形狀，知道書分章稱"卷"有什麽來歷。知道因爲簡窄狹，每簡通常只能寫字一兩行；麻繩用久很容易斷；如果只有一頭斷還容易連綴，如果完全散亂，長篇大作有文義可找的還容易恢復原樣，至若像山海經一類的書，每節不過一兩行，可寫在一根簡上面，各節中間又無意義可資找尋，一經散亂，完全恢復不錯，幾乎是不可能的事。我們能够弄清這些問題，也是考古工作幫助我們解釋文字記錄和證明的例子。

　　從以上所説可以看出考古工作，就是在文字記錄已經詳明的時代，也還有它的重要性。

　　要之，歷史的本身（不是由文字記錄或未記錄的角度來看，而是由歷史經過自身的角度來看）有多種多樣的表示，所保存下來的只是一部分。就在這些保存下來可供我們研討用途的資料，用文字記錄下來的仍只是一部分，未記錄下來的還有很多。這一部分資料中的大部分考古工作者全可以搜集、整理和研討。我們研究的對象是越全面越好，所以歷史工作者對於考古工作有極迫切的要求，而考古工作也是歷史科學的整體中所萬不可少的部分。

禹治洪水考①

　　大禹治水是我國最古的一個傳説。戰國的時候,百家爭鳴,互相指摘,互相抉發,可是并没有聽説那一家懷疑這個傳説。近數十年來極端疑古派學者才懷疑此一傳説,并且懷疑禹是否確有其人,他是否僅僅是傳説中的一個理想人物。他們的理由一則説傳説裏面夾雜了很多的神話,殊不知古代人知識未開,當時的人民離開神話就無法思想。如果説摻雜神話的傳説就不可信,那麼,秦漢以後的歷史記載恐怕有一大部分也要删去。他們再則説工程浩大,當日還不可能。可是埃及在四千年前就曾開闢過一個周圍約二百公里的人工大湖;兩河流域的蘇美爾人在很早的時候已經挖掘了運河網。他們這些工程有的還在我們堯、舜、禹時代的千餘年以前。爲什麼他們在千餘年以前就可以興建偉大的工程,而我們在千年以後還不能開始相類的工程? 不過傳説流傳既

①編者注:本文原刊新建設 1956 年 9 月號。

久,摻雜不少誇張失實的地方,這也是一切傳説公有的性質,不足
爲怪。我們現在如果能分析出來哪些是誇張失實的部分,哪些是
原有歷史的核心,那麼,當日的真正歷史的經過大約還是可以找
到的。

一、禹的年代及其家世

古來所傳堯、舜、禹的時代是極不確定的。司馬遷在西漢中
葉作史記,他所能考清的年代只限於共和行政(西曆紀元前 841
年),所以他只寫了一個十二諸侯年表和一個六國年表。至於共
和以前,并不是完全没有年月,但是因爲有些互相矛盾,有的聯繫
不起來,他只敢於寫一個三代世表,把世次的相承,約略地記下
來。我們在四千多年以後想考明他們確實的年月,是不可能的。
雖然如此,我們也應該找出他們大約的年代。古代所傳的年代,
只有兩個是值得注意的:一個是古本竹書紀年所紀夏傳 471 年,
商傳 496 年,周自武王滅殷至幽王 257 年,相加起來共 1224 年,
共和行政至幽王滅共 71 年,拿以上兩數與 841 年相加減,爲 1994
年,即夏之初年當公元前之年數。此年數雖未必完全可靠,而爲
先秦所傳之唯一清楚的年數,故不應忽視。另外一個爲按曆法推
算之年月。在漢朝有劉歆等所作的世經,按着三統曆法推算,周
武王伐紂爲公元前 1122 年。夏商年數與紀年所記也不相同。加
起來大致比紀年所記的多一二百年。這個數目雖根據欠確實,但
此後有很大的勢力。在歷史的初期所紀的年月,都不甚精確,現
代西方史家對埃及、巴比倫的年代考證極詳,但仍不免有三二百

年的差異,各家意見不能全合。我們對古史年代的考證有一二百年的差異,毫不足怪。我們現在說堯、舜、禹的時代,約當紀元前21 至 22 世紀,大致不會有大錯誤。

大禹的家世,我們現在所知道的僅是他的父親名鯀,他的氏族所在地爲崇。據清代樸學家及近人所考據,崇就是嵩山的嵩字,又證以逸周書所載“自洛汭延於伊汭,居陽毋固,其有夏之居”,則謂此崇及夏初期之所在地近於洛陽平原,大致不誤。

至於他的氏族所屬,看夏后氏禘黃帝而祖顓頊的說法,似乎他和黃帝或顓頊的氏族有派分的關係,但是華夏族自甘肅、陝西東遷,本分黃帝及炎帝兩支。自炎帝支爲東夷蚩尤所擊敗,黃帝出兵將蚩尤擊敗,平定中國,黃帝遂成爲華夏之代表氏族。顓頊爲一宗教主,在古代備極煊赫,亦成代表氏族。況國語所記上述祀典,乃屬當周時夏后氏之後,杞人與鄫人的辦法,并非古代夏后氏即係如此。所表示氏族分合的關係,不甚可靠。史記上說“禹生於西羌”,羌即姜,爲炎帝的姓,則崇或夏似出於炎帝,并且後來從甘肅西南部走到四川西北部的羌人,對於禹還有很多的傳說,似亦可證明此點。故就今日所能考見者,則崇或夏似出於華夏族之炎帝支。

二、治洪水

(一) 洪水以前的概況

這個時代離現在已經四千多年,距離過遠,想像他的概況是很困難的。研究這個時代人類的情形,頂重要的一點,就是要注意在禹治洪水以前，鑿井的方法還沒有發明。鑿井的技術發明很晚，大宛在西漢武帝的時候城裏還沒有井，從城外流溪中汲水，以後得中國人傳授，始知穿井取水之法，即爲明證。我國古書上多説伯益作井，伯益是幫助禹治洪水的人，可見洪水以前人民不知鑿井。我們考古多年，在各處田野考查的結果，可以斷定離開河流及湖泊一二里以外，絶對没有古代人居遺址。因爲他們離水過遠，無法居住。然則當時的人民居住的地方極爲有限，他們的耕地也不能超過離河流及湖泊三五里之外。再遠一點的地方，就是草木暢茂，禽獸繁殖，那是動物和植物的世界，不是人類的活動範圍了。

當時的社會氏族林立，中間夾雜着幾個大部落，至於政治上的固定組織還沒有形成。某一個部落和氏族或其首長，如果特別地明智公正，其他的部落或氏族也常常派一個人，或族長親往他那裏拜訪，部落和氏族中間或有爭端自己不能解決的時候，也常常請他居間仲裁或和解；因爲他這樣賢勞，大家也常常作幾句歌曲來頌揚他。孟子所説的“朝覲、訟獄、謳歌之所歸”，就是這樣的意思。這樣賢明的首領也不常有，往往間隔數十年，數百年，才有一位，也很難説。像黄帝死後，離開顓頊的興起，顓頊死後，離開堯及舜的興起，大約全有數百年的間隔。

當時重要的部落或氏族有下列的幾個：第一就是顓頊的後裔高陽。顓頊本是一個宗教主，在古代的聲名異常煊赫，以至於超過有武功的黄帝。他的神宫叫做玄宫，在現在的河南濮陽地方。看後來禹征三苗的時候，還要到玄宫裏面受命於高陽氏，就可以證明顓頊死後，他的子孫還處在玄宫裏面繼續做他的宗教主。然

則濮陽這個地方，在古人看起來，或不亞於天主教徒的看羅馬和
回教徒的看麥加，爲宗教的聖地。第二是陶唐氏，他的有名的首
領傳説叫做堯。陶唐氏的地域在今河北省的唐縣、望都一帶，據
戰國末年的傳説，堯出於帝嚳高辛氏。古代所説的"出於"或
"生"，并不是個人的血統關係，而是氏族的分合關係。但是，據
較古的傳説看來，似乎高辛爲東方的氏族，帝嚳爲西方的氏族，其
間并無關係。把這兩個名字牽扯在一起是由於戰國末期作綜合
工作的人的誤會。高辛氏與後來的有虞氏及殷人似乎與高陽氏
同屬於顓頊的宗教集團。陶唐氏由高辛氏分出來，也還可能，不
過一直到現在，我們還没有找出一種可靠的根據。據説堯很賢
明，當時的各部落與氏族全很歸仰他，等他老了以後，他有一個女
婿，就是有虞氏的舜，也極能幹，所以就代他的老丈處理各部落及
氏族中間的事務。因爲他處理事務久了，并且也很妥當，所以在
堯死以後，他雖回到本氏族，可是一切的事務仍找到他家裏去，古
代所稱的堯、舜禪讓，其真像大致如此。當時第三個重要部族應
該數着有虞氏了。它的地域在今河南、山東兩省搭界處，虞城縣
附近。第四爲共工氏。這個氏族在河南北部輝縣附近。輝縣在
漢朝叫做共縣，再早叫做共頭或共首。古人對於這個氏族的傳説
相當的多，但是互相矛盾。有的人很恭維他，説他"能平水土"，
有的人罵他，説他"壅防百川，墮高堙庳"，以害天下。可是不管
恭維他也罷，罵他也罷，全説他和水有重要的關係。大致是因爲
他那氏族所居的地域爲黄河從西來向北轉彎處，容易受水患，有
時候他的首長勤奮工作，遇着水患也不大，就相當成功，爲後人所
景仰和崇拜。有時候水患很厲害，再遇着他的首長不很理事，湛

於娛樂,處境就很困苦,爲後人所詬病。但是不管怎麼樣,他這個氏族對於治水總是很有經驗,所以後來禹治洪水的時候,還要找着這氏族裏面的四岳做他重要的助手。

(二)洪水的本義

　　洪水這一個名詞很早就已用作公名,訓洪爲大,説洪水就是大水的意思。孟子曾經説過兩次"洚水者,洪水也",他又解釋洚字的意思,説"水逆行"叫做洚水,這全是用作公名。但是禹貢上説"導河積石,至於龍門,南至於華陰,東至於砥柱,又東至於孟津,東過洛汭,至於大伾,北過降水,至於大陸",這個降字雖與孟子所説"洚水"的洚字偏旁有異,可是古字多無偏旁,全是後人加的,這個"降水"明明就是"洚水"。水經注河水條下述降水也引孟子的話,即足以證明。水經注又引鄭玄説:"今河内共北山,淇(疑爲洪之誤字)水出焉,東至魏郡黎陽入河,近,所謂降水也。'降'讀當如'邲降於齊師'之'降',蓋周時國於此地者,惡言降,故改云'共'耳……"此説正可與孟子説互相證明。共北山即現在的蘇門山。洪水即共水,即今日源出輝縣百泉之小水,則"洪水"古義本爲專名。但此共水當時大約納北出大號山的淇水,而因淇水附近無著名氏族,所以它雖源遠流長,而入共水後仍襲共水之名。水經注中之淇水、洪水的互訛,也正是因爲它們關係的密切。然則洪水源爲出百泉之共水,及出大號山之淇水之合流。雖禹貢爲春秋戰國時人所寫,是否古義,頗成問題,而足以證明當日共頭附近有一洚水,則無疑問。洚今音爲齊齒音,古音甚少齊齒,則當讀爲杠,古音東江本屬同部,則洚與共本屬同音。孟子釋洚水爲洪水,即以當時語釋古語。惟鄭氏惡降音而改共的説法恐難成立,因爲由於訓釋相異而音遂不同者乃屬後起,古代并無此類區別。所以改字因緣,現在很難找出。不過洪、洚本係專名,似無疑義。

共水雖納淇水,但究係小水,用以代表"懷山襄陵"的洪流,似屬難通。但我國地勢西高東下。黃河從青海高原曲折東來,穿過今日之青海、甘肅、内蒙古自治區,折而南行,穿過陝西、山西間之山岳地帶,至潼關折而向東,入河南境。其來源雖遠,然在古代共縣以上皆爲高山或黃土原所禁束,不能爲患。且此節河流經行地域,古今亦似無大變遷(河套一小節除外),自古共縣以西始入平地。黃河納共水後,因在平地易於泛濫,遂成大患。古代人見黃河在上流并不爲患,納共水後始有季節泛濫,誤認泛濫原因屬於共水,也很難說。并且,現在的人全很知道金沙江爲揚子江的正源,但一直到唐宋,大家全相信岷江是它的正源,這就是因爲金沙江遠在邊荒,古人不甚清楚的緣故,然則在東方的氏族或誤認共水或淇水的合流爲黃河正源也很難說。歸結洪水原義雖指共水和淇水的合流,其實所指當爲黃河下游,蓋無疑問。

(三)洪水傳說的真實意義

世界各處的古代民族,幾乎皆有大水災或類似洪水的傳說,研究此項問題的,態度大約可分爲下列數種:第一,以此種大水災爲完全神話,并且由於各民族皆有此類大同小異的神話,就推論世界人類的同出一源。他們這種態度頂簡單。雖說各民族都有大水災的傳說,而變化甚多,有的幾乎完全是神話,比方舊約中所載,有的神話的成分甚少。說他們完全出於一源,是太武斷了,更因此推論各民族的同出一源,武斷更甚。

第二,他們説洪水的傳説有歷史的因素,拿地質的大變遷來講明它,説各民族的傳説全由此統一的大變遷傳下來的。歐洲當18世紀地質學開始發達,有些學者對於舊約上所載的水災傳説還有深信,盡力用地質上的變遷來證明舊約所傳的確實。近來地質學發達,可以證明地質上雖常常有大變遷,但是離現在很遠,頂近的也在幾千萬年以前。當時尚無人類,何能有傳説。凡大水災的傳説,雖時代全不很明了,而大約皆在一萬年以内,所以18世紀爲神學辯護的科學家們,并無是處。

第三,最近研究古代傳説的人,像富勒策(Frazer)們相信這些傳説皆在歷史的真正因素。比方説,從底格里斯和幼發拉底斯兩河的定期泛濫,尋出舊約上所載大水災的背景,用海嘯尋出南美洲及太平洋各島中民族所傳大水災的背景,他們的工作至爲勤奮艱苦,其態度也最科學。我們現在所取的態度也屬於他們這一派。

研究中國洪水傳説以前,先須知道一件事,就是地球上各地的雨量是有定期性的。大家全知道樹木裏面有一種年輪,計算年輪的數目,就可以知道此樹開始生長離現在有多少年。這些年輪厚薄不一,那一年雨量豐富,樹木發育順利,他的年輪就比較厚;那一年雨量缺乏,樹木發育困難,年輪就比較薄。美國專家道格拉斯以松柏類樹木的年輪定雨量多少的研究,證明自西曆4世紀以後,雨量驟減,直至10世紀末,量又稍加,五十年後又減;至12世紀之末,到14世紀之初,雨量又增,從15到16世紀之初,量又鋭減。我國的史册對於水旱的記載頗爲詳明,專家竺可楨先生研究這些記載,證明同樣的原則。比方説,我國在南宋時代,黄河流域下游四省的水災比北宋、五代特別少，而旱災則除河南外，比北宋、五代特別多。另外，這一類雨量的變化，是有地域性的。比方説，在上述的時代，長江流域和黃河流域相反，雨量有增加的現象。上面所述的情形，可以證明兩件事：一、雨量經過數十年或數百年，會忽然有重大的變化；二、地面上各地由於離海洋遠近的不同，去高山距離及海洋温、寒流距離的各異，分成各個不同的區域。各區域中雨量的增減，可以互不相同或互相反對。設想在某一個大平原上面，有幾十年或幾百年雨量比較稀少，人民因爲取水的方便，就不能不居於湖泊或河流的附近。可是過了若干年以後，氣候忽然變化，雨量增加，溝渠洋溢，沼澤瀰漫，附近居民牽蘿補茅的居所，也很容易全體漂没。如果這個時候，人民的生活狀況還滯留於漁獵或游牧的階段，還不很要緊，水大并不妨害漁獵，游牧的人本無定居，水漲過大，他們很可以把他們的家畜趕到山坡上面，逐水草而居。在這些時候，水災雖然也有，但是在人民的心裏還不能留下很深的印象。人類生活逐漸進化，入於農業階段，室有定居，田有定界，石器精良，陶器複雜。一遇水潦，廬舍漂没，很難恢復，器用喪失，很難重置。雖古代人口稀少，閑田尚多，而除已耕地以外，皆爲林木及禽獸所居，再行開闢，殊屬不易。并且習於耕平地的人，忽然被迫着去耕高地，短時間中未必就能養成適合的習慣。這個時候，洪流的水量也未必就大於往時。可是爲患的大，對於人民印象的深，却遠超過往時。所以世界各民族所傳大水災的傳説全不很遠，皆在新石器時代農業發達的初期，就是因爲這個道理。因爲各區域雨量的變化時間不同，各民族進入農業階段的前後各異，所以各民族中傳説發生的時代亦各不相同。

（四）洪水發生的區域

從第二節所言，我們可以知道洪水的發生是在我國東北部的大平原，我們現在再把這個問題仔細研究一下。

我國古代的人民雖散居於<u>青海</u>、<u>甘肅</u>、<u>蒙古自治區</u>、<u>陝西</u>、<u>山西</u>、<u>河南</u>、<u>山東</u>及其他各省，而<u>甘肅</u>、<u>陝西</u>各省地方爲黃土所覆蓋，黃土層甚深，積成高原，其近河流各地漸因水流冲刷變成梯形。此種梯形坡上對於穴居的人民甚爲方便。因爲山岳地帶由岩石構成，新石器時代所用器械笨拙，開鑿不易。至於黃土原只要有粗陋的器具，作"陶復陶穴"的工作頗爲容易，下坡就河流取水，亦不遙遠，即雨量增加，山水大來，而坡上亦不致於漂没，對於古代的人民實爲最理想的住所。我們在<u>渭水</u>、<u>涇水</u>、<u>汧水</u>流域工作，發現古代居民的遺址，其稠密不下於今日。也就是因爲有這種方便，在這些地方没有發生洪水的可能性。在他省的山岳或丘陵地帶，雖作穴居没有在黃土原邊的容易，而居住既高，洪流也升不上去，也没有發生洪水的可能。獨至於<u>中國</u>的東北方<u>河北省</u>及<u>河南省</u>的東部、<u>山東省</u>的西部，本由海水冲積而成，平漠無垠，幾同水面。比方説，大陸澤的湖底，與岸上高度的差異或不過五六尺至七八尺。設想在雨量稀少的數十年或數百年中，人民就多年的經驗，知道每年雨季山水來時，湖水漲溢的限度，就在這漲溢限度以外半里或一里的地帶，建築村落，附近三二里中當爲耕田，積業累世，若成永居，忽然氣象變化，雨量大增，離湖數十里中或即暫時成爲澤國，廬舍器具一掃而空，耕田亦難乾出，即日久乾出，亦不易耕種，則驚爲宇宙間未有的奇變，亦無足異。

從第一節所言,我們知道在濮陽有當日宗教上的聖地,在唐縣、望都及河南、河北、山東交界處,有陶唐氏及有虞氏的大部落,輝縣有共工氏部落,其他平原各地,氏族蓋尚甚多。忽被漂没,自屬巨患。黄河自輝縣以東,始就平原,而西岸較高,東岸較低。東岸冲决,濮陽實首受其冲,聖地漂没,又必爲當時人民之所震驚。古書所言"洚水儆予",不知是什麽人説的。但據情理推測,當不出宗教主之高陽氏、堯、舜、禹、皋陶等數人所説。

在西周及春秋時代的傳説,禹的事迹已經非常擴大,洪水遍於九州,這差不多就是遍於中國從前的十八省,其實這是不可能的。黄土原及山岳或丘陵地帶均不能有洪水。并且當日南方江漢流域爲苗族所居,他們當這個時候同北方的華夏族關係尚淺,不服"王化",他們的地方即使少有水灾,禹也没有法子去治理。洪水的區域實只限於禹貢所説兗州的地帶。九州的説法雖較晚近,并不是禹夏時代的行政區域,但是這是春秋或戰國人的普通説法,大約不成問題。禹貢雖寫作較晚,但是寫書的人,對於洪水發生的真正地域,似乎還相當清楚,并未錯誤。禹貢這篇書,前面有幾句總冒,接着分述九州,後面叙導山、導河,最後有個總結尾。九州各州下面所叙的全是本州的地域,除了中間講貢與賦的幾句外,每句中幾皆有一兩個專名,至於總叙治洪水的時候,不屬於總冒,就應該在總結尾中,著書的體例實應如是。可是兗州下面所叙頗有點特別,他所寫的"桑土既蠶""實降丘宅土"及"作十有三載同"全是總叙治洪水的事情,却不在總冒下及結尾中而特叙於兗州下,這就是因爲著書的人還知道治水是在兗州的緣故。禹貢上的兗州,包括今河北省的東部、山東省的西部,河南省的北部的一小部分平原。至於今日所叫的兖州(滋陽)不過是古兖州東南的一小角。此外河南中部及安徽、江蘇北部的平原,淮水、汝水、潁水的流域當日也可能有水灾,禹也或者曾在那裏施工。但是没有確鑿的證據,只好疑以傳疑。

(五)鯀的治水

　　傳説堯在這個時候同大家商量,舉鯀治水,鯀施工的時候很長,傳説曾有九年。不過古人所説的"九",是表示多的意思,少至七八,多至十餘,全可以叫做"九",所以對於這個數,自不必太認真。他雖然工作這樣久,却没有成功。他所用的方法是沿用共工氏的。古人説他堙洪水,就是説他治水主於堙塞。其實對於河流,自來没有堙塞的可能,所以説鯀堙洪水是出於一種誤會。古人對鯀還有另外一個傳説,就是説他作城。驟然看起來,似乎這兩個傳説中間没有什麼關係,實在這本是一件事。錢穆先生説"耕稼民族的築城,有兩種用意:一是防游牧人的掠奪,而另一是防水灾的漂没",其説甚是。共工氏同鯀的時候,人口稀少,不會像後代人沿河爲堤,一連幾百里,如千里金堤一樣。他們不過在城邑及村落附近修築許多土圍子,現在北方還有這一類圍子,叫做護莊堤。當日所築的規模也許相當的大,不惟保衛人民的廬舍,并且把他們已經開闢的地一并包括在裏面。這樣的建築,本來可以作兩用:因爲它可以禦水患,就叫它做堤防,它也可以禦寇盗,就叫它做城。因爲他們從高處取土,有時候填到低處,所以就説他"墮高堙庳"。他們這樣興師動衆築起相當高的土圍子,覺得明年山水再來,可以不怕,成功不成功就要看明年的雨量的大小了。古人説共工氏的句龍能平水土,死後成了土神,主要的或是由於當時的雨量小,所以能相當地成功。可是鯀的時候,雨量異常豐富,所以第二年雨季一到,山水大來,一下子就把它冲平。他覺得這樣還擋不住山水,是因爲土圍子太低或太薄,等到雨季過去,就興師動衆地再作,加高加厚,以爲明年可以不要緊了。可是明年雨季一到,又蹈覆轍。他却没有想到水流不暢,堤防無益,一年一年地加工增高增厚,積了很多年,還是没有成功。

（六）禹的治水

鯀失敗以後,被逐出去,死於遠方,可是洪水繼續爲患,還得接續着設法。這時候舜幫助他的老岳父堯①行政,同大家商議,就找着兩個治水的世家:一個是鯀的兒子禹,來主持這件事,另一個是共工的從孫四岳,來幫助他。於是治水的重擔,就降落於他們兩個的身上。并且在這個時候,西方的華夏族和東方的夷族已經相當地同化。這一次治水的大工程是他們兩族合作的。相傳禹娶於塗山,塗山是淮水旁邊離今日的蚌埠不遠的一個小山,然則禹的妻或者就是夷族中的女子。夷族中的老輩有皋陶,年輕的有伯益。皋陶威望很高,對於此次工程異常幫忙,伯益却是跟着禹同四岳,胼手胝足,各處奔走。因爲他們這樣的協力合作更容易成功。

禹同四岳,因爲他們的上輩積了很多失敗的經驗,他們又加以精察潛思,才覺悟到頭痛治頭、脚痛治脚,不是治水的好方法。他們因爲黄河爲患,所以就跑到黄河的上游考察。到底走了多遠,也無從知道。最近也許走到陝西或山西,遠也許走到河套或

---

①編者注:"堯",原誤作"舜",據文意改。

甘肅的區域。他們到了一個地方，覺得對於黃河已經相當明白，這樣尋源的工作可以告一段落，於是在山頭上面又積了一大堆石頭，就像現在蒙古人所堆的鄂博一樣，以幫助對於此地的記憶。山海經上屢次談到"禹所積石之山"大約就是指這個地方。它在現在的什麼地方，我們完全無從知道，可是它也和昆侖一樣，後來隨中華民族地理知識的進步，逐漸遠移，大概是一定的。禹貢上面所説的導山、導水是春秋戰國時代人擴大的説法，把他們當時所知道或聽説的山水完全叙述一番，在大禹時代尚不可能。但是他們這種的擴大是有原來歷史的事實做核心的。

禹同四岳對於黃河主張疏導，古人所説"禹疏九河"也是指此。九河的故迹在今日山東的西北部及河北的東部。河間的地名就是指它在黃河的中間。後人誤會説河間是在滹沱河及滹沱別河中間，但是漢朝以前所稱的河，乃專指黃河，係一專名，他水不得冒稱。漢河間國共屬四縣，最西到現在河北的武強縣界。當時黃河出山自河南的輝縣、新鄉一帶，折而東北，自浚縣境內再東北至河北的濮陽縣境，迤邐東北，略由今日的滏陽河道、子牙河道，至天津附近入渤海。下游地方平衍卑濕，水流散漫，支流甚多，略如今日的淮河，不能確實指定由何地入海。

我國東北的大平原曠野無垠，就是一點坡坨也不容易有。當日又無後代一類的堤防，所以在山水來時，可能成了一片澤國。不過等到伏汛過後，水漸退消，仔細考察，總還剩有幾條經流。禹同四岳大約就是順着這幾條經流，努力加寬加深，使明年山水來時水有所歸，自然不至泛濫。孟子所説"水由地中行"，就是指此。此外最重要的工程是國語上所説的"陂障九澤，豐殖九藪"。

因爲從前的水流不暢,到處皆成沼澤,深不足以養魚蝦,通舟楫,淺還足以妨耕種,阻行人。現在各處加工疏導,去其滯塞,使水流通暢,深處聚之爲澤,以養魚蝦,種蒲葦,淺的地方決之使乾,以利耕種。此後水陸分明,皆有利用,國語所説“疏川導滯,鍾水豐物”,就是指此。孟子上説“舜使益掌火,益烈山澤而焚之,禽獸逃匿”,當那個草木暢茂、禽獸繁殖的時候,想疏導壅塞,減其沼澤,乾其沮洳,焚薙一部分草木,實在是一種不可少的工作。不過此次焚薙,僅限於一小部分離河流及湖泊不遠的地方,至於太遠的地方,大約當時還没有開闢到。并且當時人民稀少,還不需要。

他這一次施工,經過很長的時候。禹貢上説“作十有三載乃同”,漢書河渠志解爲工作了十三年,大致是很古的傳説。古人對於十三這個數目,不像三或九或八或十可以隨便説。這個數目,大約比較精確,是靠得住的。莊子天下篇述墨子的話説:“昔禹之湮洪水,決江河而通四夷九州也,名山三百,支川三千,小者無數,禹親操橐耜而九雜天下之川,腓無胈,脛無毛,沐甚風,櫛疾雨。”前幾句固然含有誇張的成分,可是“親操橐耜”以下幾句,善爲形容,恐怕同當日的情形相差不遠。孟子又有“禹八年於外,三過其門而不入”的説法。過門不入,大約也是很古的傳説。不過古人用八這個數目相當隨便,不要太扣緊字面就好。

(七)洪水傳説的擴大

大禹、四岳、伯益在中國北部大平原上所領導的工作,一方面“疏川導滯”,把水的經流加寬加深,使山洪暴發的時候,不至於泛濫無歸,漂没廬舍,或砂石積壓田畝,另外一方面"鍾水豐物"
分判水陸,使陸地可以種五穀,長樹木,水地可以養魚蝦,通舟楫,
野無曠土,各爲人用。這樣一來,民生可厚,民財自豐,黽勉努力,
漸漸可以孕育出後來偉大的文化。這件事情對於民生及後來文
化的關係,實在太偉大了。古人欣喜贊嘆,鋪張揚厲,流傳未久,
真實遂爲誇張所埋没。忘掉洪水爲灾的區域僅限於東北部的大
平原,却以爲它遍布於九州。實則這一種"疏川導滯,鍾水豐物"
的工作是由很多的人物繼續不斷在各處工作,才能達到目的。比
方説,山西汾水附近的工作,左傳上載的很明白,是臺駘領導着做
的。臺駘是什麽時候的人物,我們現在無從知道。但是這一部分
不由於禹功,殆可斷言。成都平原内江一帶的工作,是由於李冰
的領導。昆明壩子的工作是由於賽典赤贍思丁、張思道所領導,
全與大禹、四岳、伯益無干。可是從另外一個觀點來看,對於自然
界辛苦經營,不畏險阻,不懼困難,是我中華民族數千年的傳統,
而大禹、四岳、伯益在很古的時候,即辛苦慘淡以開創這樣的傳
統,我們也可以説,後來人的努力,全是他們這種偉大精神所感召
的。歸功於他們,也未始無若干理由。不過這種功績,限於精神
方面,至在物質方面,僅限於如上所言者。這是受時代的限制,不
足爲異。

　　在關於他們的傳説裏面,鑿龍門的事情相傳很古。最古的見
於墨子的兼愛篇中,可見在春秋末期此種神話早已形成。龍門現
在在陝西、山西交界處,河水由中間南流,那裏距離東方的洚水或
共水過遠,同這一次的施工不能發生關係。并且山西這個地方,雖
説左傳載周成王封唐叔"啟以夏政",足證它同夏朝有若干的關係,

不過,禹都安邑之説,出於晋人皇甫謐的帝王世紀,漢人并無此説。
漢朝所記夏的都邑,不是陽城就是陽翟,則禹與啟所居接近洛水與
潁水的河谷,蓋無疑問。然則鑿龍門的神話,在今日的龍門附近也
或者不是最方便發生的地方。現在河南洛陽南二三十里的伊闕,
也叫做龍門,土人并有"假龍門,真香山"的説法,是現在的當地人
也不認它爲真龍門,可是這個地方叫做龍門,相沿頗古。唐朝詩人
杜甫、韋應物所游的龍門,全是此地。不惟如此,兩京新紀載隋煬
帝登北邙觀伊闕説:"此龍門也,自古何不建都於此?"這件事的歷
史價值固然尚有疑問,但可以證明伊闕之稱龍門,雖不見於漢書及
水經注各書,而并非起於唐時,蓋可斷言。此地山不高,東西橫亘,
中斷若門,大家如果走到隴海路上,過洛陽的時候,從火車内向南
眺望,就可以看見。這地方接近伊洛,神話容易形成。古人見山忽
若橫截,疑屬人工,然何人能作此? 非大禹還能有何人! 伊闕山不
高,如果係黃土原積成,則大禹曾經在那邊施工事亦屬可能,但彼
係堅固的青石所成,未進或初進銅器時代的人民,絶無開鑿它的可
能性。這個缺口最初的時候,大約是水穿山梁而過。這種從山梁
下面伏流的情形,在西南各省數見不鮮,并無足異。經年累月穴孔
漸大,未知何時又經一次地震,遂致中斷。初斷的時候,岩石擁塞,
上流必泛,下流必竭。又經過若干時候,或全由天然的冲刷,或也
曾參加一部分人力,水又重流。即有人力,恐怕也遠在大禹以前,
與此次施工毫無關係。地名本屬有限,相類的地形常常用相類的
名字,因夏地的斥廣,而伊水龍門的神話,遂被於黃河龍門之上,也
或者是情理中應有的事。不過無論如何,以今日工程學的發達,用
最新式的機械想要開鑿這樣險峻的山峽,還有很大的困難,四千年

前不能有此，當可斷言。然則龍門的開鑿雖屬於頗古的傳說，却僅爲由誇張發生的神話。

三、禹治洪水的影響

禹、四岳、伯益於中國史的最早期，在中國東北部的大平原上所做的工作，使中國的人民得平土而居之，影響重大，就前面所説，已可看出大略，但尚有最宜注意者二事：

第一，就是伯益發明鑿井方法一事，其影響的重大可以説比治洪水的本身有過之無不及者。因爲從前人民居住的地方，限於河邊湖邊的窄狹區域，無法發展，稍遠水邊的地方全爲林木所占，禽獸所居，人類的生活條件無法改善，文化也就很難有發展的希望。自從鑿井技術發明以後，這一下可以説已經使北方的大平原有開闢爲廣大農場的可能。孟子説"舜使益掌火，益烈山澤而焚之"，益的掌火是否受舜的命令，固然還成問題，但是益焚燒山林，在形勢上是應該有的事情，因爲焚了林木才可以擴充耕地。自然，焚林木、擴耕地的事情，還要經過很長的時候，漸漸地由小規模地做。北方平原現在除了村頭、廟産、墓地以外幾乎没有林木的情形，絶不是益焚山林的結果。因爲人口的增加是漸積而成的，每次需要擴充的耕田并不很多，所以也不需要多焚林木。并且那時候的澤藪裏面，一定還是草木暢茂，禽獸繁殖，不然也談不到"鍾水豐物"了。這是第一。還有一點就是中國地形西高東下，所以水差不多全是從西向東流。當日人民的遷徙限於順着河流。考工記上説："大川之上必有塗焉。"考工記雖然爲周秦人的

作品，但是這句話恐怕傳自古昔。我們做考古工作的人，全注意
到古代的遺址，限於離河流很近的地方，就可以證明離河稍遠，絕
無途徑，這樣對於交通的發展，成了一種極大的障礙。自從鑿井
技術發明以後，到處可以鑿井，即到處都可以開道了。伐木、刈
草、鑿井、設驛舍，至少説，在平原上面，人民可以隨便交通了。交
通日繁，同化工作才能進行，文化也可以因見聞的增加而逐漸發
展。這是第二。我們居四千年後，如果能設身處地，橫覽當日的
情勢，就可以知道伯益作井，實在是一件驚天動地的大發明。後
來的發明與發現，或許只有鐵器的發明可以與它相比。可是這件
事情，却是禹治洪水事業的附產品。

　　第二，當日的人民已經漸漸需要有固定的政治組織。此後雖
因與東夷的后羿鬥爭，稍有動搖，但后羿"因夏民以代夏政"，仍
是固定的政治組織。自此以後，國家逐漸成立，氏族制度逐漸消
滅。這在中國歷史上實在是一件極重要的變化。可是這一大步，
却是跟隨着夏王國的建立逐漸發展成功的。

四、後語

　　我在此篇內所主張的洪水專指黃河下游的説法，是我於一二
十年前個人研究出來的結果。當日還以爲是我個人的創見，可是
以後翻閱船山遺書，才知道他於二三百年以前已經很清楚地説到
這一點。他把"平水土"分爲平水、平土兩事：平水，他説只在冀、
兗。他又説："洪水者洪河，謂黃河也。"平土，他説是"遍履九州，
畫其疆場，作其溝澮，澇患可蠲，旱亦獲濟"。可見他主張禹所治

的水僅爲黃河。他反駁洪水遍及九州的話也極明通。現在爲篇幅所限，不具引。我暗中摸索，同他得到同一的結論，心裏非常高興，因爲這就足以證明歷史科學的成果實在具有客觀的性質，主觀臆造絕不得稱爲科學。

1959年夏豫西調查"夏墟"的初步報告①

一、我們是怎樣決定調查的重點呢？

據古代傳説,商代以前有一個夏代。近幾十年來雖説一部分的疑古派學者對於夏禹個人的人格問題發出若干疑問,可是對於夏代的存在問題并没有人懷疑過。但是在考古研究方面,夏代還是一個空白點,這豈是應該有的現象？

我們説夏代在考古研究方面是一個空白點,這是否要説我們作了近代考古工作三四十年,對於夏代的器物完全没有遇到過,我們想也不能這樣説。大家全知道:由於考古工作,我們已經很清楚地知道商代文化層下面壓的就是龍山文化層,不惟河南北部有這種現象,就是中部和西部也有這種現象。這就是説在商代文化以前有一種文化

①編者注:本文原刊考古 1959 年第 11 期。

叫作龍山文化。那末,説龍山文化就代表夏代文化不是很方便的麽?現在有些歷史學家就是這樣地主張。雖然如此,我們覺得把夏文化和龍山文化兩個名詞完全等同起來還是不適當的。爲什麼呢? 是因爲:我們通常所指的夏代是指的從夏禹興起直到夏桀亡國,年代比較清楚的四五百年間;另外一方面,在考古學上所指的一種特殊的文化,它的變化却是比較緩慢的。當夏禹興起的時候,龍山文化已經開始了一二百年也很可能。就是從相反一方面看,説當那個時候,龍山文化還没有開始,雖説可能性不大,却也絶不能説完全没有可能。至於龍山文化衰熄的時期,或較夏桀稍早,也許當夏桀亡國以後它還殘存一個短時期。無論如何,它絶不會由於桀的亡國而突然停止存在,也是很明顯的。所以龍山文化與夏代的文化有很密切的關係果然毫無疑問,可是要把這兩個詞中間畫一個等號總是很不妥的。另外,在龍山文化層下邊,在河南北部、中部和西部的有些地方還有"仰韶文化"層的存在,這就足以證明在龍山文化的前邊有一個"仰韶文化"。但是這兩個文化雖有時間前後的區别,却不是繼續相承,一個完了,其他一個才開始,還有空間上的不同,這就是説它們不是在同一個地方興起,因而較後的文化已經開始,而較前的還可以繼續存在不少的時候。從這一個觀點來看,"仰韶文化"雖説比夏文化較早一些,可是仍很可能同它有些關係。要之,龍山文化與夏文化有很深的關係,但是因爲它們中間還有互相錯綜的地方,所以不能把它們互相等同;"仰韶文化"同夏文化也可能還有一些關係。這兩點,在現在看來,似乎没有多大的問題。可是龍山文化與夏文化,怎樣地互相錯綜? "仰韶文化"與夏文化有什麼樣的關係? "仰韶文化"與龍山文化又怎樣地互相關聯? 是否還有一種仰韶、龍山混合文化? 如果有,它與夏文化又怎樣地關聯着？龍山文化與商文化關聯的詳情如何？在它們中間是否還有一個間隔的短時期？這些同其他一系列的問題都還很不清楚，爲現在的考古工作人員所應該努力解決的問題。

　　想解決夏文化的問題還需要指明這個詞可能包括兩個不同的涵義。上面所説的夏文化全是從時間來看，所指的是夏代的文化。可是從前的人相信我國自炎黄以來就是統一的，我們却不敢附和，我們相信在夏代，氏族社會雖已到了末期，而氏族却還有很大的勢力，中國遠不是統一的，所以夏文化一詞很可能指夏氏族或部落的文化。如果那樣，它在地域方面所指的就比前一種涵義所指的範圍小的多，時間却能比它長些，因爲在夏禹以前，夏桀以後，只要有夏氏族的存在，所有文化仍應該叫它作夏文化。我們所以强調這兩種涵義的差異，是因爲如果相信當日的中國是統一的，文化是單一的，那我們想解決夏代文化的問題就不很容易找出一種適當的辦法。相反，如果看準當日的中國遠非統一，那夏氏族或部落活動的範圍就相當地有限制，我們就可以從它活動範圍以內去研究夏文化有什麼樣的相同的或相類的特徵，再到離它活動中心較遠的地方看看這些地方的文化同前一種有什麼樣的差異。用文化間的同異來作比較，就漸漸地可以找出來夏氏族或部落的文化的特點。由於夏氏族或部落在夏代總是特別强盛，它的文化在當時所影響的地域總是比較廣大，夏代亡後，這種文化就要逐漸衰歇以至於絶滅。那我們就可以從夏氏族或部落文化的特點間接地去找到夏代文化的特點了。

　　我們想找出夏氏族或部落所活動的區域，就需要從古代所遺留下來的傳説中去找，這就是説在文獻所保留的資料中去找。由於夏代離現在很遠,所保留的史料已經不豐富,尤其是裏面包有地名的史料。徐旭生約略地統計一下:在先秦書中關於夏代并包有地名的史料大約有八十條左右;除去重複,剩下的約在七十條以內。此外在西漢人書中還保存有三十條左右,可是大多數重述先秦人所説,地名超出先秦人範圍的不多。這不到百條的史料,對於我們想找夏氏族或部落活動區域的問題來説還得去掉一大部分。因爲,如果把這些史料分類來看,就有不少條屬於禹治水的範圍(尚書禹貢篇所舉的地名包括春秋戰國人所知道地域的全體,對於我們的研究并無用處,所以在上面所略計的數字中,也没有計及它),還有很多條是談夏后氏偶然同它們有交涉的氏族。這以上兩類,對於我們現在的研究無用處,可以不談。對我們最有用的僅只不到三十條關於夏后氏都邑的記載,絶大部分是在左傳、國語、古本竹書紀年裏面。就是在這些很少的條文裏面還有些條不大能用。比方説:帝寧(史記夏本紀作帝予;左傳襄公四年作后杼)所遷的老王就不知道在什麽地方(御覽八十二,鮑本作老邱,就有人説它在河南陳留縣東北四十五里,可是據商務印書館所影印的宋本御覽也同路史後紀十三下注一樣作老王。所説陳留東北處自是左傳定公十三年所記宋地的老丘。查陳留縣志,只載宋地的老丘,并未載帝寧都城老王或老丘的説法。路史注也説"地闕",可見陳留東北的説法是從訛字演出,并非真實)。又御覽同卷帝廑所都的西河,聚訟很多,字義廣泛,很難定各説的是非。這一類史料很難利用。徐旭生從剩下來不多條的史料比較探索的結果,覺得有兩個區域應該特別注意:第一是河南中部的洛陽平原及其附近,尤其是潁水谷的上游登封、禹縣地帶;第二是山西西南部汾水下游(大約自霍山以南)一帶。

　　現在先談第一區域:(一)國語周語下穀洛鬬條下説禹的父親叫作崇伯鯀,崇地何在,韋昭本條無注。但周語上神降於莘條有"有夏之興也,融降於崇山"的文字。韋昭注:"崇,崇高山也。夏居陽城,崇高所近。"御覽三十九嵩山下引韋昭注説:"崇、嵩字古通用。夏都陽城,嵩山在焉。"漢書武帝紀元封元年:"行幸緱氏(今河南偃師縣南二十里)……見夏后啟母石(今登封境内,有漢開母闕。開母即啟母,因避漢景帝的諱改)。翌日親登崇高……以山下户三百爲之奉邑,名曰崇高。"郊祀志文略同,獨崇作窞,地理志也作窞高。可見崇、窞、嵩均古今異字,崇山即今嵩山,崇伯鯀的氏族所在地在今嵩山脚下當無疑問。(二)漢書地理志潁川陽翟縣下注引世本、紀年,都説禹居陽城,孟子萬章上篇也有"禹避舜之子於陽城"的説法,是禹居陽城古無異説。陽城所在據現在所找到的共有四説:説它在河南的有兩説,在山西的有兩説。在河南的兩説,第一是史記夏本紀集解引劉熙説:"今潁川陽城是也。"水經注潁水下,經説潁水出陽城縣少室山,注説:潁水東合五渡水,經陽城縣故城南。昔禹避商均,伯益避啟并於此。亦周公以土圭測日景處。縣南對箕山。今登封縣東南三十里的告成鎮,出鎮西門半里餘即五渡河;出南門約一里即從西向東流的潁水。五渡河入潁水處即在鎮的西南。南望箕山,也只有十幾里。鎮北門外百餘步就到周公測景臺。漢朝的陽城縣經歷魏、晋、南北朝、隋,名無大異。直到唐萬歲登封元年才因爲"將有事嵩山,改爲告成縣"。現在本地人仍叫它作告縣。這是其一。其二是御覽一五五引帝王世紀説:"世本又言夏后居陽城,本在大梁之南,於戰國大梁魏都,今陳留浚儀是也。"那末陽城當在今開封市境内。這是其二。至於在山西的二説第一，路史卷十二注先駁浚儀及潁川兩説，接着説："乃澤之陽城，堯、舜皆都河東北，不居河南。"後又駁孟子禹避舜子於陽城説的誣岡。澤之陽城是説它屬澤洲（今晋城縣），所指是漢朝的濩澤縣，自唐以後就改名陽城縣，現在仍叫作陽城。這是其一。第二是丁山於由三代都邑論其民族文化一文（歷史語言研究所集刊第五本第一分）中，由於湯字在金文中作唐，推論"陽城故名當曰唐城"，又説"謂唐城在翼城西者較確"。這是其二。此外説禹都在山西并不説它叫作陽城的，等到後面再談。徐旭生案：古人説到有虞氏及夏后氏的舊地，没有人否認它們在河南境内，可是有很多的學者總是相信舜、禹"即天子位"後必須遷都，而山西西南境内也有些關於唐、虞、夏的傳説，所以斷定必在那一帶。實則那一帶同陶唐氏、有虞氏、夏后氏可能有一些關係，但那是另外一個問題，暫時可以不談。所要談的是當日中國既非統一，也就無所謂天子，無"即天子位"的問題，更無必須遷都的問題。羅氏與丁氏全是受舊説的影響，努力向那邊去找，也就找出來些似是而非的説法。實則漢濩澤在唐以前并無陽城的名字。孟子爲先秦古書，絶不能由南宋人的隨便臆測，就跟着否認。至於丁氏的説法，成唐爲成湯雖有金文中的證據，可是陽城爲唐城不過是一種推想。如果無其他證據，他那種推想只可以説有可能性。今告成鎮地不僅漢名陽城，史記鄭世家、韓世家與六國表都記韓文侯二年（公元前385）"韓伐鄭，取陽城"。所以在戰國初年此地就叫作陽城，這還在孟子及紀年寫定以前不少年歲，此説的正確性不但主張山西説的不能比，就是主張浚儀説的也無法比。今告成鎮爲古陽城是一種最普通的説法，也是較正確的説法。(三)左傳昭公四年内説:"夏啟有鈞臺之享。"杜注:"河南陽翟縣南有鈞臺陂。"陽翟爲今禹縣。現在禹縣城内有一用磚建築的高臺,上題"古鈞臺"三字,這自然是後人據文獻所修的紀念物,但鈞臺在今禹縣境内,古無異説。淮南子載夏啟母化石的神話,漢書武帝紀也載元封元年帝"見夏后啟母石"事(淮南子所載神話也見漢書本條注引)。這也是由於啟都在近,所以傳説的石也就"在嵩高山下"。(四)國語周語上有"昔伊洛竭而夏亡"的記載,伊水、洛水均從西南流過洛陽平原,於今偃師近鞏縣境處相會。此記載足證伊洛二水與夏后氏有密切的關係。(五)周書度邑篇説:"自洛汭延於伊汭,居易無固,其有夏之居。"史記周本紀引用此文,但"易"作"易"。索隱解作"居易毋固"爲"其地平易無險固",應該是不錯的。汭解爲水内,就是水的灣子,并不專指伊入洛及洛入黃河的地方。此文所指仍應該是洛陽平原區域。(六)據呂氏春秋音初篇,帝孔甲有"田於東陽萯山"的傳説,水經注河水下,於盟津(今孟津)後引其文,又注之曰:"皇甫謐帝王世紀以爲即東首陽山也。"東首陽山在今偃師境内。乾隆偃師志卷三内説:"首陽山,一曰首山,一曰萯山,在縣西北二十八里。"現在隴海綫上有首陽山車站。這也必須孔甲的都城離這裏不遠,才能演出來這樣的傳説。(七)漢書地理志潁川郡陽翟下,班固自注説是"夏禹國",這大約是轉述西漢人的舊説。(八)此外還有一個地方雖不一定在這個區域裏面,也不敢一定説它不在這個區域裏面。這個地方就是斟尋,或作斟鄩。左傳襄公四年内説:(寒浞)"使澆用師滅斟灌及斟尋氏……靡自有鬲氏,收二國(指斟灌及斟尋)之燼以滅浞而立少康"。哀公元年内也説:"昔有過澆殺斟灌以伐斟鄩,滅夏后相。"這兩段可以證明二斟同夏后氏命運的關係如何地密切。不僅如是,史記夏本紀正義引臣瓚説:"汲冢古文云:'太康居斟尋,羿亦居之,桀又居之。'"是斟尋三爲都城,桀或者就在那裏亡國,重要可想而知。有人説它在山東,有人説它在河南。主前説的,漢書地理志北海郡平壽縣下顏注引應劭説:"故斟尋(顏注:"斟音斟"),禹後,今斟城是也。"左傳襄四杜注解斟尋:"北海平壽縣東南有斟亭。"主後説的,前條漢書顏注又引臣瓚説:"斟尋在河南,不在此也。"後歷引汲郡古文、尚書序、史記吳起對魏武侯説"夏桀之居"、周書度邑篇諸説,推証斟尋在河南。臣瓚又説:"斟尋在河南,蓋後遷北海也。"這是又想調和兩説。顏注又引括地志説:"故鄩城在洛州鞏縣西南五十八里,蓋桀所居也。"這大約是由於左傳昭公二十二年有周大夫鄩肸,二十三年有"二師圍郊,癸卯郊、鄩潰"的文字,杜注就解鄩爲"河南鞏縣西南有地名鄩中"。水經注洛水下也有鄩水、鄩城、上鄩、下鄩諸説,并説"鄩城蓋周大夫鄩肸之舊邑"。但此諸説都未説就是斟鄩。括地志説"蓋桀所居",説"蓋"也是不敢準説。乾隆鞏縣志却説:"鄩……於今爲羅莊,在鞏西南五十里。"它也引臣瓚説認爲即斟鄩地。我們此次順便調查,地面上無古代陶片,僅鄉人在此附近得石斧二,什麼也不能証明,故可以説毫無結果。雖然如此,我們僅僅作一天的調查,就斷定斟鄩舊地一定不在此附近,那却還嫌過早。

　　要之,在這不到三十條的資料裏面,關於這一帶的傳説就有十來條(有一條包有兩條的),可以説是很特殊的,別的無論什麼區也沒有這樣多,所以我們在調查之先就決定把這一帶作爲調查中心點之一。

　　現在再談第二區域:這一區域倒不象第一區域有那樣多條的資料可考,但它與夏后氏有很深的關係却毫無疑問。左傳定公四年内説:"分唐叔……命以唐誥而封於夏虚。啟以夏政……"這是説周初封唐叔虞於夏虚,因爲那裏是夏的舊地,還沿襲夏后氏的風俗習慣,所以"因夏風俗開用其政"。還有一件極重要的証據,就是拿左傳與春秋相比,凡關於晋國的事它們所記的月份大約均差兩月。這是因爲春秋用的曆法是周正,它的正月是斗柄建子之月。左傳大約是采用晋乘的舊文,用的夏正,以斗柄建寅之月爲正月,所以總差兩個月。這一點古人全曉得。到了周代,晋地還沿用夏正,這不是更可以証明它同夏后氏有很深的關係麽? 這個夏虚在什麽地方,從前的人却有不同的説法:漢書地理志太原郡晋陽縣下,班固自注:"故詩唐國。周成王滅唐,封弟叔虞。"晋陽故城在今太原市西南五六十里的晋祠附近。左傳杜注也説:"夏虚大夏,今太原晋陽也。"這一説大約是根據毛詩譜所説:"成王封母弟叔虞於堯之故墟,曰唐侯,南有晋水,至子燮改爲晋侯。"主張此説的人主要是因爲晋水在此地,如果叔虞受封不在此地,就無法解釋燮爲什麽改唐爲晋。這樣,夏虚就在山西中部今太原市附近。可是顧炎武在日知録卷三十一晋國以後七八條中所考証"按晋之始見春秋,其都在翼……霍山以北自悼公以後始開縣邑,而前此不見於傳。又史記晋世家曰:'成王……封叔虞於唐,唐在河、汾之東,方百里。'翼城正在二水之東,而晋陽在汾水之西,又不相合。竊疑唐叔之封以至侯緡之滅,并在於翼"的説法,實極精確,此後人大約承用其説。雖晋水不在此地,而今臨汾,因在平水之陽,舊名平陽。平水,據水經注汾水下所載,也有晋水的名稱(但酈道元不信其爲正確),所以我們覺得左傳所指的夏虛當在山西的西南部,不在中部,當無疑問。史記封禪書"昔三代之君皆在河洛之間"句下正義引世本説:"夏禹都陽城,避商均也。又都平陽,或在安邑,或在晉陽也。""避商均"下疑係宋衷注文。前面已經説過當日無所謂"即天子位",也就無遷都的必要,而鯀、禹、啟、太康四世,據前面所考証,前三世均在洛陽附近,無疑問,後一世也有在此附近的可能,是夏氏族或部落早期活動的中心當在河南中部,不在山西西南部。所以禹都平陽或安邑雖也係漢代人的説法,未必全無根據,可是以爲都城在那邊終覺未必可靠。那末,夏虛既不是夏氏族或部落早期活動的中心,它是哪一時期活動的中心呢? 對於這個問題,現在似乎還不容易説出一個有決定性的意見。看這一區域的地方志書,在夏禹的傳説以外,關於夏桀的傳説記載的也還不少。可是桀的都城到底是在河南或在山西,現在并沒有定論。紀年説他居斟鄩,此地或説在山東,或説在河南,却沒有人説它在山西。吴起對魏武侯談"夏桀之國",列舉四方,似乎很够清楚完備,可是戰國策(魏策一)與史記(列傳五)文不同。史記所指的河濟、泰華、伊闕,策所指的伊洛位置比較清楚。就這幾個清楚的地名來看,説桀都在洛陽附近比較方便,但主張在山西西南部的人也還不至於沒有話説,完全駁倒也還不大容易。所以這一點在現在還只好存疑。古本紀年(御覽八十二引)説:"帝廑一名胤甲,即位,居西河。"西河所在,有説它在舊蒲州府一帶,即今永濟、虞鄉、安邑各縣境内,有説它在陝西郃陽一帶,并無定論。又有説它在舊衛國境内黄河東北折處西北岸離河不遠的地方,從帝杼曾居原(在今河南濟源縣境内)來看,此説也未始不可能。這一點在現在也是以存疑爲最好。所以晉西南部同夏氏族或部族有很密切的關係雖不成問題,可是關係發生於夏代那一期,問題的解決只好等待將來。

此外在山西的地方志裏面記載關於黃帝、堯、舜、丹朱等人的傳說也很多,雖不能説全有根據,但這有些出於民間的傳說,一概抹殺,也未必適當。山西境內遺址的調查雖還未能完全完成,但據初步的了解,説它非常豐富,當不錯誤。并且不惟新石器時代的遺址很豐富,還有不少舊石器時代的遺址。我們從此也可以推想:我國傳説時代最古的,從古代所知不過是炎、黃、堯、舜等等(先秦比較可靠的傳説僅此),所以一談到古事總是附會到他們身上。其實從前考古工作人所采獲的根據,未必不較這幾位古帝更古。所以對於山西古迹的探查,不但研究夏代時應該作爲一個重點,就是研究更古的歷史,也不應該忽視這一區域。我們就是據以上理由也把山西的西南部作爲此次調查工作重點之一。

二、調查的簡略經過及比較重要的遺址

1959年4月14日徐旭生及其助手周振華從北京動身。經鄭州過洛陽到登封、禹縣、鞏縣、偃師等處進行調查。於5月26日經洛陽、陝縣進入山西境內。原計劃在河南、山西各工作一個月,後因正直麥收季節,工作無法進行,遂提前返京。在山西境內未進行調查工作。

工作人員:從北京前往的有徐旭生、周振華2人;洛陽隊派方酉生、丁振海、郭柳圻、段守義4人參加。工作人員最多時有6

人,最少時有4人。

　　工作隊於4月21日到登封,22日方、周、段、郭往縣城東南6公里的宋家溝工作。潁水支流五渡河從村西北向東南流。在村東半里河西岸臺地上見殷代遺址,村東北0.5公里河北岸臺地上見殷代及龍山遺址,村東南0.5公里河北岸臺地上見龍山遺址。23日方、郭到縣城東11.5公里的宋村一帶工作,見殷代遺址。潁水支流蛟河流過村東,遺址在村東北約100米處的臺地上,東臨蛟河。周、段到城東南6公里華樓(近宋家溝,溝在河南,樓在河北)一帶工作,在村西北見遺址,采集有殘石斧及加砂粗紅陶片等。24日徐、方、丁、段往告成鎮;周、郭往宋村,及縣城西南大金店一帶工作。在大金店附近只見漢代陶片。25—26日,於告成東及潁水南分途工作,發現漢代陶片及戰國陶片等。27日在告成鎮及八方村(村在鎮正西,約1公里)中間大路旁斷崖間見有灰坑及龍山、仰韶和早殷的陶片。28日至5月2日大部人員均在此遺址工作。4月29日,方、丁同縣文物干部龔同志往東面7.5公里的石羊關調查,發現有"仰韶"及龍山兩個文化陶片的遺址。5月4日以後,本隊取道白沙往禹縣境內的花石鎮及鎮東閭砦、閭砦河、順店、谷水河等處進行調查。11日經許昌赴鞏縣,14日往迴郭鎮,訪斟尋氏遺址,結果前已述及。15日乘火車到偃師。16日由縣文物干部高同志引導,尋找古亳遺址。17日仍返洛陽工作站,此次考察至此爲一段落。22日徐、周2人乘火車經陝縣進山西。中途在陝縣的雁翎關村,調查了傳説中的夏后皋墓。冢不小,但古器物一點未露頭,所以也無法猜測它的年代。

（一）告成八方間遺址

告成鎮周圍有土寨,公路過東門外;出西門半里餘到五渡河,過河約半公里就到八方村（圖一）。地勢北高南下。遺址在五渡河西,八方村東,潁水北岸上,南沿經潁水侵蝕。告成鎮內也見古陶片。八方村內見漢磚不少,村西路北有一漢代券墓。遺址大部分在告成到八方的公路北面,小部分在南面。我們在此遺址內鑽探了12孔:11在大路北,1在路南。知道文化堆積最厚的地方,約在3米左右,3米以下即爲沙土或生土。有的地方也見紅燒土。根據地面調查及鑽探的材料,我們初步認爲東部似以龍山爲主,兼有早殷遺物;西部似以仰韶爲主。但東西均兼有仰韶、龍山的陶片。采集的石器有石刀、石斧、石錛。陶器有龍山鼎足、罐口沿及底、杯、豆、碗、盆,紋飾有方格紋、籃紋、繩紋、附加堆紋。仰韶有鉢、罐、鼎足。紋飾有彩陶、劃紋、方格紋。早殷有罐及鬲。

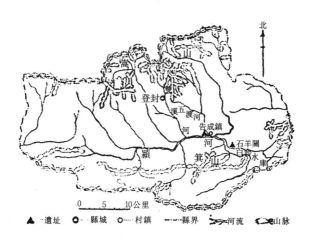

圖一　河南登封縣遺址地形圖

（二）石羊關遺址

石羊關在告成鎮東偏南 7.5 公里（圖一）。遺址在石羊關西
垌上的東南方。此遺址爲 1952 年本所工作隊往白沙配合水庫工
作時所發現，但當日無暇工作。此次我們即根據以前的綫索，作
復查工作。遺址南近潁水入水庫處，水道很寬。東西兩面被潁水
及水庫水冲刷十分厲害。灰土大規模暴露在潁水及水庫邊上，并
冲刷在水中。遺物大規模暴露在岸上及水中。本隊采集物有兩騾
馱之多。石器有石刀、石斧、石鐮、石鑿、石銹等。骨器 1 件。陶器
有仰韶及龍山的鼎、鬲、罐、碗、杯、豆，彩陶鉢，細泥紅陶片，龍山方
格紋、籃紋、繩紋、劃紋、附加堆紋的陶片。又有陶紡輪 1。長方槽
形、底有三孔陶器 1，石環 1，陶環 11 節；陶碗、陶罐各 1，都能復原。
此遺址的古器物的性質與告成八方的相類，兩邊都是具有仰韶、龍
山兩種文化，但石羊關的仰韶陶片的比例較告成八方的爲多。

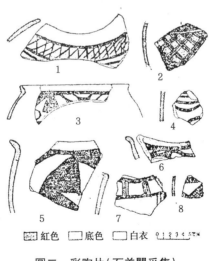

圖二　彩陶片（石羊關采集）

（三）閻砦遺址

花石頭也叫作花石鎮，在禹縣城西北 22.5 公里。再向西北 7.5 公里至白沙，再 20 公里至告成。我們爲調查閻砦遺址就住在花石鎮。閻砦在鎮東南 2 公里，遺址在砦西北（圖三）。潁水在遺址東北，約距 1.5 公里，南有南路河，約距 1 公里，遺址在二水中間的臺地上。此遺址已由縣出示保護，并繪有圖。按圖，遺址東西約 1 公里，南北約 0.5 公里餘，但周、丁、郭 3 同志調查谷水河遺址時在南路河（也叫作閻砦河）南岸也檢有龍山陶片，似乎圖上所載遺址範圍還有未盡的地方。大路兩側斷崖上暴露有灰層、灰坑、瓦棺葬等，遺物有蚌殼、螺螄等。瓦棺葬在大路北側距地面 0.69 米處，棺紅色籃紋，暴露出約 0.40 米左右。葬在灰土中（深 0.50 米）。地面采集有籃紋、方格紋、素面、繩紋等的龍山陶片。村文物干部采獲有石斧及龍山陶片數件，漢代陶片多件。

圖三　河南禹縣遺址地形圖

(四)谷水河遺址

谷水河遺址在順店東南二三里處。西起毛呂村西頭路溝；東至距谷水河北村約 100 米處，南由禹白舊公路起；北至毛呂村南排水溝止；處在四面隆起的臺地上。潁水從它的東北經過；南面有谷水河，爲潁水的支流。遺址東西長約 1500 米，南北寬約 1000米，也已由縣出示保護。今年春許昌專區在禹縣所辦的文物短期訓練班曾在遺址南部開過一探方、一探溝。探方中露出很厚的紅燒土，并有白灰面、燒土平面。紅燒土已挖過 1 米餘，還未到底。探方南一二十米的斷崖處也見燒土層。範圍很大。我們采集的遺物有仰韶的彩陶片，泥質紅陶片，夾砂紅陶片，龍山籃紋、繩紋、方格紋灰陶片等等。順店有一文衛展覽會，它展覽的文物中有若干仰韶陶片、石器、漢代及漢代以後的陶器。

(五)二里頭遺址

二里頭在偃師西偏南 9 公里，洛河從北邊流過（圖四）。遺址在村南。乾隆偃師舊志説"高辛故都在治（舊）西五里今高莊"，孫星衍考訂爲西亳當在舊縣治（在今縣治東南三里許）西，"辛寨鎮（今圖作新砦，約在舊縣治西十一二里處）以西，皆古亳邑"，我們的調查就從高莊開始。莊在今縣治南三里餘，除方西生在村中坑底得 1 陶鼎足可能爲商器外，餘僅見漢代陶片。去新砦約 2—3 公里，過洛河南，即至二里頭村。村南路旁斷崖間見有不小的灰坑。距村約半里餘，1958 年因掘地發現陶片很多，我們采集的有尊、罐、鼎、豆等器，石斧 5，骨錐 1。據估計，此遺址範圍東西約長 3—3.5 公里，南北寬約 1.5 公里。這一遺址的遺物與鄭州洛達廟、洛陽東乾溝的遺物性質相類似，大約屬於商代早期。

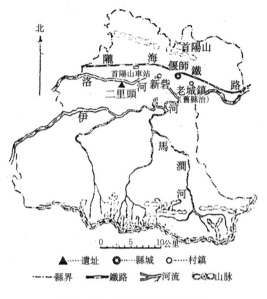

圖四　河南偃師縣遺址地形圖

　　偃師爲商湯都城的説法最早見的大約爲漢書地理志河南郡偃師縣下班固自注説："尸鄉，殷湯所都。"這大約是他轉述西漢人的舊説。鄭玄也説："亳，今河南偃師縣，有湯亭。"（尚書正義卷七帝告書序下引）但今河南省商丘縣沿襲舊名；丘與虛古字通用，商丘也就是説它爲商的舊虛。皇甫謐説"梁國穀熟爲南亳，即湯都也"（史記集解殷本紀"湯始居亳"下引），也并不錯。漢書地理志山陽郡薄縣下注引臣瓚也説："湯所都。"皇甫謐説亳有三："蒙（今河南商丘縣西北或已入山東曹縣境）爲北亳，穀熟（今商丘縣東南四十里）爲南亳，偃師爲西亳。"（尚書正義立政篇"三

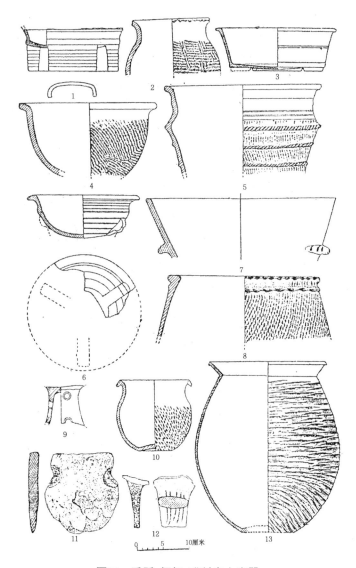

圖五 禹縣、偃師、登封出土陶器

（1—5. 偃師二里頭 6—12. 登封石羊關 13. 禹縣花石頭）

亳”下引）後人多用其説。如臣瓚説，是湯居北亳，近人王國維力主其説。徐旭生案：北亳、南亳分別不大，也就像禹居陽城或陽翟兩説，都未必錯誤，因爲古人都邑不大，都與邑也分別不大，在他的境内也就可以有時遷移。所應考慮的是商丘的亳與偃師的亳哪個真實？鄭玄説：“湯自商（丘）徙亳。”（尚書正義盤庚上篇“於今五邦”下引，他所説的亳指偃師）後人多承用。徐旭生在此調查前頗疑西亳的説法，但因爲它是漢人的舊説，未敢抹殺。又由於乾隆偃師志對於地點指的很清楚，所以想此次順路調查它是否確實。此次我們看見此遺址頗廣大，但未追求四至。如果鄉人所説不虛，那在當時實爲一大都會，爲商湯都城的可能性很不小。

三、後語

我們此次調查夏虛，所作工作實僅極小一部分，當然談不到作什麼結論。但告成八方、石羊關、谷水河三遺址都有仰韶和龍山的陶片，閻砦遺址也有龍山的陶片。我們覺得這種相類似的性質應當引起注意。此後對此河南偏西部、山西西南部兩重點應當作較大規模的調查或復查，以便能早日訂定科學的發掘計劃。

此次所得古器物未全部運北京，僅選擇一小部分發表，所選擇未必完全適當。以上報告執筆人爲徐旭生。第一部分完全爲徐旭生所寫，第二、三部分是據方酉生、徐旭生、周振華三人的工作記録綜合整理的。

略談研究夏文化的問題①

按着我們文獻上的材料，這就是説按着我們古代的傳説，在商代以前有一個夏代。這是一個從"大同"轉入"小康"，即原始公社時代轉入階級社會的一個很重要的時期。可是對於夏代，無論歷史研究方面或考古研究方面，目前都還開展得很不够。

近數十年來，疑古派的學者雖説有幾位對於夏禹的人格問題有所懷疑，可是并没有一個人否認夏代的存在。雖然如此，由於他們極端的懷疑，有人對於古代所流傳的夏代歷史的材料，似有一筆抹殺的傾向（如童書業所著夏史三論），還有些人也多多少少受他們的影響，對於夏代都不大敢輕談。我覺得，這種狀况對歷史研究的開展是没有好處的。

我們作近代的考古工作已經有幾十年，雖然研究還很不够，但對於夏代的文化也絶不是毫無所知。在河南省的北部、中部及

---

①編者注：本文原刊新建設 1960 年第 3 期。

西部全遇着一種情形：就是在商代的文化層下面復蓋着龍山的文化層，這就可以證明在商代文化以前有一種叫作龍山的文化。那末，說龍山文化就是夏代文化，豈不是很方便的麼？但是解決問題還不能這樣簡單。因爲我們說夏代文化就是指的從夏禹到夏桀這比較清楚的四五百年間的文化，可是由古器物所定的一種特殊文化，它的變化是比較慢的。我們不能否認龍山文化同夏代文化有很密切的關係，可是我們很可以設想：在夏禹興起以前龍山文化已經有不少年的歷史；龍山文化的衰落可能在夏桀亡國時代以前或稍後，萬沒有它隨夏桀亡國而突然絕滅的道理。所以這兩種文化雖有很密切的關係，但在它們中間畫一個等號却是不可以的。不惟如是，在考古方面又知道在龍山文化層下面間或復蓋着仰韶文化層，這又證明後者的文化比前者更古。但是這兩種文化不惟有時間上的不同，并且有空間上的不同，這就是要說這兩種文化并非興於一地，并不是一個完畢，另一個才興起，很可能一種沒完，另一種已經開始，有一個互相重叠的短時期。那末，仰韶文化雖說在龍山文化以前，但是它同夏代的早期文化還有若干關聯也并非不可能。總之，夏代文化同龍山文化怎樣互相錯綜？它與仰韶文化是否還有關聯？仰韶與龍山兩種文化中間如何關聯？龍山文化與商代文化關聯的詳細情形如何？這些及其他一系列的問題到現在也全沒有解決。并且如果對於古代所傳的夏代的史料完全不信，有些問題就完全無法解決。由此可見，那種極端懷疑、一筆抹殺的傾向，對於考古研究也是不利的。

　　研究夏代文化有很大的困難，很大一部分的原因是由於一直到現在還不知道在夏代的時候是否已經有文字。得到文字的材料,時代問題就很容易解決,否則非常困難。現代的學者一部分推斷它還没有文字,另一部分推斷它可能已經有。我個人是傾向後一派的。但是即使相信它有,它一定會比甲骨文字簡單的多,并且一直到現在一點點也還没有發現。不過不能由於現在還没有發現,就過早地武斷説它將來也不可能發現。

想要研究夏代文化,必須把它這個詞可能包括的兩種涵義分别清楚。説它有兩種不同的涵義就是要問它是指夏代的文化呢,或是指夏氏族的文化?如果屬於前者,那它範圍較廣,而時間却很清楚,起自禹,終於桀。如果是指後者,那它的地域範圍就很有限制,而時間則在禹以前,桀以後,夏氏族所具有的文化,也全應該叫作夏文化。我所以要指出這一分别,是因爲要想直接研究夏代的文化,那就範圍過廣,有不知從哪裏下手的苦處。幸而夏代的政治組織并不像從前人所想象,爲一個大一統的國家。它當時處於氏族社會的末期,鯀、禹、啟等不過爲夏氏族或部落的首領,在夏氏族之外,還有很多林立的氏族。文化在它們中間也還應該有多多少少的差異。我們因此就可以從古代的傳説中找出來夏氏族或部落活動的幾個中心區域。在這幾個中心區域作較廣泛的科學調查和發掘,看看在這些區域出土的文物有如何的類似點,再從離這些中心較遠的地方看看出土的文物比前一種有如何的差異點。經過這樣的參互比較,就可以希望找出夏氏族或部落的文化特點。夏氏族的文化雖不能限於禹後桀前,但在這一時期的限度内,夏文化的影響總會比較廣泛些。用夏氏族或部落的特殊文物與同一地層所藴藏的文物,這就是説與同一時期的文物相比較,就可以間接地找出夏代的文物。這樣就可以希望解決夏代的進化階段,社會的發展情況,及其他一系列的社會問題了。

　　由於夏代離現在很遠,所以流傳下來的傳説已經不豐富。我們想找出夏氏族或部落活動的中心地區,所需要的是必須裏面包有清楚地名的史料,這樣,取材就更有限制了。我曾經約略計算一下:在先秦書中關於夏代并包有地名的史料大約有八十條左右;除去重複,剩下的約在七十條以内(禹貢雖係先秦古書,所舉地名極多,但因爲這是春秋或戰國時人對於他們當日所知道的地域完全羅列出來的結果,對於我們的研究暫無用處,所以不計在内)。此外在西漢人的書中還保存有三十條左右,可是大多數是重述先秦人的舊説,地名超出先秦人範圍的不多。這不到百條的史料,對於我們的研究還不能全有用途。例如關於夏禹治水的史料就占去不少條,這些對於我們現在研究還沒有用處。夏氏族或部落征伐所到的地方也有若干條,由於它們不屬於夏氏族或部落的活動中心地域,所以暫時也沒有用處。除了這些,最有用處的是指示夏都邑所在的各條,大部分保存在左傳、國語、古本竹書紀年三書,大約在三十條左右。我覺得這是最可寶貴的史料了。

　　從這近三十條的史料中,我們可以找出夏氏族或部落幾個活動中心區域,將於下面分指出來。

　　分指以前需要對於一個區域説幾句話。這一區域就是蜀地,四川。我們認爲這一區域同夏氏族或部落沒有直接的關聯。司馬遷雖有“禹興於西羌”的説法,揚雄雖有“禹生於石紐”(今四川北川縣北)的説法,這些還是西漢人的舊説,不算太晚近,可是這種説法或者可以找出其他的解釋,絕不能相信它的字面。爲什麼呢? 因爲禹的人格同治洪水有不可分離的關係,而梁州,四川,絕不能有洪水。這一點王船山分析得很清楚：蜀地高於揚州（長江下游一帶）很多，如果蜀地有滔天的洪水，那揚州區域即將變爲大海，所以不可能；或説由於同時大霖雨，可是中國廣大，東西方的雨季也不會在同時，這樣也不可能。當時中國交通阻塞，也没有生於四川，跑到東方治水的道理。所以這一説暫時可以不談。

分析這近三十條史料的結果，我覺得有兩個區域與夏的關係特別密切。這兩個區域一個是河南省的洛陽平原及其附近，尤其是潁水谷的上游，登封、禹縣等地。另一個是山西省西南部。

先談洛陽平原及其附近，禹的父親叫作鯀，據國語説他是崇伯。崇與崧、嵩都屬古今異字。西漢有崈（即崇的別體）高縣，就是在嵩山南麓，漢武帝特置以奉嵩山的祀典的。由於夏氏族居地近嵩山，所以國語又載有"昔夏之興也，融降於崇山"的傳説。祝融神降於嵩山，夏朝就興起來，足以證明夏與嵩山的關係，而嵩山即在今登封縣城北（太室）及西（少室）。竹書紀年同世本都説"禹居陽城"，孟子内也有"禹避舜之子於陽城"的記載，可是西漢的陽城縣，到唐朝改爲告成縣，現在爲告成鎮，即在登封縣城東南三十里的潁水北岸上。左傳内又説"夏啟有鈞臺之享"，杜預注説："河南陽翟縣南有鈞臺陂。"陽翟即今禹縣。現在禹縣城内還有一個磚築的臺子，上面題"古鈞臺"三字，這固然是後人建築以紀念古迹的，可是鈞臺在禹縣，古今無異説。禹縣金元叫作鈞州，到明萬曆年間才改爲禹縣。它名爲鈞，也就由於鈞臺的緣故。看他們接連三世，都在那一帶居住和活動，就足以證明這些傳説并不是隨便説的。就是漢書地理志説陽翟是"夏禹國"，這應該是班固述西漢人的舊説。登封、禹縣比鄰，一處説居，一處説國，并無矛盾。後人爭訟，殊屬無謂。淮南子曾載啟母化石的神話，漢書也説漢武元封元年曾詔稱："朕……見夏后啟母石。"現在還有東漢人所刻的開（漢人避景帝諱啟，改爲開）母闕存在。這也是由於都邑在附近，所以有這樣的神話。國語内説："昔伊、洛竭而夏亡。"逸周書度邑篇内説："自洛汭延於伊汭，居易無固，其有夏之居。"史記周本紀引此文，但易作易。居易無固是説地勢平易，没有險固；汭解爲水内，就是指水灣曲的處所，并不指伊水入洛及洛水入黄河的地方。這所指的應該是洛陽平原。與伊、洛竭而夏亡的説法相比較，可以證明伊、洛二水與夏關係的密切，而二水却是會合於洛陽平原的。吕氏春秋内載有帝孔甲"田於東陽蕢山"的説法，水經注説蕢山即東首陽山。現在此山在偃師縣西北，隴海綫上還有首陽山車站。如果當日都城離此地遥遠，也不會演出這樣的傳説。此外斟尋一地，紀年説："太康居斟尋，羿亦居之，桀又居之。"有人説它在今山東濰縣一帶，有人説它在今河南鞏縣、偃師一帶。現在還没有定論。看現在僅有三十條左右的史料，關於這一帶的傳説，就有十來條之多，這絶不會是偶然的。

　　再談山西省的西南部。關於這一帶的史料没有洛陽平原一帶的多，但證據很重要，不可能有疑惑。左傳内説周初封唐叔虞"於夏虚"，這就是説封他於夏的舊地。并且説"啟以夏政"，就是説要用夏的舊政令治理它，更可以證明此地與夏關係的密切。在春秋時候，晋國用的曆法是沿用夏代的以斗柄建寅之月爲正月，并不用周代以斗柄建子之月爲正月的曆法。如果不是晋地與夏有密切的關係，這一點就將無法解釋。晋國初封有人説它在今太原市附近，有人説它在山西翼城縣附近。顧亭林是主張後説的，從他以後,他的説法幾成定論。晋的舊封當不能達到今霍縣的霍太山以北。又世本内説:"禹……又都平陽(今臨汾),或在安邑。"這句話或者是宋仲子的注文,未必爲世本的原文,但無論如何,也是漢朝人的舊説,未必無根據。我覺得這一説法是基於禹"即天子位"後即須遷都的看法。實則當日處於氏族社會的末期,氏族林立,并無即天子位的問題,也無遷都的必要。漢人這樣的説法僅可以使人猜想這些地方與夏氏族或部落有些關係,按字面相信它,却未免過於天真。紀年又有"帝廑……居西河"的記載。西河的位置後來異説紛紜,但在舊蒲州府一帶(即今永濟、虞鄉、安邑一帶)的可能性很不小。桀的亡國有人説在河南,有人説在山西,現在還没有定論。但據以上種種,山西省的西南部與夏后氏有密切的關係,實屬不成問題。

此外還有一兩個地點比較可靠。一爲帝杼所居的原(出紀年),濟源縣志中指的地方很明確,主要的證據是國語中曾説那一帶"有夏商的嗣典",就是説它有夏人和商人的後嗣及典法。有這兩條早期的證據,當可不成問題。御覽引紀年説帝相居商邱,通鑑地理通釋説商邱當作帝邱,這大約是本於左傳"相奪予(衞祖康叔)享"的記載。衞當日都帝邱(今河南濮陽縣),如果相不居帝邱,他的死鬼何能跑到那裏去奪康叔所應享的祭品呢?相居帝邱,用左傳爲證,當無錯誤。這兩個地方雖没有前兩個的證據繁多,但地點清楚,異説幾乎全無,當屬可信。

此外的都邑還有一個帝杼所遷的老王(也出紀年),不知道在何地。説它在陳留東北的,是由於鮑本御覽訛老王爲"老丘"而誤解。路史注引作老王,商務印書館影宋本御覽也作老王。并且王誤丘易，丘誤王難，王正丘誤，當無疑義。未知確處，自應闕疑。

　　如果對以上所指出的地點清楚的夏都邑作一種精詳的科學的調查及發掘，就可以希望從這些地區的出土的文物，求出來它們的相似點及與他處的差異點。如果這個結果可以得到，那我們研究夏文化，就可以有比較靠得住的根據了。

井田新解并論周朝前期士農不分的含意①

一

井田的制度,近幾十年來討論的人很多:前些年大家多認爲這樣制度太整齊,太理想,在實用上不可能有,對它傾向於一筆抹殺;近些年研究進步:從甲骨文中"田"字作"田"、作"畕"、作"畕",金文中有不少"錫田"的記錄去推論,大家幾乎全承認古代的確曾實行過這樣的制度。討論它的意義的文章也很不少。可是我個人在大家所説的以外還有一些新看法,也未敢自以爲是,謹提出來以供注意此問題人的討論。

古代鼓吹井田制度最力的學者要推孟子。此外如管子、周禮、公羊傳、穀梁傳、韓詩外傳裏面對於這個制度也都有記載。除

①編者注:本文原刊歷史研究 1961 年第 4 期。

管子、周禮或有另外的來源外，其餘各書與孟子書所説均屬大同，或全是出自孟子，也很難説。管子侈靡篇僅説："斷方井田之數，乘馬田之衆，制之。"許維遹先生説："此文原作'斷方井田之數，制乘馬田（戴望説："宋本'旬'作'田'。"旬、田古通用）之衆'。""今本'制'字錯在'衆'字下，校者遂妄增'之'字……"又説：上文"作此相食，然後民相利，守戰之備合矣"句係錯簡，當在"之衆"下①。其説似是。但是從這句話僅可以猜想齊國曾經用過井田制度，它的内容若何，我們還無從推測。後人不談井田便罷，一談井田，總要引孟子滕文公上篇的"方里而井，井九百畝，其中爲公田，八家皆私百畝，同養公田"的説法，以爲這是三代井田通用的法式，至少説，也是周代井田各國通用的法式。其實孟子本書上文"清野九一而助"下的一段明明是孟子爲滕國設計的經界辦法，他本人并没有向我們説這是三代或周代的通用法式。通覽歷史可以得一條公例，就是：凡設計的制度必有所本，否則設計的人就無法設想；另外一方面是凡設計的制度對於它所本的制度必有所損益，否則即爲恢復或抄襲，不成其爲新設計了。歷史通例如是，孟子又何能自外？并且就是用孟子本章前面所引的詩，也可以證明孟子所設計的制度對於周制有所損益：孟子引周詩説"雨我公田，遂及我私"，這是説希望下雨總先下到公田一方，然後再下到私田一方。任何人全知道下雨不能同澆地一樣，可以一塊一塊地澆；它一下就是一方。必須公田在一方，私田在另外一方，才可能有這樣的希望；如果公

①管子集校，586頁。

田在私田中間,私田在公田周圍,這樣不合情理的希望不是太可笑了麼? 從此就可以看出,我們總是引用這一節來解釋三代或周代的井田,并不是由於孟子欺騙我們,却是由於我們誤會他說話的意思。周禮地官遂人下說:

> 辨其野之土:上地、中地、下地以頒田里。上地夫一廛,田百畮①(古畝字),萊五十畮,餘夫亦如之;中地夫一廛,田百畮,萊百畮,餘夫亦如之;下地夫一廛,田百畮,萊二百畮,餘夫亦如之。

鄭注:"萊謂休不耕者。"孟子書無田與萊的分別,已經與周禮不同;周禮說"餘夫亦如之",是說餘夫受田與夫同,孟子却說"餘夫二十五畝",是又不同。周禮接着又說:

> 凡治野:夫間有遂,遂上有徑;十夫有溝,溝上有畛;百夫有洫,洫上有塗;千夫有澮,澮上有道;萬夫有川,川上有路,以達於畿。

這是指明既有"通水於川"的遂、溝、洫、澮,又有"通車徒於國都"的徑、畛、塗、道、路,一切均以十進位。十數開方無法得整數,那自然不能有方方正正、平均畫一的大塊井田。考工記匠人下說"為溝洫"的法子更為詳細,但內容又不同。它說:

> 耜廣五寸,二耜為耦,一耦之伐廣深尺謂之畎(古𤰕字)。田首倍之,廣二尺深二尺謂之遂。九夫為井,井間廣四尺深四尺謂之溝。方十里為成,成間廣八尺深八尺謂之

---

①編者注:"畮",原誤作"廛",據後文及通行本周禮改。

洫。方百里爲同,同間廣二尋深二仞謂之澮。專達於川,各
載其名。

它説“九夫爲井”,九開方得三,這樣就可以得到方方正正、平均
畫一的大塊井田。方十里的成和方百里的同照着禮記王制篇所
説“方十里者爲方一里者百”“方百里者爲方十里者百”的説法,
却成了九百夫有洫、九萬夫有澮的局面,與遂人下的記載大不相
同。看遂人和匠人下的材料可以想像遂人下所説比較原始,考工
記所載是後期想得更完善,使結果可以達到方方正正的辦法。但
這兩説全没有含着三夫乘三夫得九夫,減中一爲公田,餘環八爲
私田的意思。從周禮所載和孟子所設計又可以想像把田地分割
爲百畝的方塊,使人耕種,雖爲周代所曾經實行的方法,却是因地
制宜,隨地不同——大塊因地勢所限,也不可能相同——所以各
種説法又有不少的出入。公羊宣公十五年“初税畝”,傳所説“大
桀小桀”“大貉小貉”全本孟子告子下篇的説法。穀梁同條傳
所説:

> 古者三百步爲里,名曰井田。井田者九百畝,公田居一。
> 私田稼不善則非吏;公田稼不善則非民。……古者公田爲
> 居,井竈葱韭盡取焉。

它這裏大約還是本着孟子的説法,可是又加了“公田爲居”,這就
是説農民全住在公田裏面,井竈菜園全在那邊。這恐怕是想到八
家共種公田百畝,與什一的定率不合,所以要在公田裏面減去若
干畝,一方面既可以供農民廬舍、井竈、菜園的用途,另外一方面
也可以使税率接近什一。到韓詩外傳就説的更詳細,更精密。卷

四第十三條説：

> 古者八家而井田，方里爲一井。廣三百步長三百步爲一
> 里，其田九百畝。廣一步長百步爲一畝；廣百步長百步爲百
> 畝。八家爲鄰，家得百畝，餘夫各得二十五畝。家爲公田十
> 畝，餘二十畝共爲廬舍，各得二畝半。

它於後面又引小雅信南山的詩“中田有廬，疆場有瓜”，以證明它
的説法。

從以上所説可以看出公羊傳、穀梁傳、韓詩外傳全本孟子書
的説法，可是後來越來越明確、越來越精密的推演在孟子裏面還
完全没有。孟子的設計對於殷周的田制已經有所損益，後來的學
者全本着他的説法，却忘了他所説不過是一種設計的性質，雖説
越來越明確，越精密，可是比起殷周實行過的田制大約是距離越
來越大了。

以上所引不過説明它的制度，還絲毫未觸接到它實施時的歷
史。談到井田歷史的只有孟子一書。有關係的僅有兩句：一句在
梁惠王下篇説：

> 昔者文王之治岐也，耕者九一。

另一句就在上文所引“方里而井”同章的前面，説：

> 夏后氏五十而貢，殷人七十而助，周人百畝而徹：其實皆
> 什一也。

這前後兩句有很顯著的矛盾：因爲前者説“九一”，後者説“什
一”，九分之一同十分之一總不能説是完全相同。後來作解釋的

人牽強附會也很難自完其説。這且不談。後一句所説的夏后氏、殷人、周人的制度,從來作解釋的人都説這是三代所實行的不同田制,似乎已經毫無疑義。但是,如果細想起來還是有些難解的地方:人口越往後越密,那夏代人口稀,受田應該較多,何以它獨最少? 自然也可以説當日農具粗陋,所以墾闢能力很有限制,此後農具逐漸改進,所以墾闢日廣。可是參考我國近數十年來考古工作的成果,還不能除掉一切的疑惑:夏、商、西周或屬新石器時代末期,或屬金石并用時代,相去不遠。即使在金石并用時代,而在鐵器廣泛使用以前,廣泛使用銅爲農具,在考古工作中,可以説只有否定的證明。先後全是用磨製的石器,生産力很難有成倍的增加。即使農具有些微的改進,也不過耕的較深一點,收獲較多一點,所用的不過是人力和畜力,耕種的速度何以能有顯著的增加? 推想這千餘年農業的進化,只有開始用牛耕一事可以使農業有像樣的改進。牛耕開始現在還未能確定在何時,將來即能確定,而僅此一事何能就影響三代田制,使它們中間發生重大的差異?

　　綜覽我國的古書,可以看出那裏面所記三代或四代的制度或禮俗,并不是繼承一兩千年三代或四代的留遺,而只是當周代的時候,虞、夏、商的後裔各國所保存的與周人不同的風俗習慣。從前的人總以爲我國自遠古以來就是大一統的,全中國差不多是一道同風的;朝代更換,制度或禮俗也跟隨着變革,此後仍是一道同風。其實這是不會有的,也不可能有:夏商時代氏族林立,夏商王國不過在各氏族中間較早地組織起來,具有國家的形式,比其他氏族有較優越的地位,却并不是它們的宗主,固無所謂一道同風。

就在周代,已經征伐四方,封建宗親,使我國的一統事業前進了一大步,也不過使新舊氏族或國家大致遵守周天子的約束,不致日尋干戈,至於這些小國的禮俗習慣還是各遵舊章,無所改易。周天子即使想改易一些,而時機未至,也是不可能的。看禮記明堂位篇所記四代的禮樂,很容易明白這不過是爲周代魯國所行用,至於四代或三代的禮樂原來是什麼樣子,大約是世遠年湮,誰也説不清楚了。就是儀禮士喪禮、既夕禮兩篇中所載的夏祝和商祝也很容易看出他們并不是夏商二代時的祝官,不過是"祝習夏禮"就叫作夏祝,"祝習商禮"就叫作商祝。并且春秋時的宋人總自稱爲殷人、商人,孔子自己就説:"而丘也殷人也。"①左傳記宋人自責,也説:"天之棄商久矣。"②宋人既可自稱商人、殷人,那杞、鄫的人自然可以自稱爲夏后氏,陳人也未嘗不可以自稱有虞氏。如果用這一種解釋,古書中很多困難問題就頗容易地解決,否則困難重重,無法理解。

那末,你是否要主張"夏后氏五十而貢"等句是指明周時杞、鄫、宋人所用與周人不同的田制呢?——還不如此。我現在覺得這三句不惟不是夏、商、周三代人不同的田制,并且也不是杞、鄫、宋人與周人所用不同的田制,它不過是當西周及春秋初期在魯國一國內所用的不同田制,孟子本魯人,雖未親見而傳聞可及,所以在滕國稱述。理由如下節所説。

①禮記檀弓上篇。
②僖公二十二年。

二

伯禽初封於魯的時候，就受有"殷民六族"①作爲氏族奴隸。由於治下有殷人，魯國内也就立有亳社以便殷民的祭祀②。這六族的後人可繼續自稱殷人，毫無疑義。魯國内有夏人，古書中雖無明確的記載，但魯國本爲奄地③，奄屬嬴姓④。皋陶偃姓，嬴、偃本同字⑤。魯所處爲少皞之虚⑥，皋陶的"皋"也就是少皞的"皞"的異體字。後起的帝王世紀也説"皋陶生於曲阜"⑦，綜覽古書，世紀此節所説也可能有根據。如此那奄國就很可能爲皋陶的後人。奄國既係夏代的古邦，似乎也可稱夏后氏。此外屬於魯國的附庸小國，如任、宿、須句、顓臾之屬⑧，全是夏代古邦，當也可以自稱夏后氏。

殷民六族固然可稱殷人，奄國遺民及各附庸小國人民稱夏后

①左傳定公四年。
②左傳定公六年："陽虎……盟國人於亳社"；春秋哀公四年："亳社灾"；哀公七年："以邾子益來，獻於亳社。"
③左傳昭公九年"蒲姑、商、奄"下正義引服虔説："蒲姑、商、奄，濱東海者也。蒲姑、齊也；商、奄、魯也。"史記周本紀正義引括地志："兖州曲阜縣奄里，即奄國之地也。"方興紀要曲阜縣奄城下説："在城東二里，古奄國也。書序：'成王東伐淮夷，遂踐奄，因以封周公（旭生按：書序無此五字）。'志（疑引縣志）云：'曲阜舊城即古奄地，亦曰商奄里；又名奄至鄉。'"
④左傳昭公元年正義引世本。
⑤説文女部嬴字下段玉裁注。
⑥左傳定公四年。
⑦史記夏本紀正義引。
⑧左傳僖公二十一年。論語季氏篇説顓臾"且在（魯）邦域之中矣，是社稷之臣也"。

氏也或者可以勉強説得通，但是這種主張有什麼意義呢？——這是因爲周文王、武王及周公所率領的軍隊是在我國西北艱苦環境中長期頑强奮鬥的農民。他們東征西討，取得很大的成績，據説滅掉的國家就有五十之多①。雖然如此，他們的人數比起殷人來大約是相當少的。周武王伐紂一定是大舉的，可是他也不過有"革車三百兩，虎賁三千人"②。直到成王的時候還在説"大邦殷""小邦周"③。近幾年考古工作的結果也指出殷文化所及的區域相當廣大。這一切全可以證明周初滅商時它的人民遠不及商人多。可是這些勤勞樸實的農民戰鬥力很强，到周公"封建宗親"的時候可以説他們基本上征服了當日所知道的全中國。封建宗親爲的是鞏固周王室征伐的成績。想用很少的人民統治很廣大的地區，用什麼辦法呢？封建宗親同清朝用八旗到各地駐防，目的并無兩樣。可是目的雖然相同，辦法却很有差異：八旗分駐各地，爲了不妨害戰事訓練，嚴禁參加生産，企圖長久用武力統治人民。周初的封建所用的辦法，却像後代所用的屯田：周人本是些樸實農民，打勝了仗，分駐各地，仍然分田務農，準當日生産發達的程度，一家人盡力不過耕地百畝（約當現在的三四十畝），就定爲永制，一夫，也就是説一兵或一農，受田百畝。孟子所説"周人百畝而徹"，也就是這個意思。伯禽所受的殷民也不得不安置生計，可是他們是被征服階級，所享權利自不能與征服階級平等：一家少給他三十畝地，也還可以維持生活。所説"殷人七十而助"，

①孟子滕文公下篇。
②孟子盡心下篇。
③尚書召誥："天既遐終大邦殷之命。"大誥："天休於寧（文）王，興我小邦周。"

大約就是這樣。至於本地土人的夏后氏何以受田又要少二十畝？
那是由於殷人的被征服較早，土人被征服較晚，晚服者的權利又
不能與早服者相比，土人雖只受田五十畝，也還勉强可以維持生
活。所説"夏后氏五十而貢"，恐怕是行這樣的制度。這不過是
在魯國内征服階級和被征服階級權利與義務的差别，與經歷三代
千餘年的田制無關。

三

以上的説法最大的限度也僅可以説尚能自完其説，至於證
據實在是很不充分，更談不到豐富了。這一點我自己也感覺
到。可是我爲什麽還要這樣主張，到底有什麽意義呢？——這
其中有一段經歷，我現在需要談一談：在全國解放以前，我個人
雖説對於馬克思列寧的理論可以説毫無所知，可是在征服氏族
或國家和被征服氏族或國家之間有階級，在不同階級之間有矛
盾、有鬥爭，我是聽説過的，也相信的。我也不斷用這個觀點來
考慮各氏族或國家之間和征服與被征服階級之間的關係。我
很詫異的是在希臘及羅馬歷史中保存有不少并相當明顯的階
級鬥爭的史料，就是資産階級的學者也未能一筆抹殺。可是在
我們中國關於古代的傳説和典籍也不算少，而關於階級鬥爭的
史料却很不容易找到，頂多説也是若明若昧的。尤其是在魯國
春秋早期閔公的時候，君幼國亂，岌岌可危，當日齊桓公就派
"仲孫湫來省難"，大約也含有"覘國"的意思。他回去對桓公
説：不把慶父去掉，魯國還要有亂。桓公問他怎樣才能把慶父

去掉,他答説:他不住地作亂,將來就自己會死,請您等着吧。
桓公這時候大發貪心,就問他:"魯可取乎?"原來伯主全是要兼
并鄰國才能"取威定霸",況且魯國是東方六國,如果能兼并了
它,齊國的勢力就可以大大增加。仲孫湫回答的話却使我很驚
異。他説:

> 不可,猶秉周禮。周禮所以本也。臣聞之:"國將亡,本
> 必顛,而後枝葉從之。魯不棄周禮,未可動也。"①

　　他所説的"周禮"是指伯禽時侯的舊制,不成問題。伯禽受
封時又明明分配有"殷民六族",征服者與被征服者之間不可能
無矛盾。魯閔公的時候,統治階級内部的矛盾相當地發展,如果
當日它與被統治階級的矛盾相當尖鋭,那後者正可以乘機興起,
反抗他們,强大鄰國也正可以乘機進攻,因此招來亡國的慘禍,也
很難説。現在仲孫湫却説魯不棄周禮未可輕動,這豈不是很可以
指明當日的階級中間即有矛盾也不尖鋭麽? 這種情形在魯國繼
續存在。到春秋末年,公山不狃前因不得志於魯,就逃避到吳國,
可是當吳國要伐魯的時候,他對祖國的愛情却很高漲:先責備叔
孫輒的"以小惡而欲復宗國",并且自擬替叔孫輒爲吳兵引路以
求達到挽救祖國的目的,致使叔孫也很慚愧。等到他爲吳兵作響
導的時候,他就故意引他們走些險阻不容易走的道路,以期祖國
有時候作守禦防備。及吳兵走近國都,魯國勇士微虎就要糾集三
百敢死隊在夜裏進攻吳王的住處,以至於平常很像褒衣博帶的儒

---

① 左傳閔公元年。

生有若也要參加,嚇的吳王一夜遷三次住所①。此後齊國伐魯,
雖說魯國的執政腐敗,并無鬥志,并且"事充(杜注:"繇役煩")政
重(杜注:"賦稅多")",也不是沒有階級矛盾,可是孔子的弟子冉
求、樊遲同其他愛國的人士還能拚命殺敵,强迫敵人逃遁②。像
這樣政治腐敗而人民愛國的情感還是很强烈的情形,都不像有尖
銳階級矛盾國家內之所能有。這一類階級矛盾若明若昧的狀態
有很長的時候使我積疑難釋。這并不能武斷地以西方歷史家觀
察力强,我國歷史家糊塗來解釋,也不能輕輕地以我國古史都曾
經統治階級筆削修飾過來推諉,因爲這全是毫無證據、不負責任
的説法。等到抗戰時期我在昆明看到蒙文通先生的一篇文章,由
於他的議論的啟示,我才漸漸地想出一些道理來。我現在手下沒
有他篇文章③,不能具體地指出它的内容。但是我還記得它登在
四川省圖書館的館刊裏面,題目是要解決周禮著作的時期問題。
特別使我感興趣的是他於地官鄉大夫職下看出他"三年則大比,
考其德行道藝而興賢者能者,鄉老及鄉大夫帥其吏與其衆寡以禮
禮賓之"的種種優待;等到他們獻賢能之書於王,"王再拜受之,
登於天府,内史貳之"的那樣鄭重;此外也没有談及有刑罰及糾
正的事。他又於州長職下看出雖也説在"正月之吉""以考其德
行道藝而勸之",却并没有"興賢""興能"的文字。反過來接着就
説"以糾其過惡而戒之",那樣地嚴厲。綜合來看,居鄉與居州的
人民所享的權利與義務很顯著地不是平等的。他又從説文内州

①左傳哀公八年。
②左傳哀公十一年。
③編者注:"他篇文章",疑應作"他的文章""他這篇文章"或"這篇文章"。

字解釋爲"水中可居曰州,水匊繞其旁",古字"州""洲"通用①,及左傳楚用陳國俘虜建立"夏州"②,衛有"戎州"③的故事,推論州内居民均爲被征服階段,又推論周禮州長下所屬的居民大約是被遷於洛陽附近的"殷頑民",所以不得享有與征服階級周人同等的權利。他又從晋國戰敗後"作爰田""作州兵"④的舉動結論州的居民由於是統治階級,所以原來無保有兵器的權利,所以也無作戰的義務。晋國戰敗後,甲兵不足,想叫州的居民也來擔負作戰義務,所以先施小惠,"作爰田",然後勸他們擔負義務,在州裏面選拔起兵士,這也同羅馬帝國當兵源不足的時候,一方面把羅馬城公民所特享的權利普遍推行於意大利半島,另外一方面就强迫他們擔負起從前他們未擔負過的作戰義務有同樣的意義。我覺得他的推斷大致符合於當年的情事,以後就推想出來孟子所談的井田歷史應當是如上面所説的辦法。這樣的辦法雖説没有直接的證據,可是看周朝初年周文王還穿着不好的衣服親自去種田⑤,又親自拿着鞭子去放牛羊⑥,周公在卜定洛邑以後還想退老"明農"⑦,他們所領導的周人當打了勝仗,建設新秩序以後,不脱離生産,繼續務農,當可不成問題。被他們征服的有殷人及東方土著,按着他們降服的先後分别安插生活,也是征服者在這個農

---

① 説文第十一卷下川部。
② 左傳宣公十一年。
③ 左傳哀公十七年。
④ 左傳僖公十五年。
⑤ 尚書無逸篇説:"文王卑服,即康功田功。"
⑥ 楚辭天問説:"伯昌號衰,秉鞭作牧。"
⑦ 尚書洛誥説:"汝往敬哉,兹予其明農哉。"

業階段所能想出的辦法。此後征服階級有充分的田畝,生活比較優裕;被征服階級雖受田較少,但如果努力耕耘也還不至於餓死。雖社會現狀有若干的不平,而征服者保有武器,被征服者除粗陋的耕具外無任何武器,也沒有反抗的可能,社會秩序未嘗不可暫安。周公和伯禽定這一類制度的時候也許可以想象到將來有一種好處,就是征服階級繼續勤苦,不致於很快游惰腐爛,積漸失去優勢。這樣的想法可以説同尚書無逸篇所記載的周公的思想是一貫的。但是還有一種很大的好處,大約當日的立法人也沒有想到,可是因襲遷變,勢所必至,就是將來法窮變革的時候也是漸積平緩,幾乎使人感覺不到的地步。怎麼能這樣呢? 這是由於西周初年兵力很强,兼并很多,“封建宗親”,使當日中國的名城大邑不在他們的本家手中,就在他們的親戚手中,使全中國向大一統方向前進了一大步。周天子威靈顯赫,遠非從前夏王、商王之所能比。他們的本家親戚中間在短時期内還可以不至發生什麼大的矛盾;其他古代所留遺的氏族或小邦,也沒有與他們抗衡的能力,除了大部落如徐方、荆蠻後來的楚之流,敢“稱兵犯順”的大約很少。看文獻所保存,説西周爲治時,除了些誇張成分以外,大致離真實情形還不很遠。在這個時候,征服階級每家據着比被征服階級多一倍或較少一點的田地自然比較舒服。可是周室東遷以後情形就大不相同:春秋初年的經過,我們靠着春秋和左傳的記載,可以知道個大略。像宋國的“十年十一戰”①人民有很難忍受的痛苦可以想象。去掉這極端的例子,暫拿魯國來説:魯隱公

①左傳桓公二年。

在位十一年,他也不是一位好戰的君主,可是元年"鄭人以王師、虢師伐衛南鄙,請師於邾,邾子使私於公子豫,豫請往,公弗許,遂行"。二年"司空無駭入極,費庈父勝之"。四年"秋,翬帥師會宋公、陳侯、蔡人、衛人伐鄭"。七年"秋,公伐邾"。十年"夏,翬帥師會齊人、鄭人伐宋","六月壬戌,公敗宋師於菅"。十一年"秋七月,公會齊侯、鄭伯伐許……遂入許"。十一年之間師徒六出,并且多在夏秋農忙的時候。那些亦兵亦農的人耽誤不少田間工作是一定的。魯國如此,別國也會相差不遠。還要特別注意的是這些痛苦幾乎全落在征服階級身上,因爲被征服階級既無保持武器的權利,自然也無出兵打仗的義務,就是有時候在軍中服點雜役,大約人數會比較少,不像周人,戰爭爲他們的本業。這樣,征服者雖據田較多,可是不能及時耕耘,田多荒蕪;被征服者雖得田較少,而少服兵役,可以及時耕耘,生活自較安定。這樣下去,征服者"作法自斃",當有不少家比被征服者更爲窮困,以至於把田典當或出賣於被征服者。從這樣的途徑,征服者與被征服者的階級差異逐漸地消失。這樣的變化一定不是從春秋的第一年(紀元前722年)才開始,大約也不是從周平王元年周室東遷時候(前770年)才開始,或者從懿王、孝王(前九世紀上半紀)以後就漸漸向這個方向走,也很難説。到春秋初期向這個方向走的更快,閔、僖之際變化大約已經完成,所以在當時看不出階級矛盾的顯著痕迹。又遲不久到魯宣公十五年(前594年),原來百畝、七十畝、五十畝的限制大約已經根本破壞,没有其他辦法,只好按各家所耕種的實際畝數收税,"初税畝"。

　　照着這樣説,那當日的農民是農奴呢? 還是奴隸呢? 這就是要問：當日所進行的還是奴隸式的剝削呢？或者已經超過這個階段，已經進入封建式的剝削呢？這應當分別來看：周朝初年的封國，我們現在所知道受有殷遺民的，除魯國外，只有衛國受有"殷民七族"。從當日殷爲大邦、殷文化所被地域廣泛各點來看，大約他國當也有殷民（至於唐叔虞所受的"懷姓九宗，職官五正"，杜預解爲"懷姓，唐之餘民"，看左傳下文"啟以夏政，疆以戎索"的説法，杜氏的解釋似有理。因爲這裏的唐是指陶唐氏的後人、唐氏族或唐國，并不指帝堯時的陶唐。并且由於夏代初建國家，所以古書中對唐、虞、夏常統稱之曰夏，并無大分別。左傳説魯、衛"皆啟以商政，疆以周索"，杜預説："皆，魯、衛也。啟，開也。居殷故地，因其風俗，開用其政；疆理土地以周法。索，法也。"①他的解釋大致不誤，可是他還有些看不到的地方：因爲古人爲政，"修其教不易其俗，齊其政不易其宜"②。殷人本屬奴隸社會，周人雖滅殷，即使想革除它的制度，想也不很容易，所以"啟以商政"，就是説商人既用奴隸制度，也只好照他們的舊制度管理他們。商人的貴族，友人郭寶鈞同志説他們此時大約變成周室的"皇糧莊頭"，仍舊管理他們原來所管的奴隸，我同意他的話。左傳説："使（殷民六族）帥其宗氏，輯其分族，將其類醜……"宗氏、分族是指商舊貴族，新皇糧莊頭的家族；醜訓爲可惡③，爲惡④，類醜應當是指當日所卑視的

①左傳定公四年。
②禮記王制。
③説文鬼部醜字下。
④詩經小雅十月之交傳。

人、奴隸。商舊貴族自身不務農，借奴隸的力耕耘，收了他們的所得，按着魯國統治階級所規定的數目交納賦稅，這也或者就是孟子所說"助者，借也"的話所要指明的意思。"疆以周索"是說按着周人所定百畝、七十畝、五十畝的制度分別受田，也或者包括周人自稱爲國人，權利優越，夏、殷的人被稱爲野人，權利比周人大有差異各點。至於魯國統治階級，周人的上層——君、卿、大夫，自然是大權在手，養尊處優，他們的下層平時爲農，戰時爲士，有功可升爲大夫，無功也是自由農，絕非奴隸，照什一的稅率納稅，實在已經進入封建社會。可是廣大階層的殷人或夏后氏却還是過着很艱苦的奴隸生活，雖說他們的貴族已經不是最高的統治階級，作惡的程度也許有一點小小的減少，可是威風總還不小，總還千方百計地企圖維持他們的舊日剝削方式。從在西藏叛亂以前舊農奴主的神情或者就可以想像這些人的嘴臉。因此這時候的社會就很難說出它屬於社會發展的哪個階段：從最高統治階級的周人來看，他們確乎已經不是奴隸主，可是從廣大的人民方面來看，他們還只能是處於奴隸社會。

這樣的矛盾情況怎麼可能出現呢？王玉哲先生說："周族雖然也是古老的部族，可是一直到文王時似乎還處在原始公社制度逐漸解體的階段。"他接着又說："在周人滅商之後，周族既不能把大量商人吸收到自己氏族組織裏來，强迫商人倒轉歷史來過氏族制的生活；又不能用原有的氏族組織去統治他們，尤其不能襲用殷商的奴隸制度。因爲商在亡國以前，其奴隸制已經頻臨崩潰。奴隸們怠工、逃亡、暴動的結果，使奴隸制的剝削已無利可圖。於是周人才因地制宜,把得到的殷人的土地,分封給同族的兄弟親戚及同盟的氏族,運用其軍事組織和正在發展中的宗法制度,結合殷商境内已出現的封建因素,來維繫和統治這個國家。"①我個人對當日經過也有同類的看法,所以完全引他的話。我覺得他大約是受恩格斯家庭、私有制和國家的起源中"日耳曼人國家的形成"章的啟示:日耳曼人打倒羅馬帝國以後也正是這種情形。恩格斯結論説:"然而日耳曼人借以給垂死的歐洲注入新的生命力的神秘魔術究竟是什麽呢? ……使得歐洲返老還童的,并不是他們(日耳曼人)的特殊的民族特點,而不過是他們的野蠻時代、他們的氏族制度罷了。"②周人使沈湎腐爛的殷商社會蜕故換新的靈丹妙藥也不過是他們的落後組織、他們的氏族制度罷了。

如果我上面所説還不大錯,那就可以很容易地解釋西周社會表面上的矛盾情況。看見詩經小雅、大雅、周頌中有些歌誦農事却看不出剥削壓榨的痕迹的篇章,很容易明白那是反映周人的生活,并不反映廣大民衆,"殷人"與"夏后氏"的生活,也用不着疑惑由於統治階級的筆削修飾才使我們不容易找出階級鬥争的材料③。

---

① 王玉哲:中國上古史綱,第 122—123 頁。
② 馬克思恩格斯文選(兩卷集),第 2 卷,第 304 頁。
③ 李亞農的中國的奴隸制與封建制(第 59—61 頁),解釋周頌載芟編的"侯疆侯以"的"疆"爲"打手","以"爲專門幫〔編者注:"幫",原誤作"邦",據中國的奴隸制與封建制華東人民出版社 1954 年版改,後"幫手"的"幫"同此〕閑的游民,我覺得很好。主人們帶着不少的打手與幫手去到田裏,那可以是去到"殷人"或"夏后氏"的耕地,但是也未嘗不可以是到周人的耕地。一定是往哪裏,那却不容易説了。

四

我國從前有"四民"的説法，可是不惟尚書、詩經、周易裏面没有見過這個詞，就是在左傳裏面也没有看見過。最早所能見到的，據我所知，大約要數國語齊語啦。它記管仲的話説："四民者勿使雜處，雜處則其言哤，其事易。"又説："昔聖王之處士也使就閑燕，處工就官府，處商就市井，處農就田野。"士農工商指的很清楚。可是下面"制國以爲二十一鄉"下只説"工商之鄉六，士鄉十五"，獨無農鄉。韋昭注引唐尚書説："士與農共十五鄉。"韋昭以爲不然，他説："農野處而不暱，不在都邑之數。"本文明指鄉，并未指都邑，説農不在都邑有什麽用處？所以韋説絶不能成立，唐説與本文合。上面明説四民，下面獨無農鄉，似乎有點奇怪。我們先看看士字的本義是説什麽的。士字篆文與今體相同。説文解它的形，引孔子説"推十合一爲士"，其實這是後起的意義，絶非本義。現在就左傳所載的士字來看，如"請與君之士戲"①，"兩君之士皆未憖也"②，"三軍之士皆如挾纊"③，以及其他很多相類的句子，全可以證明所説的士實爲戰士。就是其他意義不太明了，如"有三士足以上人而從之"④，"大夫臣士，士臣皂"⑤等句解釋爲戰士，也未嘗不可通。所以士原義是指戰士大約不成疑

①左傳僖公二十八年。
②左傳文公十二年。
③左傳宣公十二年。
④左傳僖公二十三年。
⑤左傳昭公七年。

問。就是"制國以爲二十一鄉"的上文也説過"故農之子恒爲農，野處而不暱"，接着就説"其秀民之能爲士者必足賴也"，也足以證明士在農民中選出，士與農原來并無分別，所以士鄉就是農鄉。大約在西周的時候在周人中士農不分：周人（或稱國人）平時務農，偶爾興師就執干戈以從征，那時就叫作士；戰事完畢絕大多數仍歸鄉務農，極少數有功的士或可升爲大夫，却并無士的特別階層。春秋初年情形還相差不遠。在魯國抗拒齊師於長勺的前夕，曹劌要去見魯公，他的鄉人阻止他説："肉食者謀之，又何間焉？"杜預解肉食爲"在位者"，曹劌因不在位遂無肉食，想他也不過是個農夫，此次偶未被征發，本可以不參加戰爭。"戰則請從"是自請參加，自請爲士。"公與之乘"是讓他與自己"共乘兵車"，就是允許他爲士。當日一車共三人，除主車的戰士外有御有右。魯莊公既與曹劌共乘一車，看後面的叙事不像作御，大約莊公賞識他的見解就叫他作車右①。他這一次贊助戰事有功大約就作了大夫，所以在莊公二十三年，公要到齊國看社祭的時候，曹劌就在朝諫諍。晉國郤缺本來是世家，後來由於他的父親得罪，他就回家鋤地②，又因受薦復官，屢立功勛，作官到了"將中軍"，就是説位至上卿。這一經過也可以證明當日統治階級與國人中的農人還没有不可逾越的界限。大約由於春秋時戰爭頻繁，士的階層逐漸漸地從農民中游離出來。齊桓、晉文等伯主大約就是使他們游離出來的主要人物。在西周時期只有周人的農民才有作士的榮譽，到春秋時期由於戰爭頻繁而人民經濟情况變化，遂致從前征服與

①左傳莊公十年。
②左傳僖公三十三年。

被征服的分別也逐漸泯滅,作士的榮譽當已經不限於前的征服階級。孟子中所記上士、中士、下士受禄不同①,恐怕是春秋以後各國實行的制度。趙鞅在打仗以前誓師説:"克敵者,上大夫受縣,下大夫受郡,士田十萬。"②分辨上大夫與下大夫,對於士却無分辨;似乎士還未必已經有上中下的分别。這裏的士還保存原意,是指的戰士。士雖然在開始的時候不過是普通的農民,但由於他們屬於征服階級,所以也有受些教育的機會。在春秋中葉伯主興起,朝覲會賀增加頻繁的時候,士也常常跟着卿大夫周旋於四鄰,能幹的也能幫助他們折冲樽俎,所以當子貢問孔子怎樣就能稱作士,孔子就説需要"行己有耻,使於四方不辱君命"③。"行己有耻"主要還是指在戰陣之間不要落寒塵。"使於四方不辱君命"是指要有教育修養,懂得當日統治階級的禮儀,"誦詩三百",可以賦詩應對的一套本領。這個時候合乎標準的士不僅需要武能戰鬥,也需要文能折冲樽俎。這個風氣大約也并不是由孔子開始提倡,在春秋中葉以後已經照着這一方面邁進。孔子用"有教無類"的精神;突破舊貴族的圈子,把教育推行到更廣大的範圍裏面,而後"處士"才出現,這些處士與原來的戰争完全脱離關係,與農業,除了個別人以外,也幾乎脱離了關係,士農工商才成了職業分立的四民。只有漢朝更賦制度,無論何人"皆直戍邊三日"④,還保留着古人亦農亦兵的痕迹。

---

① 孟子萬章下篇。
② 左傳哀公二年。
③ 論語子路篇。
④ 漢書卷七,元鳳四年注,引如淳説。

　　綜覽我國古史,可以看出我國的奴隸制度没有發達到希臘和羅馬的高度已經潰爛,淺化的周人已經用他們的氏族制度的精神阻止着它再向前發展,可是還不能大改變它。雖然如此,原來奴隸主的統治階級由於他們已經不是最高階級,所以日漸衰落,到春秋戰國之交,社會才達到質變的階段,而且全新。由於奴隸制度未發達到最高,所以到它垂死的時候也没有"留下了它那有毒的刺",不像羅馬衰亡時人認爲"任何生産勞動都是自由的羅馬人所不屑爲的奴隸工作"①,所以變化比較緩和,不够顯著。這也是在社會發展的普遍公例中所能具有的特殊情形,不足爲異。

　　以上所提出的看法,我也覺得證據不够充分,不够顯著,不能含有決定的性質,但是不這樣看,有很多的問題殊難解釋,用以上的説法似乎可以得到迎刃而解的成果。因此我就大膽地提出來以就正於對此問題有興趣的學者。

---

①家庭、私有制和國家的起源,馬克思恩格斯文選(兩卷集),第 2 卷,第 298—299 頁。

對我國封建社會長期遲滯問題的看法①

一

西歐社會發展所經過的封建階段不過一千餘年，而我們中國經過這一階段就有兩千餘年之久。我們進入封建社會階段比西歐早而超出這個階段却比他們晚，這樣遲滯②的原因究竟是什麼呢？

對於這個問題，曾經有許多人進行了研究，也獲得了一定的成績。但是直到現在，似乎離問題的徹底解決還很有些距離。有的人把遲滯的原因歸咎於封建主的殘酷剝削，還有人認爲封建統

---

① 編者注：本文原刊人民日報 1961 年 10 月 14 日。
② 普通用“停滯”一詞。但是，由於只有死東西才能停止生長，而活東西的生長可以快，可以遲，却永遠不能停止，我們的社會發展在某一個時候也只是遲，不是停，所以我采用“遲滯”一詞。

治者的瘋狂屠殺、軍閥的混戰和外族的侵入嚴重地破壞了生產力的發展①。這些全是無疑問的,可是對於解決長期遲滯的問題不能有多大幫助,因爲這些現象在西歐的中世紀也很嚴重。也有人說:我國歷史上的舊生產方法是"以農奴爲主體的小規模農業生產和家庭手工業的緊密結合,構成了内部的'小規模經濟體'"②,雖然它也能够在某種範圍内發展變化,可是它幾乎是不可能發生質變的。這種説法仍有同樣缺點,因爲我國歷史上的這種生產方法同西歐的也没有實質上的差異。

　　比較有力的分析是,我國自從領主所有制變爲地主所有制以後,"地主、高利貸者、商業資本家形成了三位一體"③,商業資本依附封建關係而生存,所以它對於封建生產方式不能起較大的分離作用,不能使封建生產方式由量變而進於質變。而在西歐,當中世紀後期,"在封建統治的地域内處處都被劈刺似地插入了有其反封建利益、有其自己的法權并擁有武裝市民的城市"④。新興的城市同封建的舊生產方式是對立的。由於新興的城市同當日生產力發達的水平相適合,所以它能够很快地發展起來,把舊生產方式的基礎徹底破壞,推倒代表舊生產方式的政權,組織成可以推進新生產方式的政權,從而才能够使得資本主義的大規模生產迅速地前進。還有人指出,我國歷代政府所興辦的官局手工業"和西歐資本主義工業發展過程中曾經出現的工場手工業"有

①范文瀾:論中國封建社會長期延續的原因,新華月報第1卷第6期。
②鄧拓:論中國歷史的幾個問題,三聯書店出版,第44頁。
③同上。
④恩格斯:論封建制度的解體及資産階級的發展,歷史問題譯叢1953年第6本第4頁。

本質上的不同。這種官辦手工業不是"爲市場而生産",而且有着"勞役制下工奴的生産勞動"的性質,是不能促使生産關係發生變化的①。又有人指出,我國歷史進化的推動力是農民階級而不是其他先進階級,而農民階級只能打擊封建制度而不能打破封建制度②。這一些分析全是較深刻的,是能解決一部分問題的。

雖然如此,以上所説的情形又是怎樣産生的呢? 我以爲似乎這全與我國統一時間特別長和中央政府權力特別大有關係。在西歐除了羅馬帝國以外,幾乎可以説没有統一的時候。西歐各國地域狹小,在中世紀它們中央集權的政府還未成立,各封建主互相對立,形勢散漫,所以新興的自由城市有可能在各小封建主的夾縫中間發展起來。而中國則從秦漢以後,中央集權的政府早已鞏固,與中央政權對立的城市無發生及發展的可能性。商業資本家不依附封建關係就很難生存,所以發生"地主、高利貸者、商業資本家形成一體"的局面。妨害工場手工業發展的官局手工業也與中央政權有關係。西歐專制政府的鞏固是在新興城市成立以後,它們不可能再建立官局手工業。我國的商人和工人全與封建的生産方式有千絲萬縷的關係,中央政權的威力又很大,所以歷史進化的推動力除却農民就没有其他階級能擔任。一方面是强大的中央政權,另一方面是廣大的農民,這就無怪乎"中國歷史上的農民起義和農民戰爭的規模之大,是世界歷史上所僅見的"③。

①鄧拓:論中國歷史的幾個問題,第71—80頁,并參考同書第39—40頁。
②范文瀾:論中國封建社會長期延續的原因。
③毛澤東選集第二卷第二版,第619頁。

　　既然如此,那末我們統一時間特別長和中央政府權力特別大的根源又是什麼呢? 如果從我國社會發展時的特殊環境,歷史進行時的實在經過,以及上層建築的不同發展各方面去研究,對於這個問題,從而對於我們社會發展遲滯的問題是可以找出一些解釋來的。

　　我現在所要提出的,不是對這方面的完整的研究,只是對這方面一部分問題的看法。這些見解過去也不是沒有人接觸到,可是他們都沒有詳細談。比方說,范文瀾同志就曾經說過:“中國的政治制度是世界上第一等的幾乎牢不可破的封建專制制度,在這個總制度裏面,包含着各式各樣阻撓社會發展的小制度,如各朝代共守的重農(地主)輕商制,如秦漢以後的土地自由賣買制,如兩漢以後的儒學獨尊制,如隋唐以後的詩賦取士制,如明清兩朝的八股取士制。諸如此類的小制度,服務於總的封建專制制度,使它更加鞏固而有力。”①他所說的“小制度”,指的就是在封建社會經濟基礎上面所建立起的上層建築。這樣的建築建立起來以後,對於社會本身又會發生頗大的影響。這對於說明我國封建社會長期遲滯的原因是有未可忽視的關係的。我現在想把我個人對這些問題的看法提出來。

二

　　重農抑商或作重本輕末,在秦漢以後以至清末海通,不但成

①范文瀾:論中國封建社會長期延續的原因。

爲制度,并且學説繁多。在這兩千多年的綿長時間中,念書的人都認爲它是天經地義,没有一點疑惑。這種學説對於封建社會向資本主義社會的發展,只能起抑制作用,不能起推進作用。按照通常的看法,不管爲功爲罪,債總應該記在儒家賬下。其實,這并不確切。自儒學定爲一尊以後,各家幾乎成了絶響,讀書人同儒生二詞幾乎成了同義語。因此,把重農抑商的功罪寫在儒生賬上當然不成問題,可是把這一學説的建立歸諸於早期儒家却是一種誤會。

　　統覽先秦諸子,就可以知道重農抑商或重本輕末學説的建立,爲功爲過全應該寫在法家的賬上。早期法家的理論家兼實行家要數商鞅,他就已經提出了重農抑商或重本輕末的主張。到了戰國末年,韓非子對於這一方面説得更詳細。自從法家倡重農抑商的學説,并且在實行上有很大的成功,其他論政各家對它全無反對。早期儒家對於重農抑商學説的建立雖然并無關係,可是當這個學説建立以後儒家學者也并没有提出反對的論調。到了戰國末年,重農抑商或重本輕末的學説已經不只爲法家所主張,而是爲全學術界所公認,成了最高的權威。這時候就是專制皇帝也不能不跟着它走。秦始皇二十八年(前219)在琅邪臺立石頌功的文字就説"皇帝之功,勤勞本事,上農除末,黔首是富"①。李斯頌揚功德,也説:"今天下已定,法令出一,百姓當家則力農工。……"②他們遵用重本輕末的政策已經很清楚。自此以後,一直到鴉片戰争,迢迢兩千餘年,這種政策無大變化。就是

────────

① 史記始皇本紀。
② 同上書同上篇,始皇三十四年。

在鴉片戰爭以後，外國資本主義勢力滲入，實用這種政策的封建社會還具有不小的抵抗力，以及在海通以後若干年，除了鴉片貿易以外，其他貿易我國的出口還能超過入口。

這種贊農業爲本圖、斥工商爲末利的學說和政策，并不是封建社會所必有的。西歐在中世紀就没有相類似的學說，更談不到成爲國策。羅馬早期似乎也有重視農業的著作，但是當日由於工商業還未發達，這些著作不是同工商對比來說的，此後在學術界中也不占勢力，就更談不到成爲國策了。可是在我國，它的勢力竟統治了兩千多年。關於這個學說的來源問題，我們似乎應該去探討一番吧。

我國從前的學者一談到三代就說到封建與井田的制度，似乎這些制度在這綿長的千餘年間没有什麼大變化。現在看來，他們的看法是錯誤的。關於井田制度，我在井田新解并論周朝前期土農不分的含義①一文中已經談過，不再複述。至於封建制度，就是從封建宗親的舊意義上講，在這個期間也是發生過根本性的變化的。夏商兩代不過承借舊日氏族制度的餘波，封建宗親的辦法不但在夏朝没見着一點蹤迹，恐怕就在商朝前期也未見得有。現據甲骨文的材料，可以推斷在武丁以後封建宗親的辦法已經開始，不過像周朝那樣大規模地進行大約還談不到。

商代的商與商賈的商，字義不同而字形毫無差別，近日學者多相信這并非偶然相合。他們舉出商代工業品已經精美，貝的用途已經有貨幣的雛形，貝玉等物都非殷商本土產物，及"妹土……肇

---

①歷史研究 1961 年第 4 期。

牽車牛遠服賈"①的文獻資料,推斷在商代後期商業已經相當發達,這個推斷大致是不錯的。商代末期統治階級的沈湎腐爛,大約就是由於他們利用大批奴隸的生產品經商致富而引起的。

這時,周人以在西北嚴酷的環境中長期艱苦鬥爭的農民資格出來同他們爭強。一邊雖地廣人衆,經濟發達,可是沈湎腐爛;另一邊雖地小人少,經濟也比較落後,可是精神奮發。因此,二者爭強的結果是"大邦殷"覆亡,"小邦周"勃興。周人又有幾個能幹的首領,如文王、武王、周公,尤其是周公更爲卓越。古代人對於周公的功業雖然有不少誇張的地方,但是統觀當日全局,如果文王、武王死後,沒有周公繼續力征經營,周室的前途就很難説。孟子説"周公相武王,誅紂"②,可以看出他在武王滅商的時候就已經有些功績了。武王雖然滅了商朝,不過他只把周人原來在陝西的勢力推廣到河南的大部分。河南西部的山岳地帶中,在春秋時代還有些蠻人,這些原屬苗蠻的人未必完全服從周人的指揮。至於東方的山東、江蘇、安徽以及南方的湖北一帶,并不是周人勢力之所能及的。及至武王死後,商紂的兒子武庚想乘此機會恢復故業,以至於周人所使監殷的人,如管叔、蔡叔也跟着不願服從中央的命令,這時候新建立的周王室幾乎有土崩瓦解的形勢。周公出來擔任艱巨,多年東征。"滅國者五十"③,雖然不見得全是這幾年中的事迹,但是這次東征對於東方征服的地方相當地廣大,聲威所播更是各處洋溢,大約是沒有多大問題的。只要看一看當日

①尚書酒誥。妹土就是殷舊邦的別名。
②孟子滕文公下篇。
③同上。

各國的分封多在成王的時候，就可以推斷當武王的時候周人的流域還是相當狹小的。周公征服當日的全中國大部分以後，就大規模地分封。"立七十一國，姬姓獨居五十三人"①。從此以後，當日全中國的名城大邑，不在他們的本家、兄弟之國手中，就在他們的親戚、甥舅之國手中。此外如徐如楚，或被逐遠徙，或從新朝受封，大致皆得暫安。這就使得中國的統一大大地向前躍進了一步。

　　周公及其他周人，如召公之流，皆因來自氏族末期的社會，全曾經戮力稼穡，深知稼穡的艱難，小民的苦痛，惟恐後人由於勝利冲昏了頭腦而"淫於觀、於逸、於游、於田……酗於酒德"②，迅速腐爛，以致如有夏、有殷的"乃早墜厥命"③，因此反復地說"我不可不監（鑒）於有夏，亦不可不監於有殷"④，他們那樣兢兢業業固然爲的是想長遠保持他們一家所創建的基業，可是他們因此對於人民也就不敢竭澤而漁，人民所受的剝削壓榨也就較輕一些。周王室分封的國家帶着幫助它創建基業的艱苦樸素的周人到各處去"駐防"，仍是每夫受田百畝，辛勤耕耘，平時爲農，戰則爲士。西周盛時由於戰事稀少，他們也很能勤勵本業，所以他們還能夠保持比較優越的生活。周公及其助手對於所征服的廣大人民也分別安置，使他們分受七十畝、五十畝的土地，又斟酌當日生產力

①荀子儒效篇第八。郝懿行據左傳昭公二十八年的"其兄弟之國者十有五人"，"姬姓之國者四十人"的文字，說此"三"當爲"五"字的譌誤，其說當是。郝氏說據王先謙荀子集解轉引。
②尚書無逸。
③同上書召誥。
④同上書召誥。

發達的程度定爲大約十分之一的稅則,這就使他們雖然不能够像征服階級那樣生活得富裕,可是他們只要盡力農事,也還不至於餓死。因此,當時少數周人同廣大被征服的人民間的階級矛盾還比較緩和,西周除了初年還能保持不少年的小康。這種情況對於後來的人不能不留下比較深刻的影響。

此後西周漸衰,各小國間的戰事逐增多。周人由於有士的光榮稱號,所分任的戰爭擔負遂不得不較多;原來被征服的人民由於沒有執干戈的權利,所分任的戰爭擔負反而出乎早期立法人意料之外地較少。這樣,周人與原來被征服人民中間的經濟狀況與差異有了不少的改變,結果是階級矛盾更加緩和了。到這個時候,人們對於西周所追憶的盡是它的好處,而對於原來所有的階級矛盾却不大記起了。孔子晝夜寢寐以求的就是恢復西周的盛況①,這或者未必是孔子一個人的夢想,除了當日處統治地位的好戰階層以外,可能廣大的勞苦人民也有同樣的夢想。這些夢想雖然不現實,可是他們的心情却是很可以理解的,因爲西周暫安的局面比春秋時代天天受戰爭威脅的情況實在要好得多。

孔子有很多的弟子和門人,大約他們全接受了老師歌頌周公的薪傳。法家是儒家的一轉手②,他們受儒家很大的影響這是毫無疑問的。他們重本輕末學説的主要理由就是説農民的戰鬥力比較强。這説明他們之所以提出這個學説,是同周公領率樸實農

①論語述而第七內記孔子説:"甚矣吾衰也,久矣吾不復夢見周公。"陽貨第十七內孔子説:"如有用我者,吾其爲東周乎。"
②吳起受學於曾子,韓非受學於荀卿,全很顯著。就是商鞅初見秦孝公時,也曾"説君以帝王之道比三代",他求學的時候同儒家也應該有些關係。

民對統一中國的大業作出偉大的貢獻大有關係的。不過,他們看到西周的成法在當時已經無法恢復了,所以認爲要用周人精神就要改變他們的辦法。因此,他們同守舊派的爭論也就偏重於改革的方面。後人泥於形迹,忽視了他們同周公有一脉相承的地方,這實在是很皮相的。儒家前期雖然沒有建立重本輕末的學說,可是自西漢起就無條件地接受這個學說;而由於繼續了兩千多年儒家的學說總是爲封建社會的上層建築,所以這個重本輕末的學說也就很自然地成了固定的國策。

我國的專制帝王總是自認爲廣大農民的首領,在歲首的時候,他們還有人在籍田上面親自扶着犁子推三把,就是顯著的證明。西方的帝王却自命爲軍事首領,羅馬帝國的皇帝每逢異族入侵,沒有一次不御駕親征,也是很顯著的例子。這是東西方很大的差異。自然,從漢武帝以後兩千年間,帝王所與共治天下的士大夫全是新興地主階級的代表,所以他們只能代表地主階級的利益,不能注意廣大貧雇農的痛苦。但是在大工業出現以前,廣大人民的創造能力還沒有大顯露,生產能力還沒有大躍進,新的更高的生產關係所借以存在的物質條件還沒有存在,并且也許還沒有在形成過程中。就是到了明清時代,我國的資本主義社會的因素也還只有了萌芽。因此在此以前,沒有人想到把社會發展推到更高的階段,這是不足爲奇的。

在這樣代表新興地主而威力相當强大的中央政府統治之下,商人列在四民的末位,除了幾個個別人物以外,他們幾乎沒有爬上統治地位的希望。大勢所迫,他們也只好同地主妥協,同他們結爲"一體",以求分享一杯羹。地主階級并不願商人致富超過他們,因而主張把鹽鐵茶馬以及其他重要商品與工業收歸國家所有,就是仍歸到代表地主的官僚手中。這樣一來,資本的原始積累就很不容易增加,商業資本投入工業就受到了限制,官局手工業也就很難向近代的工廠手工業的方向發展。這一切對於資本主義的工商業的發展,實在起了很大的抑制作用。這一種"小制度"的影響是很大的,因爲它的精神是滲入一切角落的。

三

地主階級不但建立了重本輕末的學說,并且建立了如范文瀾同志所說的"如秦漢以後的土地自由買賣制,如兩漢以後的儒學獨尊制,如隋唐以後的詩賦取士制,如明清兩朝的八股取士制"等等。此外,還有一件范文瀾同志未提到,却也有相當重要的,就是遺産均分(不由長子一人繼承)制。這些小制度對於封建專制制度幫助很大,真像范文瀾同志所說:"使它鞏固而有力。"從全局來看,可以說儒學獨尊并不是我國的特殊制度,因爲每一種社會總希望有單一的上層建築爲它們服務,只有單一才可以穩定。事實上,在東西方的奴隸社會及封建社會中都行用過相類似的辦法。在資本主義社會中也未嘗不想規定一尊,只是勢不可能而已。但是,上面所說的這些"小制度"却是我國特有的。

這些"小制度"可以分爲兩組:一爲各種取士制,一爲土地自由買賣、遺産均分。關於前一組,從漢武帝以後一直到清朝末年兩千餘年間,歷代帝王搜羅"可與共治天下"人材的主要辦法可以說是考試制。不但在隋唐以後,就是在漢代這種制度就已經有了雛形。不過，當時它不叫作考試而叫作選舉的制度，即在郡國裏面把各種人材選出送到中央，由皇帝策問他們，他們的對答適合皇帝意旨的時候，皇帝就可以給他們大官作，甚至於在很短的時期內就作到最高的官職——丞相。只是由於在中國社會中氏族社會所留遺的東西保存的還多，家族的勢力還很有力，所以在東漢以後，經歷魏晉南北朝時期，又走了世族政治的彎路。可是大勢所趨，終於走到完備的考試制。或詩賦，或經義八股，這種制度僅僅由於時代的不同有所改變，而在本質上卻是沒有差異的。關於後一組，秦漢以後不但土地可以隨便買賣，而且當父親死後衆子可以平均分得他的產業，這就使我國的遺產繼承制度不像西歐在封建時代長子獨有承繼權、衆子全無所有的情形（英國在最近時期還是衆子全無所得，所以跑到殖民地求財富的幾乎全屬衆子）。

　　這兩組制度是互有關係的，并且是互相爲用的。考試制度給人一個對地主并無偏私，在各方面公平拔取的假象。但是，由於地主在經濟方面有優越地位，受教育權幾乎全被他們霸占，所以貧雇農的子弟很少能够有受教育的機會，想爬上統治階級困難極大，這樣就使統治權也幾乎被地主所獨占。同時，由於土地可以隨便買賣，而且父親死後遺產均分，所以地主的階級成分似乎并不太固定，與貧雇農似乎可以隨時變換，這樣就模糊了階級的分野，緩和了階級間的矛盾。因此，這兩種制度對於地主階級都是極其有利的。我們中國一二千年來，地主也不是世襲的，官僚也不是世襲的，表面看起來相當公平。但是，地主在經濟上處於優越的地位，因而就在基本上獨占了統治權，官僚又利用他們的統治地位,從各方面保護地主的權利。官僚退休無不變爲地主,地主子弟很容易成爲官僚。官僚、地主糾結統治,廣大的貧雇農,以至於工人、商人全很難有抬頭參加統治的機會。這就是糾結成一體的官僚地主們互相爲用的巧計妙算,也就是阻礙社會前進的巨大障礙。

以上僅就我國封建社會時代的上層建築方面推究他們的起源和發展,以及它們對於社會的好壞影響進行了一些探索,以期找出我國封建社會長期遲滯的一部分原因。至於與此問題有關聯的中國統一的時候何以特別長,中央政府權力何以特別强大等等問題,則因牽涉過多,不能在此詳加討論。并且其中有些點,我個人的看法也還不够成熟。因此,把那一部分提出來與關心本問題的同志們共同探討,只有等待將來了。

紀念王船山逝世二百七十周年學術討論會大會發言①

　　我曾經在 1922 年發表過一篇文章，談<u>船山</u>的道德進化論。當時研究<u>船山</u>思想的人還不太多。幾十年來，我自己的研究沒有再深入，這次看到許多論文，得益不少。

　　<u>船山</u>的道德進化論在其學說中占有<u>重要地位</u>。他以前沒有人説過<u>漢代</u>以後比<u>三代</u>强。關於這方面再補充兩點，今天還應該繼承和發揚光大的東西。

　　1. 關於唯物主義的一點補充。一方面<u>船山</u>因爲出身士大夫階級，有看不起農民之處。另一方面，由於他對國計民生的各方面想得相當全面。因此，對勞動人民有同情。他對身體與精神的關係知道得相當清楚。他知道"形可以充神"，形神不能分離，形有問題神也就不能發展。因此他對人民生活問題很重視。他認

---

①編者注：本文原刊紀念王船山逝世二百七十周年學術討論會發言文件匯集，内部資料，<u>湖南哲學社會科學聯合會</u>印，1962 年 12 月。

爲宋仁宗派人到柬埔寨買稻種,早種早熟,好處很多,可以與后稷教民稼穡相比,可以配天,享祀千秋。由於船山重視國計民生,所以他也就注意研究這方面,決不象宋儒一樣只顧動機不管效果。他很重視對自然現象的研究。他對李時珍估價很高,受方以智的影響不淺。他認爲"密翁質測之學兼學問思辨之極功"。他反對邵雍和蔡元定的"以理格物"。他雖恭維程朱,但決不能跟着程朱走,而只能跟着張橫渠走。并把橫渠的思想發揚光大。他主張直接研究自然界。這種精神相當於十七八世紀歐洲培根、笛卡兒的思想。他們這些人就是主張直接讀自然界這本大書。船山也是這樣,他很强調耳聞不如目見。他并根據自己親身觀測糾正了一些前人的錯誤説法。但他的這種求實精神長期不得發揮。

2. 船山認爲堯舜時代與川廣土司没有多大差別。由此得出研究川廣土司可以幫助我們了解古代社會的情況的結論。這種觀點與摩爾根的觀點一致。這也是現在還要發揚光大的。

關於船山的階級立場,我的看法與大家都不完全相同。按龔鵬九的説法,船山現在要完全排斥了。我的看法與劉先枚相近,也不完全相同。判斷一個大思想家的階級立場,應用階級分析法是千該萬該的,否則就會陷入混亂。可是我不贊成簡單地説他"代表某某階級的利益"或説他是"某某階級的代言人"。階級的圈子是可以跳出的。某某階級的代言人是有的,但他決不能在學術上占很高的地位。所謂某某階級的代言人,就是只看到自己階級的利益,除此以外什麼也看不到。可是,一個人又不能不受階級的烙印,這是自己也不自覺的。對於大思想家如黄梨洲、顧炎武、王船山,我不主張用"階級代言人"的概念,而贊成帶有"階級烙印"的提法。到底是哪一個階級的烙印呢？我比較喜歡用"士大夫階級"一詞。士大夫階級與中小地主不同，他們的視野比較廣闊，能够高瞻遠矚，在民族國家危亡之際，能够通觀全局，代表民族的利益進行鬥争，并創造出先進的哲學思想。當然，由於他受一定的歷史條件和一定階級的限制，這就決定了他在政治上還有落後和保守的地方，反對農民起義。

堯、舜、禹①

一、前言

我國古代社會發展到黃帝、帝顓頊、帝堯、帝舜時代②，公社制度已經到了末期，原始社會即將或已在發生質變時刻。所以，它是我國上古史上十分重要的歷史時期，確也具有劃時代的意義。

周易繫辭傳對上述這種變化現象叙述得頗爲清楚。

---

①編者注：本文爲徐旭生遺作，原載文史 1994 年第 2、3 輯。

②大戴禮五帝德說五帝，在帝顓頊之後還有帝嚳一代。史記以後凡談五帝時全承用他的說法。漢書律曆志所載世經，在黃帝之後還有帝少昊一代。歷代學者多信其說。但依山海經所說，帝嚳是在帝堯之後而在舜之前。并且嚳被列於五帝之中，不過由於周人氏族是從他的氏族分出，對他行禘祭。實則，他的聲名遠不及另四帝煊赫。至於帝少昊，按周書嘗麥篇，他當爲東夷集團中的一位重要首長，尚不屬於華夏集團。并且他與黃帝同時，不在其後。所以，我在此只舉四帝。參閱中國古史的傳說時代(增訂本)。

神農氏没①，黄帝、堯、舜氏作，通其變，使民不倦；神而化之，使民宜之。易窮則變，變則通，通則久。是以自天祐之，吉，無不利。黄帝、堯、舜垂衣裳而天下治，蓋取諸乾坤。刳木爲舟，剡木爲楫；舟楫之利，以濟不通，致遠以利天下，蓋取諸涣。服牛乘馬，引重致遠，以利天下，蓋取諸隨。重門擊柝，以待暴客，蓋取諸豫。斷木爲杵，掘地爲臼，臼杵之利，萬民以濟，蓋取諸小過。弦木爲弧，剡木爲矢，弧矢之利，以威天下，蓋取諸睽。

近半個世紀以來，我們作了大量考古發掘工作，取得了重大收穫。在殷墟、周原均已出土不少帶字甲骨。殷墟出土的甲骨、陶器和石器上發現有刻劃卦象符號②。所以，"易"的出現應該是很早的③。它所提到觀象制器的説法是有根據的。它所説的社會變化情况與當時進化的階段也是大致相合的。

所謂"通其變，使民不倦"。是説原始公社制度已經發展到末期，人們對它有點厭倦，必須順應時代的要求，承認并推動社會

---

①神農氏與炎帝，在先秦古書與史記中則爲兩家。如：史記五帝紀："神農氏世衰……炎帝欲侵陵諸侯，諸侯咸歸軒轅。……代神農氏，是爲黄帝。"封禪書："神農氏封泰山，禪云云。炎帝封泰山，禪云云。黄帝封泰山，禪亭亭。"司馬遷已説得很清楚，神農氏在炎帝之前，炎黄是同時人。至西漢末，劉歆世經，始把神農與炎帝併爲一人。稱"炎帝神農氏"。以後的記載如帝王世紀，沿用了這個合稱。
②安陽苗圃北地新發現的殷代刻數石器及相關問題，文物1986.2。又：從商周八卦數字符號談筮法的幾個問題，考古1981.2。
③繫辭下傳："易之興也，其於中古乎？""易之興也，其當殷之末世，周之盛德邪？當文王與紂之事邪？"它用"乎"和"邪"的疑問詞，是因爲知道的不清楚、不敢實指，并没有托古欺人之嫌。從殷墟甲骨、陶、石器上有刻數符號看來，易之興，其在殷世，并没有錯。或許還不算最早。

中已經露頭的變化，才可以使人們免除厭倦。"神而化之，使民
宜之。"這雖是當時學者對古人理想化的看法，但也覺得只有神
速的變化下去，才是符合人民要求的時宜辦法。"窮則變，變則
通。"是說舊的社會制度已發展到了盡頭，必須順時變化才可以
再通行下去。"通則久。"是說社會制度必須這樣變化發展才可
以長久。大概覺得社會必須這樣不斷的變化發展，就可以垂之
永久。

周易作者指出在這個時代有六項制作：

第一項，"黃帝、堯、舜垂衣裳而天下治"。相傳"黃帝初作
冕"①。又說"胡曹作冕"②，又說"胡曹作衣"③。那麼，胡曹爲黃
帝之臣的說法是否可信，雖很難說，可是胡曹所處的時代不超過
此四帝時代的範圍，他對於古人衣着方面有一定的改進，大致
可信。

第二、第三項，舟楫和馬牛的利用④，是指水路和陸路的交
通都有了進展。神農氏時，農業已經興起。"日中爲市"，交通
已經開始。因交換頻繁而促使交通事業的發展，這也是必然的

---

①說文解字卷七下（曰部）冕字下。安徽含山凌家灘遺址（距今約五千年）出土玉雕人
　像，頭戴圓冠。中國文物報 1989 年 4 月 14 日。
②路史後記卷五注引世本。又注"黃帝臣"。
③呂氏春秋勿躬。陶寺龍山墓中用麻紡織物殮尸。仰韶文化陶器上發現麻布痕迹。
　又浙江湖州錢山漾遺址出土麻布和絹片。麻布的細密程度與當今細麻布大致相
　當。絹片和絲帶，均用家蠶絲織成。光明日報 1986 年 11 月 7 日。
④浙江餘姚河姆渡遺址（距今約六七千年）出土舟形陶器和木槳（農業考古 1986. 2）。
　陝西寶鷄北首嶺遺址出土船形壺（寶鷄北首嶺）。錢山漾遺址出土木槳。大連市郭
　家村新石器時代遺址出土舟形陶器（考古學報 1984. 3）。足以說明當時已能製成獨
　木舟和船槳之類渡水工具，促進了水上交通的發展。又仰韶時代有牛，至龍山時代
　已有牛、馬的馴養。

事實。

　　第四項，防盜賊。當時的社會已經出現貧富的差別。盜賊的出現和防禦設施的建立，這也是必然存在的情形。

　　第五項，杵臼的出現和利用①。説明當時農業有了進步，農用器具也在逐漸改進。

　　第六項，弧矢的發明與利用。應是原始社會在技術上的一次飛躍。從而促進漁獵的發展與牧業的興起。可是，只有到部落聯盟階段，出現相當規模戰爭的時候，才被進一步改進和大規模利用。所以，繫辭把"弧矢以威天下"的作用，寫在這個階段内是不錯的。作者不把這些變化寫在庖犧、神農時代或黄帝、堯、舜以後的時代，而寫在黄帝、堯、舜時代，可以説是相當正確的。

　　至於這一時代變化的内容本質，禮記禮運篇的作者（大約是戰國後期或西漢初年的儒者）叙述道：

　　　　大道之行也，天下爲公。選賢與能，講信修睦。故人不獨親其親，不獨子其子。使老有所終，壯有所用，幼有所長；矜（鰥）寡孤獨廢疾者，皆有所養。男有分，女有歸。貨惡其棄於地也，不必藏於己，力惡其不出於身也，不必爲己。是故謀閉而不興，盜竊亂賊而不作，故外户而不閉。是謂大同。

　　　　今大道既隱，天下爲家。各親其親，各子其子。貨力爲己，大人世及以爲禮，城郭溝池以爲固，禮義以爲紀；以

────────

①我國杵臼的出現是很早的。河姆渡出土木杵，裴李崗文化遺址出土石磨盤、石磨棒。河南臨汝槐樹蔭裴李崗文化晚期遺址出土琢磨規整的石杵。仰韶文化遺址出土石杵、石臼和陶臼。當時碾磨法與舂搗法交替并用。

正君臣，以篤父子，以睦兄弟，以和夫婦；以設制度，以立田里，以賢勇知，以功爲己。故謀用是作，而兵由此起。<u>禹</u>、<u>湯</u>、<u>文</u>、<u>武</u>、<u>成王</u>、<u>周公</u>由此其選也。此六君子者，未有不謹於禮者也。以著其義，以考其信；著有過，刑（型）仁講讓，示民有常。如有不由此者，在執（勢）者去，衆以爲殃。是謂小康。

　　這兩節所説的大同和小康之世，舊注説大同是"五帝"時，小康是指"三代"時。用現代的觀點看，大同所指是原始公社時期，小康所指是私有財産已經發達，階級分化已經出現的時期。<u>禮運</u>作者對大同之世，説它"天下爲公，選賢與能，講信修睦"。其中自然有點理想化的地方，但當日爲氏族時代的末期，國家尚在形成中。所謂"天下"，大概是指中原一帶。那時私有財産正在發生，貧富正在分化，所以有"爲公""爲私"的概念。作者的説法，是符合當日情景的，是相當正確的。尤其是説"大同"之世，"貨惡其棄於地也，不必藏於己；力惡其不出於身也，不必爲己"。説"小康"之世，"貨力爲己"，這對於原始社會的公有財産制度及此後的私有財産制度的分辨極爲明晰。説"小康"之世，"城郭溝池以爲固，禮義以爲紀"，這是對階級社會的形成，國家的建立而言的。所有的典章制度全是爲階級社會服務的，説得十分清楚。"小康"之世——階級社會——起於<u>夏禹</u>。我們現在用社會發展的觀點以及考古發掘資料來觀察研究，可以説<u>禮運</u>作者的説法是大致不錯的。

　　在談<u>堯</u>、<u>舜</u>、<u>禹</u>的傳説或歷史以前，還需要把當時我國部族複雜相處的大致輪廓説明一下。

　　"中國"之名，首見於西周初年①。春秋戰國時的中國人通常自稱"華夏"。我國上古時代文化，大致是由華夏、東夷、苗蠻三大集團共同創造的。華夏集團是我國先民的重要一支，是民族主體。地處中國西北部，沿黃河上中游一帶居住。其後，由今陝西逐漸東移山西、河南、河北等地。它分爲兩大支：一支爲黃帝、夏后氏；另一支爲炎帝、陶唐、帝嚳、周氏族。東夷集團地處山東、河南東部一帶，太皞（太昊）、少皞（少昊）、九黎、皋陶、有窮氏均屬之。苗蠻集團地處江西、湖北、湖南及河南西南部，伏羲、女媧、三苗、驩兜、檮杌氏均屬之。迨華夏族東移至河南、河北境，炎帝支初與東夷相遇，東夷領導戰鬥的爲九黎首長蚩尤。初期，炎帝大敗，北逃，求援於同族的黃帝支。黃帝出兵，與東夷戰於涿鹿。東夷兵敗，蚩尤見殺，二皞族也均有損失。黃帝遂爲帝，統占了黃河中下游，乃綏撫東夷。堯典所説："黎民于變時雍。"指明九黎遺民與華夏變化和睦，中間没有大紛爭，相處頗好，因而逐漸同化。看大禹治水時東夷族的伯益幫助禹治水，建立了大功。那堯典所記大致可以信據。

　　苗蠻集團也在逐漸同化。華夏集團遂把其他的兩集團幾乎全掩蔽下去，控制了中原大地。其勢力逐步向南方發展，奠定了古代中國的國家基礎，成爲中國全族的代表。所以，炎帝與黃帝就成爲中國人的始祖。司馬遷史記把黃帝列爲五帝之首，視爲中國古史中最早的帝王。

　　此外，處於今河南、山東、河北三省交界附近的高陽氏（帝顓

①1965年陝西寶鷄出土"何尊"，爲周成王五年所作（約公元前十一世紀）。是西周初年第一件有紀年銘文的銅器。銘文中有："余其宅兹中國。"

項)、有虞氏(帝舜)、商人(契)三氏族皆屬一脉相傳。他們所居地域介於華夏、東夷的中間,血統上想已發生關係,代表一種混合而較高的文化,又爲古代宗教集團。

堯、舜、禹所處的部族環境大致如上所説。

我們對於堯、舜、禹的歷史没有當時人所直接遺留下來的史料可供參考,這與在殷盤庚以後的歷史有當時人所直接遺留的史料可供參考者有所不同。所以,還只能算作傳説時代。在談他們的歷史以前,還要對我們處理史料方法的主要點,略談幾句:

前人對於這一時代的史料選擇是有標準的。他們的標準最主要的是"正經"與"正史"的記載。"正經"關於此時代的史料,主要的是見於尚書頭三篇堯典、皋陶謨、禹貢及周易繫辭傳的記載。"正史"主要是史記中的五帝紀、夏本紀、殷本紀、周本紀的記載。"正經"的權威最高,"正史"所載只要與"正經"無衝突,也有相當高的權威。其他見於春秋三傳、國語以及其他先秦諸子及古書的材料。至於後來的記載,只要與"正經""正史"相合的就是真的,同它們不衝突的可以是真的,同它們相衝突的就一定是靠不住的,甚至應在駁斥和擯棄之列。總之,尚書頭三篇及周易繫辭傳所載是毫無問題的,不會有錯誤的。

可是,從前一個世紀之末起,我國的古史學者受到近代科學的影響,對古代社會的看法上同從前的學者有所不同。新史學家對"正經"之外的先秦古書中未經系統化的零碎資料,認爲它比"正經"所載已經加工修改過的系統化的資料更爲可靠。我們應當用社會發展的觀點檢查傳説資料,看看在當日的社會

發展階段上是否有可能發生這一類事情。如果可能，才有可能
是真的，否則，一定有誇張。更應用考古發掘資料加以印證，如
果大致符合，這種傳說，可以認爲是真的，否則，一定靠不住。
在研究歷史的個別事實上，就應該用先秦古書中的零碎材料校
正"正經""正史"所載經過系統化的材料。但不應該反過來，
用後者校正前者。我現在所采用的治史方法就是近幾十年來
歷史學者所通用的方法，與舊的歷史學者所用的標準是不太相
同的。

　　另外，還有一點需要説幾句話。近代疑古派諸人傾向着
説：堯、舜、禹全是神話中的人物，他們人格的真實性很有問題，
或者更可以説，他們原來即在神話中也未見得存在，根本就是
儒家孔孟諸人的臆想捏造出來的。這實在是厚誣了古人。我
們細讀論語，若説孔子捏造堯、舜、禹，實在説不通。他對堯、舜
有幾句恭維的話，説不上捏造。他説堯"蕩蕩乎民無能名焉"，
説舜"無爲而治者其舜也與"。這表明孔子僅承認堯舜時的社
會很好（用現在的話説，當日生產力發展、社會在質變），他們的
功績很高。可是他們并沒有作出什麼大事業，所以老百姓"民
無能名"，不能恭維他什麼。説舜"無爲而治"，沒有作什麼大
事，"天下"卻很太平。孔子這樣説，豈不是很老實的話！有什
麼臆想？有什麼捏造？

　　孔子説大禹較具體一點。他説："禹吾無間然矣。菲飲食而
致孝乎鬼神，惡衣服而致美乎黻冕，卑宮室而盡力乎溝洫。禹吾
無間然矣。""無間然"，是説對於禹不會有半點可以非議的地方。
其原因有六點，按其性質可分三類：

(1)菲飲食,惡衣服,卑宮室;(2)致孝鬼神,致美黻冕;(3)盡力溝洫。這就是說,禹的功績很大,他對於衣食住的生活方面不講究,一生艱苦勤儉;贊美他盡心民事,挖溝開渠,致力於農業水利灌溉工程,推動了農業大發展。至於說他"致孝鬼神",一則爲時代所限,二則所謂"鬼神",實指祖先而言,即黃帝、唐堯,對他們致敬,繼承祖先的創業遺風。

戰國時,孟子、荀子諸人對堯、舜、禹三人說得較多,并且懸爲人群道德的標準。就這一點說孟、荀有點誇大,或有點道理。可是仔細檢查,他們所說大約是據當日學術界或民間的流傳,也看不出他們臆造欺人的痕迹。口耳相傳的事迹,往往摻雜些誇張緣飾的因素:恭維人就多摻加些揄揚;斥責人就增添些詬厲。增添的也不是一個人,也不限於一次。越添越多,到後來同原來的傳說可以大相徑庭。史學工作者就應分析那裏面失實的地方,不使它混淆真實,這固然是千該萬該的。如果不分清是非,開口就說某人於某時臆造騙人,那是不合於真正的經過,恐有陷誣古人之嫌。

極端疑古派的議論雖然近幾年在學術界已經不太占優勢,可是還不是無影響。所以我們不得不說這幾句話。

二、帝堯

帝堯所屬的氏族,據傳說爲陶唐氏。簡略地說也可以叫作唐氏。它活動的地域,據左傳哀公六年引夏書曰:"惟彼陶唐,有此冀方。"鄭玄曰:"兩河間曰冀州。"主要指今晋南一帶。但有的說

在今河北境内,約在唐縣、望都一帶①。還有的説在今山東的極
西部,有定陶②、成陽諸説③。河北、山東兩説未見先秦古書。獨
山西的晋國開始時就叫作唐國。詩經國風晋國的詩還叫作唐
風。左傳襄公二十九年吳季札聘魯,聽到歌唐風之時,就贊美
説:"思深哉,其有陶唐氏之遺民("民"字,史記吳世家、詩唐風
正義引作"風"字)乎? 不然,何憂之遠也。非令德之後,誰能若
是?"又昭公元年:"遷實沈於大夏,主參,唐人是因,以服事夏
商。……及成王滅唐而封大叔焉,故參爲晋星。"又定公四年也
記有"命(唐叔)以唐誥"的文字。那陶唐氏故墟在今山西境
内,似無可疑。雖然如此,在山西境内的何處也還有爭論。自
杜預説大夏在太原晋陽縣(左傳昭公元年注),後人多從其説。
主要的理由是説唐的改晋是由於晋水。而晋水④在晋陽(今太
原市西南晋祠是晋水發源處,流入汾河)。可是顧炎武説:"況
霍山以北,自晋悼公以後始開縣邑,而前此不見於傳。""竊疑唐
叔之封以至侯緡之滅并在於翼。"顧氏認爲霍山以北地域與早
期的晋國無干,實屬顛撲不破的説法。今據翼城、曲沃一帶考
古發掘材料印證,唐叔舊封地在於翼,實屬可信。晋水,在今太
原之晋陽。又據括地志:"平陽河水一名晋水。"平陽亦即晋陽,

---

①水經注滱水下。
②説文解字卷十四下自部陶字下説:"在濟陰……夏書曰:'東至於陶丘。'陶丘有堯
城,堯嘗所凥(居),故堯號陶唐氏。"漢書地理志濟陰定陶下,班固自注:"禹貢陶丘
在西南。"定陶今仍舊名。
③漢書地理志成陽下班固自注:"有堯〔冢〕靈臺。"錢坫據後漢堯母碑"慶都仙殁,蓋
葬於兹,欲人莫知,名曰靈臺",定靈臺爲堯母冢。成陽在今河南與山東交界處舊濮
縣東南。
④編者注:"水",原誤作"人",據文意改。

在今臨汾。那就不應當由於地名之偶同,就臆斷唐叔舊封必在
今太原附近。

顧氏又據史記"禹鑿龍門,通大夏",及呂氏春秋"龍門未闢,
呂梁未鑿,河出孟門之上"之說,從而推定"大夏正在今晉、絳、
吉、隰之間"①,也很確鑿。漢書地理志:"河東,本唐堯所居。"所
以,尋找陶唐氏故虛,當在霍山以南的汾水流域,不應到霍山以北
去找②。至於說這一帶是帝堯裔子分封的地方,不是堯舊居,并
無確實的證據。

帝王世紀:"帝堯始封於唐,又徙晋陽,及爲天子,都平陽。"
其說不確。其實,平陽、晋陽本爲一地。而當日是部落社會末期,
堯、舜還只是部落聯盟首長,雖然國家雛形在望,仍無"即天子
位"的事實,就不可能有"遷都"的後果。詩經、左傳所載比較原
始。所以,我們只能照着它去進行探索。

尚書頭三篇內所載事實的評價,我在注釋中講過③。堯典
所載帝堯時所做的幾件大事:(1)協和萬邦,黎民于變時雍;
(2)敬授民時,期三百六旬有六日,以閏月定四時成歲;(3)湯湯

---

①顧炎武日知錄卷三十一,晋國以下六、七條中。

②我以前在拙著中國古史的傳說時代第四頁中說:"我相信陶唐氏的故地應該是在
今河北省的唐縣、望都一帶。"現在看來,這個結論尚覺不够穩妥。皇甫謐所記固
然不是較早的傳說,漢志在中山國唐縣下雖有"堯山在南"的說法,却也没有說它
是堯都。後漢末,應劭才說它是"故堯國"。可是,開始說"平陽爲堯都,在平河之
陽"的也是應劭,想他也是主張遷都的。平水又有晋水之名,與詩經、左傳的古
說,并無衝突。因此,我現在對前說稍作修改,更主張從山西霍太山以南尋找陶唐
氏的故墟。

③我雖然在正文中把我們處理文獻材料所用的方法略談了一些,可是,我對於從前
權威很高的尚書頭三篇堯典、皋陶謨、禹貢內所包涵的材料,還需要說(轉下頁注)

（接上頁注）一些話。第一，是説這三篇是否爲夏代史官所記。這一點我們從對堯典
　　中星和其他的研究，可以指出它不但不可能是夏代史臣的記録，而且也不可能是商
　　代史臣的記録。據竺可楨先生研究，堯典四仲中星是殷末周初之現象。那末，追記
　　的時間，大約在西周初期或中期，記録的人只不過是把他所得到的傳聞和他的理解
　　綜合地整理出來，我們對此應有所分析。

　　　　第二，是説尚書是否爲孔子親手所定。對於這一點，我們可以承認孔子同尚書
　　有些關係，雖説還不能知道這種關係的詳情如何。我們還承認孔子是一位大教育家，
　　也是一位大歷史家。但尚書并不是他的記録，有可能在前人記録的基礎上作過某些
　　整理工作。我們對於這三篇應當以歷史觀點分析研究，才是史學工作者所應取的實
　　事求是的治學態度。孔子所見到的尚書同現在我們所看見的尚書本子異同若何，還
　　是很有問題的。我們相信，這三篇初寫的時候，同現在所見到的本子差別較大。比方
　　説，左傳文公十八年，“莒僕來奔”節所記“慎徽五典”以下各句，可以相信當春秋時期
　　已經出現堯典的寫本。可是它的内容，從此節上文來看，一定同現在的本子不大相
　　同。舜所舉的是八元和八愷，并不是禹、弃、契、皋陶諸人。所斥逐的雖也是四凶，而
　　名字却完全不同。現在的本子内，在舜命官後，對大家説：“咨，汝二十有二人。”可是，
　　這“二十有二人”的數目與前面所記的人數不合。此後紛紛聚訟，終無定論。我們覺
　　得這也是由於再次整理時没有照顧到的緣故。史記把這三篇不缺一句地抄録到五帝
　　紀和夏本紀中。可是，皋陶謨中“俊乂在官”下一百一十九字，在夏本紀中僅有三十
　　字。内僅“天討有罪，五刑五用哉”九字，見於今本皋陶謨，餘二十一字與它不相同。
　　大約司馬遷引用時有所選節。孟子書中所引用的“四凶”和堯典，同現在的堯典大致
　　相同。可以涉想，尚書在西周時已有記録，在春秋時已漸漸成爲今本的樣子。

　　　　現在，我還要就這三篇的内容，表示一點意見。尚書頭三篇的内容大致可分爲
　　三類。一類是可以相信爲當日實在的經過；另一類是按照當日社會發展的程度還
　　屬可能；再一類是按當日社會發展程度，似乎還不太可能，或與比較可靠的傳説相
　　比，有些矛盾。結論是疑以存疑，有待考古材料的印證。

　　　　堯典中所記有分命羲仲、羲叔、和仲、和叔四人分處四方，觀日月消息，候星辰
　　行伍。顧頡剛先生説：“按山海經、楚辭、淮南子及其他古書，羲和均爲一人，并無分
　　爲二人或二氏的。”其説很是。堯典中分爲二名或四名，其根據無從查考。古代人
　　的個人名字同氏族的名字常常相混。羲和大約爲一氏族名字，也可能同時表示個
　　人名字。我也相信其爲一名，非爲二名。

　　　　堯典中記堯時“期三百有六旬有六日，以閏月定四時成歲”。是説當時已知
　　366 天爲一年歲實的大約數目。論語末篇記堯禪位於舜時説：“咨爾舜，天之曆數在
　　爾躬，允執厥中。”又記：“舜亦命禹。”自顓頊命南正重、火正黎爲專職（轉下頁注）

（接上頁注）宗教工作的人以後，他們有了閑暇的工夫以對天象作静穆的和長時間的觀測，而這種天文觀測却是曆法的基礎。所以，古人一談曆法，總要溯源於重和黎，是很有道理的。

不知道又經過幾百年（或在五百年内），到了堯、舜、禹時代，農業的發展又促進了曆法的發明與天象觀測的展開。他們積累了經驗，當然可以粗略地知道一年約有三百六十六天的數目（稍大），和過幾年就必須加一個月，才可以同"天行"大致相合。殷墟甲骨文中已有十三個月的名稱。從而可知那時一方面用三百六十六日的陽曆，另一方面用閏月來配合月的周期。這種陰陽曆并用的情況，與古代巴比倫、希臘、羅馬時代完全相似。儀禮大射儀："射器皆入，君之弓矢適東堂，賓之弓矢與中豐皆止於西堂下。"從後儒説解，可以明白"中"的原意爲盛算籌的器具。"允執厥中"的"中"即假借指算籌（參見觀堂集林卷六、釋歲）。堯、舜爲當中原部落大聯盟首領，曆算應該是他所掌管重要職務之一。他們當授受職務的時候，捧着盛算籌的盒子（這與後來所説的什麽"精一"，什麽"道統"的"中"，毫無關係）。告訴他們"天之曆數"的重要，這是很可能的事情。尚書此節和論語末篇所記雖或出自不同的來源，可是意義相通。堯、舜時，農業發展的需要促進了原始曆法的産生，似可肯定。按史記曆書："黄帝……起消息，正閏餘。"那時似已知原始曆法，并能每閱歷數歲，積所餘時日爲閏了。鄭州大河村仰韶晚期遺址出土陶器上有太陽紋、月亮紋、日暈紋以及星座紋等天文圖象，可見古人對天象長期觀察，確已有所認識。所以，堯典中派四人分處四方以占候日月星辰之説，是很可信的。當時知道"天之曆數"，也是十分可能的。

此後有二節説堯要用人，放齊舉丹朱，驩兜舉共工，都被堯所否定。可見這時聯盟首長的權力加大，已到了一人可以否決的程度。但放齊之名不見於其他古書。似此大事，却同一個不見經傳的人商量，似遠情理。

至於驩兜、共工，應全是當時氏族的名字，似不應是個人之名。此後堯舉鯀治水，又舉舜，這兩件事是可信的材料。堯時，天下有大水災，初舉鯀治理，久不成功，被逐遠去。又舉禹治水，疏導成功。此事在左傳、國語及先秦諸子中多次稱述。即有其他未曾稱述的古書中，亦無一書否定，當可信爲古代可靠的傳説。

帝堯傳位（部落聯盟首長之位）於舜，古無異説。至於堯在禪位於舜之前曾擬讓位於四岳（即太岳），此事在先秦其他古書中少見稱述。或因太岳之後封於許，遂演有堯讓位於許由的説法。這也可信爲較古的傳説。

至於説舜受政後，巡狩四岳。我的朋友李玄伯先生對我説過："今世仍處於氏族階段的諸部落，其首領受政後，仍然有此類巡狩的制度。"以今世的民族材料佐證，巡狩一事，當屬事實。"肇十有二州"之説，按左傳哀公七年："周之王也，制禮，上物不過十二，以爲天之大數也。"以十二爲大數，始於周人。這大約是（轉下頁注）

（接上頁注）西周時人的記錄。"州"的原意,本指水中陸地可居之處,後指人民聚居在一定的地區而言。由是形成若干部落活動的中心區域,名之曰"十二州"（殆指大數,恐非實指）。它的實際存在,當是可信的。

"同律度量衡"之説,有的學者認爲,這在堯、舜、禹時代是不可能的事,定是後世統治者編造的謊言。其實不然。史記夏本紀:"禹爲人……聲爲律,身爲度,稱以出。"集解引王肅曰:"以身爲法度。"索隱:"……以身爲律度,則權衡亦出於其身。""今巫猶稱禹步。"大戴禮主言:"布指知寸,布手知尺,舒肘知尋,十尋而索。"這決不是謊言。它確實反映了古代人們已經知道以人體爲重量單位和以身、手、指、肘、步爲長度單位的情況。隨着"日中爲市"商業交換的興起以及分配、房屋建造的需要,出現了原始計量器,是可以肯定的。在同一地區内,爲了交換的方便,使用大致相同的計量器,也是十分可能的。

至於説舜命禹、弃、契、皋陶、垂、益、伯夷、夔、龍諸人。這些人中,禹、皋陶、益、伯夷係當時人。并無異説。垂、夔二人,古書中多有傳説,但爲何時人,并無明文。堯典寫定後,大家全繼承它的説法。龍,在其他古書中不見記載,似另有來源。至於周弃,若按國語所傳之周世次及左傳"周弃亦爲稷,自商以來祀之"的文字,他只能生於夏末,不可能早到堯、舜、禹時代。若按國語周語上:"昔我先世后稷,以服事虞夏。"史記周本紀:"帝舜曰:'弃,黎民始飢,爾后稷播時百穀。'"封弃於邰,號曰后稷,別姓姬氏。后稷之興也,在陶、唐、虞、夏之際。而索隱引譙周曰:"若以不窋親弃之子,至文王千餘歲唯十四代,實亦不合事情。"古事難考,暫以存疑,或可依一家之説。

商人禘舜,那他們的氏族應當是從有虞氏分出。所以,契比堯、舜、禹時代應稍晚。皋陶雖屬同時代人,但他隸屬東夷集團,并非華夏。按理説,舜不可能對他説"蠻夷猾夏"之語。大約這時的皋陶,已經融合於華夏,這是十分可能的。而且一説到皋陶總是與刑法有關。左傳昭公十四年:"夏書曰:'昏、墨、賊、殺,皋陶之刑也。'"所以,皋陶作士,管刑罰,是較古的傳説,是可信的。堯、舜時代雖仍屬於部落聯盟階段末期,但貧窮已經出現,階級初見分化。其實,國家的雛型已經形成,刑罰當是隨之產生。

至於我國國家形成問題,有人説商代才成爲國家。我們覺得商之代夏已經是國家王朝的更替,决不是兩個氏族部落的興衰。我國國家的形成决不能晚於夏禹之時。

皋陶謨中所記的主要是皋陶的言論以及舜與禹的對話。有關記事的很少。我們按文字發展的階段來看,記簡單的事情,當在早期。必須待文字發展到較高的階段,才能記言。殷墟甲骨文中"王曰"的例子不少,足以説明殷代已能記言。也表明我國文字已發展到較高階段。并且在此篇中説:"日宜三德,夙夜浚明（轉下頁注）

─────────────

（接上頁注）有家，日嚴祇敬六德，亮采有邦。"這是國家業已形成，積有經驗的説法，絕不是氏族社會所能有。至於"暨益奏庶鮮食……暨稷播，奏庶艱食鮮食，懋遷有無化居"等句，也是據有古代的傳説。不過這裏所説的稷，大約指烈山氏之子曰柱爲稷，不像是指周弃。後面還記述禹的婚姻日爲"辛、壬、癸、甲"。古代以干支紀日，"辛、壬、癸、甲"指四天。禹在婚後三日，即離家外出治水，這也是本於古代傳説。

　　關於禹貢，它無疑是我國最早的地理著作。但它的寫定時間，目前仍有不同看法。有的學者認爲，它記録了"梁州貢鐵"。鐵在戰國時期才開始使用，因而它的寫作時間當在戰國末期鐵已普遍使用之時。這一説，現已成過時之論。據目前考古資料，河北藁城臺西村商代遺址出土鐵刃銅鉞，説明商代已認識鐵（雖是"隕鐵"），并能加工成器使用。河南三門峽上村嶺虢國墓地出土銅柄鐵劍，將我國人工冶鐵的年代提前到西周晚期。春秋時期出現鐵製農具、兵器和容器等。并能煉鋼，這標志着古代冶鐵技術已達到一個新水平。春秋戰國之際，鐵器的使用，更加廣泛。説明我國早期鐵器的使用，肯定早於春秋時期。

　　至於"九州"，有的學者認爲，"九州"這個制度古代不曾有，大概是戰國時人大一統思想托古臆想出來的。書中的地理知識也僅限於戰國七雄所達到的疆域。其實，從考古角度看，夏代大致相當於龍山時代。龍山期古文化的區系劃分與禹貢九州的劃分，大致可以説基本相似。例如：陶寺龍山文化主要分布區之在冀州，河南龍山文化主要分布區之在豫州，陝西龍山文化主要分布區之在雍州，山東龍山文化主要分布區之在青、徐州，良渚文化主要分布區之在揚州，長江中游"龍山"文化主要分布區之在荊州，等等。從這方面看來，"九州"之區域劃分，自有其可信性。

　　夏禹時期，夏王朝開始建立，中央王權隨之開始出現。當時草創性的統轄區域的劃分亦即理應開始，而且文字即已産生。陶寺陶器上的毛筆硃書字樣。山東莒縣一處原始社會遺址，發現在十口大陶尊上有十六個圖像"文字"（中國文物世界1988年二月號）。安徽蚌埠吴郢新石器時代遺址，出土數以百計的陶器刻符，其中豐形刻符與甲骨文"豐"字十分相似。又有與"絲""束"字極爲相近（中國文物報1988.5.6）。良渚文化中發現在陶罐上刻劃"羿""㐅""个"三字（文物資料叢刊9）。這些陶文資料的出土，爲禹貢原始符號記録的可能存在提供了條件。當然，這并不是説在夏代已有寫本，而只是説它決不是後人憑空臆想出來的。大體可以説，禹貢是西周史官據前代傳聞追記整理而成的。後經潤色，相傳并經孔子手定。不管怎樣，禹貢終於在春秋時期寫定爲今本而流傳於世。這似乎比較符合禹貢寫定時間的實際情況。由於幾經易手，書中叙述難免有些不清楚或難於講通之處。比方説，漢水雖記它"南入於江"，可是後仍分記，而終於"入於海"，似乎漢水仍（轉下頁注）

洪水,命鯀治理,九載績用勿成;(4)堯舉舜於"側陋",舜很能幹,很好地作出了不少事情。最後堯"禪讓"位於舜。這四件事,大致是可信的。

我現在還要對這四件可信的事實說幾句話:

堯典大致説:帝堯時期過去的"萬邦"至今已變得和睦共處,友好交往,共同組成了中原部落大聯盟,國家的雛型出現了。雖然,早在黃帝時代三大集團(華夏、東夷、苗蠻)之間已在進行着文化交流和融合。堯時更促進了這種融化過程。堯典中"四仲中星",經竺可楨先生研究認爲是殷末周初之現象[①]。但當日人民知道一年的積日大約爲三百六十六天是可能的。古時人民"日出而作,日入而息",從事農藝、畜牧、製陶、漁獵,均在户外工作,長期觀察與體驗,能初步分出耕種收藏與祭祀的不同季節,以定四時。這當是人們漫長經歷的結果,因而出現原始的天象觀測,應是個事實。

堯時,黃河下游有"滔天"的洪水,給當時人民帶來巨大災難。堯問四岳:"有能使治者?""皆曰:鯀可。"(國語晋語鯀作鮌,似較原始,因爲鯀右所從的篆文"玄"寫作"𤣥"。可能是寫隸

(接上頁注)然是獨流入海的。又如所記黑水,只説"黑水惟梁州",現在很難確指它是哪條水。又如濟水,本在黃河北岸"入於河",又怎麼會流到黃河南岸"溢爲滎"?凡這一類都難説通。雖然如此,但它畢竟是一篇價值很高的地理著作。它記載着古代政治制度、管轄區域範圍的劃分、山川的方位與脉胳、物產的分布、土壤的性質,等等。確也總結了古代人民對於土壤的認識以及水土治理的經驗。堪稱古代地理名著。

　　我們對於尚書頭三篇的意見,大致如上所説。

①竺可楨論以歲差定尚書堯典四仲中星之年代(中國古史的傳説時代附錄二)。

書時又寫出一個從“系”的字。）堯不以爲然，認爲鯀“方命圮族”，不可。大家説可以讓他去試試吧。堯於是説：“往，欽哉。”終於知鯀之不可用而用之。可見當日部落聯盟首長的權力是有限的。而聯盟内各部落首長還保存有不少的民主作風。聯盟議事會仍有決定權。至於四岳到底是四個人還是一個人？是一個聚訟問題。其實，看堯所説“咨！四岳：朕在位七十載，汝能庸命巽朕位”就可證明。堯典作者是把他當作一個人，并不當作四個人。因爲幾乎没有把位讓給四個人的道理。至於所謂“禪讓”，其實也不過是各部落首長的公推而已。鯀之治水勿成，在於方法不對。用堵擋而不是疏導的辦法。這就是他治水失敗的根本原因。

左傳文公十八年載，當時有“八愷”“八元”，很有才幹，聲名頗大。“以至於堯，堯不能舉。”又有“三凶”，作些壞事，很有惡名。“以至於堯，堯不能去。”這些未受系統化的史料，可能近於事實。但是，“不能舉”，“不能去”，并不意味着帝堯糊塗或無能，倒是反映着當時部落制度還有勢力。這個時代正要轉入國家形成的前夕，首領的權力還有限，但此後却不斷在加强。

國語魯語上：“堯能單均刑法以儀民。”單訓爲大，儀訓爲善。這裏所説表明堯時刑法已經出現。它的産生，也充分説明當時貧富日益分化，階級日趨對立，社會形勢即將發生明顯變化。這一變化過程促使氏族制度進一步解體。

吕氏春秋召類篇：“堯戰於丹水之浦，以服南蠻。”這是頗古的傳説。丹水即今陝西東南部、河南西南部的丹江。蠻即苗。苗民原處湖南、江西、湖北境内。春秋時，在今外方、伏牛山脉内有蠻民①。那末，河南西南部在早期也當爲蠻地。堯在那裏曾與蠻族交過戰，頗近情理。堯的兒子，傳說他名丹朱。這個"丹"字是否與丹水有關係，也頗不容易説，很可能與丹水有關係。

　　古書中多説堯之子丹朱不肖，大概不如堯的才幹，可能是事實。可是説堯由此不把天下傳之子而授之於舜，即不明白當日帝堯還不過是部落聯盟首長，不到世襲傳子的時候，職位交替仍須由聯盟各部落首長的推戴，在這個方面，他自己并無權力。孟子與荀子雖不免有以戰國情事推斷古史之嫌，但他們還不堅信當時"禪讓"的説法，在看法上還不算太失真②。山海經內古代首領有帝號的不很多，而丹朱却有帝號，足證他在古代的聲名還是相當煊赫的。而竹書説："舜囚堯，復偃塞丹朱，使不與父相見也。"這條記載也可能近於事實。當氏族制度進一步解體，國家雛形在現，權位的爭奪開始了，這也是歷史發展的必然。

　　至於堯之死葬何處？説法不一。呂氏春秋安死："堯葬於穀

---

①左傳昭公十六年："楚子聞蠻氏之亂也與蠻子之無質也。使然丹誘戎蠻子嘉殺之，遂取蠻氏。"杜預注："河南新城縣(洛陽縣南)東南有蠻城。"哀公四年："楚人……乃謀北方……爲一昔之期，襲梁及霍。單浮餘圍蠻氏，蠻氏潰。蠻子赤奔晉陰地。……(晉)士蔑乃致九州之戎，將裂田以與蠻子而城之。且將爲之卜。蠻子聽卜，遂執之。與其五大夫，以畀楚師於三戶。司馬致邑立宗焉。以誘其遺民，而盡俘以歸。"杜預注："梁，河南梁縣(今河南臨汝縣)西南故城也。梁南有瞿陽山，皆蠻子之邑也。"前條正義有"戎是種號，蠻是國名"的説法。是説這一部落爲戎，非蠻，此説不確。胡三省通鑑一〇四卷講蠻住地，引哀公四年，説此部落爲蠻非戎。

②孟子："唐虞禪。"(萬章上)可是他不像當時人所説，歸於個人的授受，却把他歸之於朝覲、訟獄、謳歌之所歸(同上)。這就頗近於當日部落聯盟中推選大首領的制度，某一部落中有一賢能者出，在聯盟會議中有可能被選定。其他部落有難予解決的爭端，也將求於賢能者爲之仲裁的情實。而荀子正論中却提出不信"禪讓"的見解。説："堯舜擅讓，是不然。天子者，執位至尊，無敵於天下，夫有誰與讓矣。"他是從周代王位傳子制度來説的。但他堅決不信"禪讓"的見解，總是正確的。不過，古代"禪讓"只是部落聯盟首領人選的議定，也不失爲上古遺留下來的史實。

林。"左傳與水經注説:"堯葬成陽。"成陽山下有穀林。西漢劉向
説:"堯葬濟陰丘隴山。"通典説:"曹州界有堯冢。"這些説法,尚
未得到考古發掘材料的旁證,看來不甚可靠。而墨子節葬説:
"堯葬蟄山之陰。"山海經説"(堯)葬狄山",或云"葬崇山"。論
衡"堯葬冀州"。既然陶唐氏故墟,應在霍山以南汾水流域。那
末,堯死葬於冀州之崇山,此説應近情理。

三、帝舜

帝舜所屬的氏族,居於虞地,故稱爲有虞氏,也簡稱作虞氏。
它所在的地區,要比陶唐氏複雜的多。唐地雖傳説不一,但也不
過兩三處。距離也還不太遠,并且全在北方。可是舜的威勢遠過
堯,影響也更大。所以,關於他的傳説,真可説東、西、南、北,各處
都有。北到河北宣化附近,西到山西以至陝西安康附近。南方湖
南的傳説很多。東南浙江上虞、餘姚等地名也是從舜的傳説演出
的。東到山東歷城附近。并有與舜傳説有關的歷山,有好幾個地
方全有偶同或附會的名字①。這樣,我們就要根據頗近情理的傳

①史記五帝本紀:"舜,冀州之人也。"正義:"蒲州河東縣本屬冀州。"括地志:"嬀州有
　嬀水,源出城中。"耆舊傳:"即舜釐降二女於嬀汭之所,外城中有舜井,城北有歷山,
　山下有舜廟。"按:"嬀州亦冀州城是也。"(或有謂嬀州爲今河北懷來縣)集解引皇
　甫謐曰:"舜所都,或言蒲坂,或言平陽,或言潘。潘,今上谷也。"按漢書地理志:"上
　谷郡有潘縣。"水經注㶟水下:"協陽關水……又北經潘縣故城。……或云舜所都
　也。"魏土地記潘城"城西北三里有歷山,山上有虞舜廟。"蒲坂(今永濟)、平陽(今
　臨汾),皆在山西。漢書地理志漢中郡西城下,師古注引應劭曰:"世本嬀虛在西北,
　舜之居。"水經注沔水下:"漢水自城固來,東經嬀虛灘。世本舜居嬀汭,在漢中西城
　縣。"(今平利、紫陽縣境内)湖南方面,正文内説過,不重説。江浙方面,(轉下頁注)

説分辨出來。哪個真有關係,哪個是附會的,哪個或其後裔遷徙所及之地。

雖然如此,我們所要找的是舜的發祥地及其活動的中心地區。現只有據堯典、史記五帝紀來説明罷。

堯典:"帝曰:我其試哉! 女於時,觀厥刑於二女。釐降二女於嬀汭,嬪於虞。"

史記:"舜飭下二女於嬀汭。""舜居嬀汭。""舜,冀州之人也。舜耕歷山、漁雷澤、陶河濱,作什器於壽丘,就時於負夏。"

首先説,虞在哪裏? 水經注:"河水東過大陽縣南。"注云:"軨橋東北有虞原,原上道東有虞城,堯妻舜以嬪於虞者也。"河東大陽縣即今山西平陸縣。

嬀汭二水發源於歷山。水經注:"河東郡南有歷山,舜所耕處也,有舜井,嬀汭二水出焉。南曰嬀水,北曰汭水,西徑歷山下。"尚書所謂"釐降二女於嬀汭也"。

歷山,括地志:"蒲州河東縣雷首山,一名中條山,亦名歷山,亦名首陽山。……"雷首山下的沼澤,當可名爲雷澤。應即今永濟縣西的張陽池,古稱晉興澤。此地西距黄河不遠,或耕、或漁、或陶,都在晋南一地,何必東耕於歷城之歷山(或南下餘姚),釣於濟陰之雷澤,陶於曹州之河濱? 往來千里之遥,殊爲不近情理。此或其後虞族人口繁多,勢力擴大,活動地區向東擴展,遂居於河

(接上頁注)五帝本紀正義:"越州餘姚縣有歷山舜井。"顧野王云:"舜後支庶所封之地。舜,姚姓,故云餘姚。縣西七十里有漢上虞故縣。"會稽舊記:"舜,上虞人,去虞三十里有姚丘。即舜所生也。"山東方面,水經注濟水下:"瀷水出歷城縣(今山東歷城縣)故城西南……城南對山,山上有舜祠。書舜耕歷山,亦云在此。"

南東部之地。秦漢時虞縣①,亦稱爲古虞國。爲舜子商均之封地。故孟子曰:"舜,東夷之人也。"②這種情況,可能接近於事實。總之,山西南部的運城、平陸、解州、虞鄉、永濟一帶,實爲有虞氏之故土。

左傳昭公八年:"陳,顓頊之族也。"國語魯語上:"有虞氏禘黃帝而祖顓頊,郊堯而宗舜。"按陳爲舜後,即舜的上輩與帝顓頊有若干關係,并認其爲祖先。左傳昭公八年:"自幕至於瞽瞍。"那幕爲帝舜的遠祖。可是大戴禮記帝繫篇所載的世系中獨無此人。舜之父名瞽瞍,舜之弟名象,古書中無異辭,當屬可信。

呂氏春秋古樂:"瞽瞍乃拌五弦之瑟,作以爲十五弦之瑟,命之曰大章,以祭上帝。舜立,命延乃拌瞽瞍之所爲瑟,益之八弦,以爲二十三弦之瑟。帝舜乃令質修九招、六列、六英,以明帝德。"禮記樂記正義:按樂律及禮樂志云:"……堯作大章,是大章爲堯樂。"而古樂篇説大章的作者爲瞽瞍。他大約有音樂天才,是古代一位音樂家。傳説中説瞽瞍頑,象傲,全不很好,與舜不和,甚至屢次想殺舜。由於舜很警惕,他們没有成功③。舜承堯舉以後,由於舜還没有妻室,堯就把他的兩個女兒爲舜的妻室④。史記始皇本紀也載有"堯女舜之妻"的傳説,足證此説在戰國時期流傳的相當廣泛。

堯典所記帝舜之事。主要有:(1)播時百穀。(2)濬川、平治

①漢書高祖本紀:"漢王乃西過梁地、至虞。"補注引以證明"秦爲縣"。
②孟子離婁下。
③孟子萬章上、史記五帝紀。
④同上。

水土。(3)象以典刑。(4)去四凶。(5)舉二十二人。

(1)播時百穀。堯典:"帝(舜)曰:弃,黎民阻饑,汝后稷播時百穀。"堯舜時期已是以農業爲主的社會。人們的生存主要依賴於農業。舜能及時注意到這個關鍵性問題。命后稷按時播殖百穀。當時已是"百穀時茂",農業得到了進一步發展。

(2)濬川。堯典:"肇十有二州,封十有二山,濬川。"至於開始劃分區域界綫與封土爲壇以作祭祀之事,這裏暫且不談。只説濬川之事。濬,疏通之意。濬川,就是説當時已能挖溝開渠,疏通田間水路,以利灌溉。這樣,農田水利灌溉工程於時出現了。也表明堯舜時代就已知道水利是農田的命脉。與此同時,特別注意疏通河道,治理洪水大患。這是古代的一件頭等大事。又據世本,當時已能作銚和耒耜之類的農具。這就意味着生産力水平,有可能達到了一個新階段。

(3)象以典刑。堯典:"象以典刑,流宥五刑,鞭作官刑,扑作教刑,金作贖刑,眚災肆赦,怙終賊刑。""象"有刻劃之意。就是説,把五種不同的刑罰公布出去,以示儆戒。用流放的辦法代替五刑;做官的人犯法,罰以鞭刑;掌管教化的人犯法,罰以扑刑;犯了法可出金贖罪;過失雖大,偶一爲之,可以赦免;犯罪而不悔改者則處以嚴懲。刑法的産生,反映着私有財産的出現。貧富的分化,階級對立的形勢已經相當嚴重了。於是有盜賊掠奪之事發生。所以需要有刑罰治理,藉以維護社會的安寧。

(4)去四凶。堯典:"流共工於幽州,放驩兜於崇山,竄三苗於三危,殛鯀於羽山,四罪而天下咸服。"至於四凶,古書中有不同説法。左傳文公十八年:"舉十六相,去四凶。""四凶",二書中雖均有此説,可是名字却完全不同。尚書作共工、驩兜、三苗、鯀。左傳則作渾敦、窮奇、檮杌、饕餮。史記兼采二説。尚書説,載於帝堯中,左傳説,載於帝舜中,這是良史審慎的處理法。史遷知二説來自不同源的史料,所以兼載之。後人因四數相合,就竭力比附,以共工爲窮奇,驩兜爲渾敦,三苗爲饕餮,鯀爲檮杌①。實則,窮奇出於少皞氏,嬴姓;共工氏,姜姓,與少皞氏無干。驩兜,據山海經,爲一南方氏族名。又説此氏族與鯀、帝顓頊有關係,未説他與渾敦有關係。至於渾敦實出於帝鴻氏(鴻即江,實爲"帝江"),在西方天山附近,與南方的驩兜并不相干②。這幾點顯著矛盾,足證堯典與左傳雖全説到"四凶",却原來是兩回事。不管怎樣,但可説明當時的人口繁衍,部落勢力擴大,彼此之間掠奪財物,擴占土地,引起了部落之間的戰鬥。所謂"流、放、竄、殛",只不過是對戰敗者的處理辦法。一個流於北方(幽州在北),一個放於南方(崇山有多處同名,有冀州之崇山、豫州之崇山、南方之崇山。驩兜既屬南方氏族,則此崇山,當指南方),一個竄於西方(三危在西),一個殛於東方(羽山在東方)。而帝舜則是個戰勝者,統占了中原,即所謂"天下咸服"。

(5)舉二十二人。堯典:"咨!汝二十有二人。欽哉,惟時亮天功。三載考績,三考黜陟幽明。庶績咸熙。"堯典記舜所舉之人,與史記所記不全相合,與左傳説則全不合。今按有虞氏出自

---

① 這樣的比附理由,在尚書堯典四凶條下正義,左傳四凶條下正義。史記五帝紀正義、集解均有説明。

② 驩兜,山海經中,或曰驩頭,或曰驩朱。見山海經海外南經大荒南經。大荒北經苗民下世説到驩頭。渾敦見西次三經。

顓頊,實屬宗教集團。高陽氏爲顓頊所屬氏族,高辛氏也與宗教集團有密切關係①。舜在此二氏族內選拔輔相人才,大致可信。儘管各書記載有所不合,但可説明帝舜時期,選賢與能,知人善任。選拔各方面的人才,把各項工作辦好,開創了一個上古"政通人和"的局面。而舜也由此成爲中原最強大的盟主。所以,史記説:"天下明德,皆自虞帝始。"

帝舜早期,在家庭關係方面,有很多不幸的事情。由於他對這些關係處理得很好,所以傳説中説他大孝,這也是頗近情理的事。

至於舜死葬何處? 説法不一,頗難稽考,只求其近理而已。墨子節葬下:"(舜)道死葬於南已之市。"御覽引作"道死南紀之市,既葬而市人乘之"。又引尸子:"(舜)道死葬南巴之中。"吕氏春秋安死:"舜葬於紀市,不變其肆。"這些全是同源而小異的説法。"已""紀"同音假借;"已""巴"形近訛誤。地在何處? 一説在今山西境内。路史注:"紀即冀,今河東皮氏(即今河津縣)東北有冀亭,冀子國也。"另説在今湖南九嶷山下。孟子離婁下:"舜卒於鳴條。"鳴條何在? 一説在南夷(所指渺茫),二説在河南陳留附近(實地踏察,無迹可尋),三説在今山西南部安邑西北,即今夏縣、聞喜之間的鳴條崗。附近頗多古遺址,古之鳴條應即指此。還有一種盛行的説法,本於山海經海内經:"南方蒼梧之丘,蒼梧之淵,其中有九嶷山,舜之所葬,在長沙零陵界中。"此後,史記、淮南子修務篇、鄭玄禮記注(引見檀弓篇"舜葬蒼梧"節疏中)、國語魯語韋昭注、史

①參考拙著中國古史的傳説時代(增)第89—90頁注。

記帝舜紀集解引皇覽，都用其説。至今零陵境内仍有"帝舜冢"。這也不過姑備一説而已，無法證明。但在大荒南經中又説："帝堯、帝嚳、帝舜葬於岳山。"郭璞注："岳山即狄山也。"亦即冀州之崇山。今本竹書紀年："鳴條有蒼梧之山，帝崩，遂葬焉。"則紀市、鳴條、岳山、蒼梧四地相近，均在晋南。此地本是虞氏故土，舜生於斯，葬於斯，從上古情況看，此説頗爲近理。

四、大禹

據禮記禮運篇，夏代是我國古史上第一個王朝。中國的歷史從此進入階級社會。這在我國歷史上是一個十分重要的時期。現將關於大禹的傳説分述於後：

大禹，國語鄭語稱夏禹，周語下又稱伯禹。逸周書稱崇禹。因治水有功，堯賜禹姓曰姒，封之於夏，氏曰有夏，是爲夏后氏。它的始居地在什麼地方？ 傳説也不太一致。

史記六國表序："禹興於西羌。"賈誼新語："大禹出於西羌。"帝王世紀："禹長於西羌。"羌、姜一音之轉，羌即姜，可指姜水，亦可指姜姓之地（炎帝居姜水，得姜姓）。姜水，水經注渭水："岐水又東，徑姜氏城爲姜水。"岐水在岐山的南面，當在今陝西岐山縣城之東，西出岐山，東過武功，折南流入渭河的小水。此處所説的西羌，應是指古代中國偏西部的姜水流域地區，即今陝西岐山、扶風、武功一帶。大禹始興於此，此實爲禹之舊壤。故周人自稱"我有夏"，自認爲是夏人之後。尚書康誥"用肇造我區夏"，是以夏文化的繼承者自居。逸周書商誓："在昔后稷，惟上帝之言。克播百穀，登禹

之迹。"尚書立政:"陟禹之迹。"詩大雅:"豐水東注,維禹之迹。"詩
小雅:"信彼南山,維禹甸之。"把周之豐地,視爲禹迹。把周境名
山——南山(即終南山,一名秦嶺,古代通稱華山),視爲禹所甸之。
可證周人與夏不僅文化上有繼承關係,可能有着血緣關係。

　　禹佐堯舜,東遷大夏。大夏之地,據史記鄭世家集解服虔
曰:"大夏在汾、澮之間。"晋世家:"唐在河汾之東,方百里。"地
記:"唐氏在大夏之墟。"清顧亭林日知錄(卷三十一):"大夏在今
晋、絳、吉、隰之間。"左傳哀公六年:"命以唐誥而封於夏虛。"夏
之故虛,正在汾、澮之間。古書中明言夏虛者,只有晋南一地。由
是可知,禹自居夏而稱夏,遂爲族名,轉爲國名。禹貢:"禹行自
冀州始。"左傳哀公六年,注云:"唐虞及夏同都冀州。"這些記載
都是有力證據。近年來,襄汾陶寺、夏縣東下馮龍山文化遺址的
發掘,更增添了考古學上的新資料。所以,禹所屬夏后氏故土,在
今晋南汾、澮、涑水流域,殆無疑義。稍後,渡河而南,居於洛陽平
原。在伊、洛、潁水流域發展。漢書地理志潁川郡陽翟下,班固自
注:"夏禹國。"即今河南登封禹縣一帶。近年來,登封王城崗龍
山文化遺址的發掘,也得到了考古學上的信息。所以,自洛汭延
及伊汭其地平易無險阻,是有夏之另一舊居。

　　總之,夏之始祖——禹,最先出於西羌(應即陝西關中西
部)。自居夏而稱夏,遂爲夏禹。夏后氏起於今山西西南部。渡
河而南,居洛陽、潁川,爲中原地區(黃河中游兩岸,今河南、晋南
及關中地區)固有之華夏族代表。

　　至於孟子(佚文):"禹生石紐,西夷人也。"揚雄蜀王本紀:"禹
本汶川廣柔縣人也,生於石紐。"(今四川汶川縣。又:北川縣南有

石紐山。)這可能是夏后氏的同族或其後裔南下至此,故演此有説。

夏禹建立了中國歷史上第一個王朝——夏王朝,是爲夏朝之始王。他的主要功績:(1)疏川導滯,治理洪水;(2)盡力乎溝洫,興修農田水利灌溉工程,推動古代農業進一步發展。現分述於後:

(一)大禹治的是哪條水?

關於大禹治水問題,從來都説,禹父子共治洪水。這個説法來源很古。詩商頌長發:"洪水茫茫,禹敷下土方。"商頌爲周代宋國人所作以歌頌商先王功績的樂篇,足證相當古的時候已有這樣的説法。至於洪水之名從何而來?孟子書中有兩次説:"絳水者,洪水也。"①廣韻洚字有户工、户各、下江、古巷四切,洪字爲户工切。那末,洚、洪二字古音相同。孟子是以今字易古字。他又説:"水逆行,謂之洚水。"説文解洚字爲"水不遵道",實仍用孟子説。爾雅釋"洪"字爲大,後世承用。其實,洪、洚本義爲一專名。説文所釋仍屬較晚引申的説法。禹貢"導河"下説:"東過洛汭,至於大伓;北過降水,至於大陸。"這個"降"雖左從阜,不從水,古人字多不用偏旁,阜、水均爲後人所加(蔡沈書集傳本禹貢就作"洚水")。水經注河水東下引禹貢"降水",接着就説:"不遵其道曰降。"這明明是用孟子"逆行"的解釋。足證"洚""降"實爲一字。這條降水在什麽地方?古有三説:一在今河北冀縣②,一在河北邢臺縣③,一在河南輝縣④。輝縣,漢爲共縣,洪水原當爲共

①孟子滕文公下、告子下。
②漢書地理志信都國信都縣條下,引作絳水。
③尚書正義本條下。
④水經注濁漳水條下引鄭玄説。

水,加水旁爲洪。共縣在商周間有"共頭"的名字,來源很古,降水就在這裏,至近情理。至於"洚",何以改爲"洪",異説紛紜,無法判斷。此降水實指今輝縣源出百泉、下流爲衛河的小水。古降水實合源出大號山的淇水。由於共工氏爲古代顯著氏族,所以出於百泉的水雖小而奪淇水名,用共水之名①。雖然如此,古代所説的洚水或洪水,實指黄河下游,并非指此共、淇合流的小水。可是它的得名,却出此小水。此條小水比從西來黄河的正流,畢竟十分微末,何以它的名字反而更顯著,更進而代表了"浩浩滔天、懷山襄陵"的洪流呢? 如果熟悉當日各著名氏族分布的情勢和我國的地形,就可以明白。我們所知道的堯、舜、禹時代的氏族名字不多,可以略約指出它們的地域的有:共工氏約在河南輝縣及其附近,它的族人四岳受封於許,即今河南許昌及其附近。昆吾氏也在此附近②。陶唐氏的勢力東至河北唐縣、望都及其附近③。有虞氏的勢力也向東擴展到河南虞城縣及其附近。夏后氏渡河而南約在登封、禹縣及其附近。皋陶舊封約在山東曲阜及其附近④。這幾個著名氏族均已擴至東方平原。我國地勢西高東低,黄河自青海高原東流,經甘肅、寧夏、内蒙古、陕西、山西及河南西

①參考中國古史的傳説時代增洪水解第二節"洪水與洚水"。
②左傳昭公十二年説:"(楚靈王説)昔我皇祖伯父昆吾舊許是宅。"
③漢書地理志中山國唐、望都各縣下注。水經注滱水下堯山、都山,唐及望都故城各條。
④皋陶的皋就是太皞、少皞的皞。少皞、嬴姓。皋陶,偃姓。在説文女部嬴字下。段玉裁説:"偃、嬴,語之轉耳。"他的説法很是。偃、嬴,原來當是一字。皋陶與少皞同姓。足證他們原出自同一氏族。帝王世紀説(夏本紀正義引)"皋陶生於曲阜"。如果是,那曲阜本爲少皞之虚(魯世家)。皋陶氏族直接出自少皞氏族,也很難説。并且奄爲嬴姓(左傳襄公十二年疏引世本)。魯國爲奄舊地(周本紀正義引括地志:"兖州曲阜縣奄至,即奄國之地。"),也許奄君就是皋陶的後人。

部的高地，這上游、上中游的一段，大部分由黃土原及高山緊束。只有寧夏、內蒙古，及其他部分地方有平原。被緊束的地區河水不能爲患，寧夏及內蒙古雖地勢較平衍，可是水流不急，并且黃河在那裏受納的支流還少，難能爲患；若善爲引導，反可成大利。黃河再向前接納了山西的汾水、陝西的渭水、河南的洛水和沁水，這幾條也全是大川，水量豐富。等到黃河流入河南中部，兩岸山勢大開。共工氏的舊地正處在黃河出山進平原的地方。水患從此地開始。在這附近，共、淇合流的水進入黃河，此水比黃河雖小，但因此處顯著氏族的肘腋下，聲名頗大。又因爲它水小力弱，黃河水豐力強，二水會合時，強水一定衝擊弱水，從共、淇合流看，很像倒流（逆行），“洚水逆行”的説法就是由此生出。否則，水流就下，怎有逆行之理。東方氏族看見黃河在上流并不爲患，等到它接納了共水後才開始猖狂，於是誤認爲患的是共水，而黃河下游的水道也就得到洪水的名義。禹在治水之前曾經導山導水，尋找各水的源流，對於黃河有比較明白的認識。而後，北方大水遂用“河”——再後用“黃河”——爲它的專名。洚水、洪水失去本義，遂爲專指從前泛濫的大水。獨出百泉的小水還保存着從前“洚水”或“降水”的舊名，直到春秋戰國時仍有此名。遂得保存於禹貢書中。禹貢雖非夏、商、西周的古書（它的寫定時間約在春秋時期，最晚也在戰國前期），可是由於它的傳流於春秋戰國之際，大伾以下，大陸以上，有一條名爲“洚”或“降”的水，可以不成問題。也因孟子所記，可以知道“洚水”爲“洪水”之舊名。而後，“黃河”、“洚水”或“降水”、“洪水”三名之間的糾紛，才可以清理出來。

（二）禹父鯀的治水

大禹的父親鯀治水多年，沒有成功。古書中還說帝舜因爲鯀的不成功，就把他趕到東方的羽山，這也是可能的。

談鯀禹父子治水以前，先要知道氣象方面的一條規律，就是地球上的每年的降雨量經過數十年或數百年後可以有重大的變化：多變爲少，少變爲多。還有一點，就是地面上各地由於離海洋遠近的不同，去高山距離和海洋溫寒流的各异而分爲各個不同的區域。各區域中降雨量的增減，可以互不相同或互相反對①。還有一件事，需要知道的，就是在洪水以前我國中原地區的人們還沒有發明鑿井技術。因此只能住在河邊或湖邊的地方以便取水。離河湖較遠的地方則是“草木暢茂，禽獸繁殖”，是動物活動的世界，人類不常到的境地。現在所要討論的是鯀用什麼辦法治水。國語周語下把鯀所用方法的來源說得很清楚。說他采用共工氏的舊法（“稱遂共工之過”）。共工氏的方法是“壅防百川，墮高埋庫，以害天下”。墮高就是把高地鏟平，埋庫就是把低地培高。在大致平坦的地面上修築堤防。當然，在當時，氏族依然林立，要想修築數千里長堤，仍是不可能的。但據國語說，共工氏“伯九有”，也就是說，共工氏曾經一度是“九州”的伯主，即中原部落聯盟一首長。在他領管的區域內，興師動衆修築數百里長堤，也是可以想象的。打夯築堤，固然是治水的辦法之一，但只用土堤擋水而不疏通河流，水則漫流，不遵其道。依然會易地泛濫成灾。所以，鯀治水失敗之處，就在於只壅埋而不疏導，這也是歷史的一

①竺可楨中國歷史上的氣候的變遷，東方雜志二十三卷。

個教訓。

那麼,共工氏和鯀所修築的是什麼樣的堤防呢? 關於鯀的傳說,除了他治水未成功外,還有另一組傳說,那就是"夏鯀作城"。出自呂氏春秋君守、淮南子原道訓。而水經注河水下、禮記祭法篇正義、廣韻三書均用世本,也都載此説。前人大概没有覺得在這兩組傳説中間有什麼關係。其實,在最初階段,這是一件事情的兩面,原不是兩件事。因爲堤防和城牆本是一回事:就是在村落或聚邑的周圍用夯土高築起來。這樣,可以防水患,也可以防盗賊。從前一種觀點看,可以叫作堤防;從後一種觀點看,高一些的夯土牆就可以叫作城牆。直到現在,北方還有這一類的建築物,是個土寨子,或者叫作"護莊堤",爲共工氏所發明,鯀所采用并進一步改進。看來,大約就是這一類建築。在共工氏時,它不過是保護自己部落的水患,規模較小。鯀時情況有所不同。共工氏時的土圍子,確已發展爲城牆之類建築物。近年來,河南告成王城崗、淮陽平糧臺龍山文化城址的發現,"鯀作城"的傳説,經考古發掘材料印證,確爲事實。所以,當日鯀爲部落聯盟所推舉,興師動衆,大規模地工作,這創作城牆的榮譽也應歸於鯀(過去我曾説過:"不正確地歸於他。"現據考古資料,應改前説)。

堯、舜、禹時代,大約正值雨量由少變多的時候。墨子七患、管子山權數、荀子富國,新書之憂民、無蓄中都記禹時還有數年的水灾。淮南子齊俗訓明明指出:"禹之時,天下降雨,禹令民聚土積薪,擇邱陵而處之。"這些古書全可以證明以上推斷的正確。在降雨量變換以前,他們傍着河邊和湖邊居住。冬春水小,夏秋水大。他們積多年的經驗,對於這些自然界現象,是很知道的。

并且知道夏秋漲水時總有一個不大能超過的界綫。在這界綫以上的近處，應該是他們氏族部落聚居的地方。或牽蘿補茅，或土坯夯築，或石灰抹地，遂成村落。在西部黃土高原及山岳地帶，人民或住原邊，或住山腰。水落時取水不太遠，水漲時也不能漲到高處。在那些地方不能有洪水災害。可是，東方大平原却一望無際。坡坨很少，河身、湖身同岸上高度的等差不過數尺或丈餘。雨量一旦增加，就很容易淹没村落。當日著名的氏族部落大部分已至東方平原。更重要的是往昔著名宗教主——帝顓頊所住的玄宮(春秋時名帝丘，今爲濮陽)，是爲宗教聖地。這塊帝丘聖地却正當黃河出山到平原後的通道，受黃河漲溢的衝擊威脅，自在意中①。孟子引尚書："洚水警予。"②我覺得説話人有這樣的想法，似乎同宗教聖地受洪水威脅有關。鯀的施工所作的努力，最先恐怕就是要對於濮陽築城築堤來保護。等到"護莊堤"築成，不料山洪到來，而水道却没有疏通，又被衝没。鯀與助手們還未想到水流不暢，防治無用。他們想到的是"護莊堤"不够高，不够厚。於是逐年加高加厚，或者真如淮南子原道訓所説，達"三仞"的高度③。歸結年復一年，河道不疏導，水無歸宿，治水終無成功。

　　由於鯀治水所師法的是共工氏的辦法，所以，對共工氏還需要説幾句話。

　　共工氏的居住地大約在漢時的共縣(今河南輝縣)，古代叫

①參考中國古史的傳説時代洪水解。
②滕文公下。古文尚書大禹謨。
③仞，有説是七尺，又有説是八尺。以七尺説近是。參考段玉裁説文解字注。

作共頭①,也名共首②。左傳昭公十七年:"共工氏以水紀,故爲水師而水名。"這一記載,一可以證明它的氏族很古老;二可以證明它同水有很深的關係。古書中談到共工氏的相當地多。有恭維它的,也有詆毀它的。可是不管怎樣,所有關於共工氏的傳説,幾乎全與水有關。國語魯語上:"共工氏之伯九③有也,其子曰后土,能平水土,故祀以爲社。"禮記祭法略同,不過改"九有"爲"九州",這不過是古今語的不同。左傳昭公二十九年載,這位后土的正名叫作句龍。此氏族中的句龍,對人民很有功績。當時就被奉爲后土,又被奉爲社神。這裏雖未談及水,可是共工氏的地區處在中國北方。我國北方凡談平土的功績總不免與治水有關。那句龍受人崇拜,像是與治水不無關係。我們如果看看我國的地形圖,就容易看出,共工氏的地區處在黃河開始散漫、水患開始嚴重的地方。自然要深思熟慮,想找出可以防禦水患的辦法。國語中詆毀共工氏"墮高堙庳"的辦法,或許就是句龍所發明,借以爲成功的良策。當句龍之時,降雨量較少。所以,他的治水,一半由於天時,一半由於人事,遂得到很大的成功。以後氏族興盛,聲名洋溢於各部落之間,由盛而驕,又值氣象上的大變遷,天時人事交互震蕩,就陷入覆亡的結果。看他們在敗亡的前夕,還在"墮高堙庳"。這就是説,他們還在盡最大的努力與自然界作鬥爭。他們的事業雖然失敗,精神仍是可敬的。周書史記篇:"久空重位者亡。昔者共工自賢,自以無臣,久空大官,下官交亂,民無所附。

①荀子儒效篇:"至共頭而山隧。"
②莊子讓王篇:"故許由娛於潁陽而共伯得乎共首。"
③編者注:"九",原脱,據後文及通行本國語補。

唐氏伐之,共工以亡。"這大約爲共工氏敗亡在人事方面的主要原因。共工氏自以爲賢,不信臣言,在氏族裏面已經有人感到他們從前所用壅埋治水的老辦法,已經很難應變適用,應該尋找其他較好的辦法。可是他們固執己見,牢守那些過時的成法,以至民窮財盡,催促覆亡的到來。

我們所知道關於共工氏的傳説大致如前所説。

(三)大禹在什麽地方治水

談到大禹治水,人們立時可以想到禹貢所説的九州,大禹就在九州之内治水。這九州,幾乎包括十八省,我們可以想象,當日大概是根據地域的具體情况的不同,進行或大或小規模的治理山溝或平原的水流渠道。在夏禹建立第一個王朝的興盛時期,在社會生産力較爲發展的條件下,也是有可能的。經我研究的結果,覺得禹治水雖自冀州始,但主要的地區,不過是在黄河下游,北方大平原上。我開始還覺得這是我個人的創見。後讀船山遺書,才知道王船山在二三百年前已經先我説過。從來全説"禹平水土"。船山把它分爲二事。他説:"九州之決,畎澮之濬,平土也;龍門之鑿,九河之播,平水也。先後異時,高下異地,濬治異術,合而爲一則紊矣。"①他很正確地指出我國西高東下。説:"使浩浩滔天漫及荆、梁,則兗、豫、青、揚深且無涯,不復有人矣。"又指出:"若云大河、江、淮及諸小水同時各漲於其地,則必天下同時皆苦霖雨,而河源遠出絶域,彼中晴雨必無一揆之理。江、漢之漲則因雪液。河水莫盛於礬水,在春夏之

①書經稗疏卷一"決九川"條下。

交;漢水盛於夏;江水盛於秋;其他小水多盛於春。此漲彼落,不能九州而同。況九年而如一日也。"①他在四書稗疏潯水條下更明指:"洪水者洪河,謂黃河也。"又引孟子"泛濫於中國"之文而明指:"中國者冀兗也。"(他提到冀,是指它壅塞的地方。)船山提出地形及氣候的不同而推斷它不能同時有洪水,至爲精審。他又指出:"河之下流彌漫於兗、豫之野。"②他這樣看法精確不移。禹貢把"降丘宅土"及禹治水十三年的時限全記於兗州的下面③,也是由於兗州(今山東西部、河北東部)在當日受河患最深。

　　要之,夏禹治水的主要地是治黃河下游的水患。施工最多的地方在兗州。而在豫州東部及徐州的部分平原,可能也曾施工。此外,北方的冀州,西方的雍、梁,中央豫州及南方荊州的西部,山嶽綿亙,高原錯互。全不會有洪水之患。荊州的東部及南部,當日二苗未服,夏初的勢力還未達到那裏。東南方的揚州,地多湖沼,人烟也較稀少,華夏勢力在此應是薄弱的。錢塘江以南的山岳邱陵地帶,也不至於全有洪水的泛濫;直到漢朝會稽郡只有廖廖幾縣。今福建一省,兩漢時只設有冶縣一縣。可見當日人烟稀少。堯、舜、禹時代,長江以南的文化却有相當發達。近年來,崧澤遺址、良渚文化遺址的發掘,從其出土遺物,反映着江南地區確

---

①書經稗疏卷一"決九川"條下。
②書經稗疏卷一"決九川"條下。
③參考中國古史的傳說時代 140 頁。我曾說:"所以在分叙九州段中,除去各州下叙貢賦的幾句,每句中一定包括一個或幾個專名,除了一州就毫無例外。"却是錯的。因爲在揚州、荊州下還有叙草、木、土不同的文字。雖然如此,這些錯誤還不至於影響於結論。

實存在着比較先進的文化①。江南湖池多,山邱也多,水,除部分低平地外,頗難成爲大災。東方的青州及徐州一部分,地勢較高,水似乎也不能成大患。

本來,我國古代華夏文化的孕育與成長的地域,開始在黃河流域中游以及下游。稍後,漸次擴展到江、淮及他水流域。與當地文化相互交融而形成的。我國冀、魯、豫大平原,數百里内幾乎不見坡坨。當時又没有像近古的堤防,黃河之水可以隨便奔流,常使人民"蕩析離居",實時勢所必然。所以,治理黃河下游是十分必要的。

(四)大禹的治水

大禹治水,這是我國古代一個最普遍的傳説。這個傳説,不但在尚書中記載着,左傳也記載公元前六世紀中葉有個劉定公説過:"微禹,吾其魚乎。"國語、墨子、孟子、管子、莊子、荀子、韓非子、吕氏春秋、山海經、大戴禮記以及史記,都有同類的説法,却没有一書對此提出過異議,在戰國百家爭鳴的環境中都無異説,這豈是偶然的呢?

有些人疑惑在這樣早期興修如此大工程是否可能,并且把它説成是"神話"之類。可是,埃及在四千年前就有人工開鑿的默里斗佛湖。古代旅行家還能見到它的遺迹,周圍有二百公里的廣闊。兩河流域最古的蘇美爾人的時代(約公元前三千年左右),已經有運河和溝渠的開鑿。夏禹時代約在公元前兩千四百年左

①崧澤、浙江餘杭反山良渚墓地發掘簡報、餘杭瑶山良渚文化祭壇遺址發掘簡報(文物 1988.1)。

右。我們中華民族在埃及、蘇美爾人之後或約略同時,爲什麼一定不可能? 難道咱們古華夏族人真愚昧不如人嗎? 這怎能説得通呢!

禹之治水是承繼前人的事業而大有改進,以至大功告成,後世敬仰。

鯀治水没有成功。每年雨季來臨,洪水大至,人民的廬舍田野被淹没,生命也受威脅。爲此,不得不繼續治水。到哪裏去找人才? 只有到治水的世家裏去找。因爲他們積累了不少成功與失敗的經驗。在這樣的基礎上,才會比較容易地找出治水的辦法來。當日治水的世家有兩家:一爲共工氏,一爲夏后氏。夏后氏承繼鯀的人叫禹。"共(工)之從孫"叫四岳。大約當時部落聯盟首長會議的決定,讓禹主持繼續治水的事務,使四岳協助他。他們接受了前人失敗的教訓,覺悟到以前那些"頭痛醫頭,脚痛醫脚"的辦法,雖説在雨量較少的時期勉强可以説是有成功之處,可是當氣候變化,雨量增加,水患頻繁的時候,就不可能抗禦。他們又觀察到水有所歸就不致於泛濫。怎麼才能使水有所歸? 深思熟慮的結果,惟有大規模疏導的治法。要想疏導河流,必須把河的上源與下游經過的地方,作一次實地考察,才能定施工的具體辦法。

禹貢所記的導山導水,難免有些誇張。寫這篇書的人雖是把西周以來所知道或聽説的(如黑水之類)山水挨次叙説一篇,這似乎不是堯、舜時代所能有,但至禹時,還是可能有的事實。古今來治水的程序總還有一些相同的地方。施工以前踏察一遍,總是不可少的經過。所以,禹貢所載是從素樸的傳説略有繼長增高後演出的,不會是從子虛烏有中臆造出來的。

　　最重要的考察,應該是黄河,當無疑義。禹貢説:"導河積石。"是説導黄河的工作從積石山起。此山所在,古今聚訟。照我們的看法,恐怕不是什麼大山或有名的山。山海經中屢次説到"禹所積石之山"①。由此可以推想禹或四岳領導着幾個助手,順着黄河的經流,翻山越嶺,向上游探尋。走過不少地方,最後到了一處,覺得上源過遠,無法探測。這一次的探測現在已經可以告一段落,回頭定計劃時已經敷用,不必再往前走。可是此次所到之處總該留一點記號,以便將來尋找。蒙古人作記號時就堆一堆石頭,叫作"鄂博"。當時的人民也只能有這個辦法。於是禹或四岳就領着助手們找些石頭,積成石堆。後人走過這裏,看見這一堆石頭,就把這個山叫作禹所積石之山。這個地方是在山西、陝西、内蒙、寧夏或甘肅的哪一處,現在全無法知道。所能知道的,在龍門的上游。隨着古人地理知識的進步,地名也逐漸向外轉移。昆侖是這樣,積石也應該是這樣②。

　　禹和四岳施工的方法及次序,只有國語、墨子、孟子三書所記較詳。墨子所記比較具體,可是有些誇張。我們可以從國語、孟子兩書所記找尋它的輪廓。

---

①山海經海外北經。海外西經作"禹所導積石山";大荒北經説:"其(先檻大逢之山)西有山,名曰'禹所積石'。"只有西山經次三經作"積石之山"。

②史記六國年表:"舜興於西羌。"羌即姜。西羌即今陝西關中西部姜水流域。姜、羌同屬一個部族,爲華夏族的一支。羌人分布於陝、甘、青的渭水上游,洮河、大夏河、黄河上流及湟水流域。在今甘肅臨夏(古河州)地區有積石山。縣城西北又有積石關,下臨黄河,兩山如削,兼河與關,形勢險要。看來,"積石"之命名,自有其來源。可以推想大禹或四岳及其助手曾探尋及此,也很難説。

　　國語周語下:"高高下下,疏川導滯,鍾水豐物,封崇九山,決汨九川,陂障①九澤,豐殖九藪。……"這一節是王船山所指"平土"的業績。有關係的地方可較多。所說的"九"不過指明它們的衆多,數目不限於九。也不一定分布於九州,不可以强找它們的名字。"高高下下",是說順地自然的形勢,高的地方培修它使之更高,低的地方疏瀹它使之暢通。鍾是聚的意思,聚畜水潦就可以養魚蝦,種菱茨,爲人民所利用,所以説"豐物"。"封崇九山",韋昭注:"封,大也;崇,高也。除其壅塞之害,通其水泉,使不墮壞,是謂封崇。"解釋的很好。"決汨九川",韋昭注:"汨,通也。"這是説把壅塞的川流決通。"陂障九澤,豐殖九藪。"澤、藪二字意義很近,可以合起來説,也可以分開來説。合起來説,就是説文"藪,大澤也"的解法;分開來説,就是"澤,水所鍾也;水希曰藪"的解法②。大致説起,澤與湖泊一類,藪與沼澤一類。澤水大,陂障起來,使它不致漫溢;藪水少,有水可以養魚鱉,有沮洳可以種蒲葦,有陸地可以走麋鹿。所以説"豐殖"。這是陂障疏導使水不爲患,反而爲民利的工作。

　　孟子講禹治水的事有兩處。一處在滕文公上:

　　　當堯之時,天下猶未平,洪水橫流,泛濫於天下。草木暢茂,禽獸繁殖;五穀不登,禽獸逼人;獸蹄鳥迹之道交於中國。堯獨憂之,舉舜而敷治焉。舜使益掌火,益烈山澤而焚之,禽獸逃匿。禹疏九河,瀹濟、漯而注諸海;決汝、漢,排淮、泗而

①編者注:"障",原誤作"彰",據後文及通行本國語改。
②周禮地官澤虞職下注。

注之江。然後中國可得而食也。當是時也，禹八年於外，三
過其門而不入。

這一節有不少關於地名的專名詞，這裏需要預先有個説明。就
是：孟子是北方（山東鄒縣）人，他所記關於北方地名事迹大致正
確；關於南方地名的事迹不可能全正確。

在北方治河的第一個問題，就是"疏九河"。

爾雅釋水内有"禹疏九河"之稱，并指出太史、覆釜、胡蘇、徒
駭、鈎盤、鬲津、馬頰、簡、潔等九河的名字①。關於其故道遺址，
東漢鄭玄説："今河間弓高（今河北阜城縣境）以東至平原鬲津
（漢書地理志作鬲縣。自注："平當以爲鬲津。"今山東德縣境
内），往往有其遺處。"再前，紀元前一世紀西漢成帝時，"治尚書，
善爲算，能度功用"的許商，在"與丞相史孫禁共行視，圖方略"之
後，也説："古説九河之名有徒駭、胡蘇、鬲津。今在成平（今河北
交河縣境）、東光（今仍舊名）、鬲界中。自鬲以北至徒駭間，相去
二百餘里。今河雖數徙，不離此域。"②據此，西漢人已經知道河
的故道有數次移徙，只是發生在東方這塊大平原上。馬頰河故道
在今山東平原縣境，徒駭河故道在今河北交河縣境，太史河故道
在今河北南皮縣境，覆釜河故道在今河北阜城縣境，胡蘇河故道
在今河北東光縣境，簡河故道在今山東恩縣境，潔河故道在今河
北南皮縣境，鈎盤河故道在今山東陽信、樂陵縣境，鬲津河故道在
今山東德縣境。要之，"九河"故道經流之地，均在黄河下游，即

①漢書溝洫志及爾雅本節疏。詩經周頌末篇正義所載九河名與爾雅全同，僅"覆鬴"
　作"覆釜"，爲古今字之不同。
②漢書溝洫志。

今河北、山東之間平原上。大致在禹治水以前，當夏秋雨季雖在東方大平原上泛濫，可是等到霜降節後，山水退落，注意觀察總可以看出主流若干條，數目也可能有十幾條。大禹順水勢之自然，把主流幹道加深加寬，使"水由地中行"，上流有所歸，下流有所泄，即可不致為患。把其他渙散微弱的流水掘通，使歸於主流。這些主流此後就名為"九河"。從此，"九河既道"，東方水患基本上得到治理。於是人民可以"降丘宅土"，發展農業生產。待到春秋後期，中原的戰爭較前期為少，人口當可增加，并且此時鐵器已經廣泛使用，以鐵耕田，生產加速發展，人民生活可以提高，更可促進人口的增長。到戰國前期，"齊與趙、魏以河為竟（境），趙、魏瀕山，齊地卑下，作堤去河二十五里。……時至而去，則填淤肥美，民耕田之，或久無害，稍築室宅，遂成聚落"[1]。黃河中下游，經流黃土地帶，飽含泥沙，水色呈黃，今古自當大致相同。原來經流雖有十數，可是逐漸淤積，數流或至斷絕。看齊、趙、魏三國築堤，去河均僅二十五里[2]。可以想象原來十數經流已有淤塞。漢鄭玄對"九河"已有"齊桓公塞之，同為一"的說法。漢賈讓尚有"堤防之作，近起戰國，雍（壅）防百川，各以自利"之說。其後，兩岸堤防中間又有居民與水爭地。降至西漢，"九河"當已無餘，僅成歷史名詞。原來的故道遺迹，大約在漢河間國一帶。河間地名見於戰國策[3]，應該是先秦的舊名字。有人

---

① 漢書溝洫志。
② 同上。
③ 戰國策燕策："效河間以事秦。"又："則齊軍可敗而河間可取。"

説是指"滹池河、滹池別河"之間①。滹池就是現在的滹沱。但漢人所用的"河"字是個專名詞,專指黄河。在史記河渠書中尚未出現"黄河"的名字,僅稱爲"河"。只在漢書高惠高后文功臣表中,首見黄河之名。而在漢書溝洫志裏也還稱"河"。所以,"河間"絶不能指滹沱之間。況漢河間國屬四縣,東到今東光縣界,西到今武强縣界。這些地方及其附近,平衍卑濕,水流散漫,"九河"流經於其間,所以得到"河間"的名號。

禹治黄河的故道在什麽地方? 禹貢"導河"條下僅有幾個地名,不够詳細。西漢人也已説不太清楚,今天更不必談。大略可知的是河水出山以後,所經地域比今日的經流略爲偏北。從新鄉、汲縣境東北去,過濬、滑二縣境,近濮陽,即轉而北,幾成南北綫;略由今日的滏陽河道、子牙河道附近北行,至天津附近流入渤海。史記河渠書又有"禹以爲河所從來者高,水湍悍,難以行平地,數爲敗。乃厮二渠以引其河,北載之高地……"的説法。"厮"訓爲"分","厮二渠"是説分作二渠。漢書溝洫志全録此説,僅改"厮"爲"釃",意義不變。水經注引此説,并詳述二渠所經過區域。如果他們所説不誤,那上面所説的河道當屬北渠。它的東渠入漯川,所經過地域比現在黄河經流稍偏北。入海處比現在入海的利津縣又略偏南。"北載之高地",看賈讓所陳治河上策"決黎陽(今滑縣境)遮害亭,放河使北入海。河西薄大山,東薄金堤,勢不能遠泛濫。……"的説法。"大山"在黎陽境内,所指的不會是太行山。看申報館印的地形圖(中華民國新地圖),

---

①漢書補注河間國下引何焯説。

在黃河北岸。山西中條、王屋諸山向東行,到了河南的輝縣北,山西的陵川縣東南,山勢向北轉爲太行山。綿亘於山西東境,河北西境,直達北京的西邊。可是在輝縣的西邊,山勢已經離開黃河。黃河北岸還有濟源、沁陽、博愛、武陟、修武、獲嘉諸縣,處於表示海拔五十米至二百米的高度的淡綠色圖上。往東到考城、長垣、濮陽、內黃而淡綠色盡。再往東到山東的定陶、荷澤,河南的清豐、南樂則代表高度的顏色變爲綠色,指示高度在海面與海拔五十米之間。賈讓所説的“大山”,只能指地圖上淡綠色與綠色間的變化。分渠處,據水經注説,在涼城縣東六十里的長壽津。涼城故縣在今滑縣東北,長壽津當離濮陽不遠。大禹於此地分疏河流,也許是想減輕宗教聖地帝丘(玄宮所在地)的水患。

　　孟子又説:“瀹濟、漯。”現在可就難講清楚。濟水,據爾雅釋水:“江、河、淮、濟爲四瀆。四瀆者,發源注海者也。”白虎通:“瀆者,濁也。中國垢濁,發源東注海,其功著人,故稱瀆也。”濟水爲我國四大水之一,似乎不難找出。并且禹貢以此水爲兗州(今山東西北、河北東南及河南內黃、延津以東,均古兗州地)的界水(兗,東據濟,與青州分界;南據濟,與豫州分界)。就在今日,河南省還有濟源縣,山東省城還叫作濟南,南邊又有濟寧縣。如此顯名,却説它難講清楚,似乎很難想象。可是此水不但早就斷流,并且它發源於濟源西北的王屋山。是明明在黃河之北。可是禹貢雖有“入於河”的記載,下文却又有“溢爲滎,東出於陶丘北”之文,是它又穿過黃河到了河南與山東境內。對於這條絶河而南的説法,後儒很難解釋,就有從清濁、從水味、從伏流種種不同的揣測,聚訟紛紜,無法究詰。又有説今日大清河或小清河的水爲濟水原有的經流。究之，河南東部和山東西部地勢比較平坦，河流改道比較容易。三四千年間河流改道很難計較。今日要想找出當日一切河流所經流的地區，是不可能實現的事情。我們現在既不能迷信經文全都無誤，又無法究知黃河南岸的滎與北岸的濟（或沇）是否有關係。就是"東出於陶丘北"的水與黃河南岸的滎有什麼關係，我們也無法知道。現在連出於陶丘的水也不可復見。所以，只好暫時談到這裏。不過，古代在黃河南岸有一條向東流的濟水，大約不成問題。

據水經注，瀁水源出東郡東武陽縣（今山東舊朝城縣境），在高唐縣注入河水。但看此文"瀹濟、瀁而注諸海"，好像瀁水獨行入海，不注入河水。孟子，鄒魯人，所記東方事，想無大誤。然則，後七八百年酈道元所記錄是否足信，也似成問題。古事茫昧，只好疑以存疑。

孟子所記關於江水事，大約采自流傳誇張的説法，并不足信。他説："決汝、漢，排淮、泗而注之江。"似乎江北大水盡歸江流。實則此四水，除漢水外，均不入江。汝水發源處離夏后舊都陽城（今河南登封告成鎮）不遠。可能有所施工。但據水經注，它發源於梁縣（今河南臨汝縣），東流到原鹿縣（今安徽太和縣境）入淮，不入江。雖説水道時有變遷，但汝水南有伏牛山脉遮隔，出山稍遠，又有桐柏、大別兩山脉遮隔，無法入江。淮水從吳王夫差通邗溝後才與江水相通，現爲歷史家所公認。此前千餘年不可能與江有交通。泗水在淮水北，淮不通江，泗怎能通江？至於疏導施工，據文獻記載，大禹與淮水有關係。"禹致群神於會稽之山"的説法起源頗古。今會稽在浙江中部，但當日所指實爲安徽淮水南岸的塗山。禹娶於塗山氏,古書多載。他在塗山與各氏族的首長會見,近於情理。古會稽爲塗山説,水經注記載的很清楚,可是酈道元不信它。它記載説:春秋左傳哀公七年,大夫對孟孫曰:"禹會諸侯於塗山①,執玉帛者萬國。"杜預曰:"塗山在壽春東北。"他接着就駁此説,説:"非也。"後又舉了一些理由。在酈道元的時代,大禹的傳記早已有了定型。所以他雖很清楚地知道本説,却不敢相信。時代所限,往往如此。禹對淮水做了一些工作,也很可能。至於漢水,雖説它入江,可是它的上游流於秦嶺山脉南面,流於山谷中,不致成災。它的下游流於平原之中,則可成水患。"堯戰於丹水之浦以服南蠻"。丹水在陝西商縣、商南,河南淅川各縣境内,南流入漢。這就可以證明這一地帶當日還是華夏集團與苗蠻集團互爭,勝負未決的地區。苗蠻集團與華夏集團同化較晚,它尚未服從。即使那邊有水患,禹與四岳也無法在動蕩的地區施工。至於孟子所載禹"八年在外"和"三過其門而不入"的傳説,可能來自遠古,與當年的實際經過大致相符。不過,不要把"八年"和"三過"兩個數目字過於泥執,那就對了。

孟子滕文公下關於禹治水還有一段記載。但比較簡單,包括的史實也不多。他説:

> 當堯之時,水逆行,泛濫於中國,蛇龍居之,民無所定;下者爲巢,上者爲營窟。書曰:"洚水警余。"洚水者,洪水也。使禹治之。禹掘地而注之海;驅蛇龍而放之菹。水由地中

①尚書皋陶謨、吕氏春秋音初、史記夏本紀均載此説。天問也説:"禹之力獻功,降省下土方,焉得彼嵞山女而通之於台桑。""嵞"就是"塗"字之異體。

行,江、淮、河、漢是也。險阻既遠,鳥獸之害人者消。然後人得平土而居之。

"營窟",焦循解爲"相連爲窟穴"。"下者爲巢,上者爲營窟",是說民居爲洪水所衝没,洪水未退,無法重建,在低的地方只好往樹上搭巢,在高的地方可以作相連的地下穴居或半地穴式居室,暫爲住所。這是孟子頗近情理的想象。至於古文尚書大禹謨舜説:"來禹,洚水警予。"當時人對洪水灾異非常驚恐,以爲上天的警戒,這是大致可信的。"蛇龍居之","驅蛇龍而放之菹"。趙岐注:"菹爲澤,生草。"這是説洪水未退,各種爬行動物與民争處。洪水既定,它們返回到水澤草叢中,不與民居相混雜。"險阻既遠,鳥獸之害人者消,然後人得平土而居之",果然人定勝天了。

(五)墨子所傳治水成績及鑿龍門的傳説

墨子書中記大禹治水的業績頗詳[1],并且載在兼愛中篇。它説:

> 古者禹治天下,西爲西河漁竇,以泄渠孫皇之水。北爲防原沈(音同孤),注后之邸,滹池之竇;洒爲底柱,鑿爲龍門,以利燕、代、胡、貉與西河之民。東方漏之陸,防孟諸之澤,灑爲九澮,以楗東土之水,以利冀州之民。南爲江、漢、淮、汝,東流之注五湖之處,以利荆楚、干、越與南夷之民。此言禹之事。

這一節文字頗有訛誤,難通讀。現將孫詒讓墨子閒詁的解釋臚陳於後,以利讀者。

---

[1]墨子自尚賢至非命各篇全是其門人記墨子的遺訓。墨子爲一宗教主。後人述説遺訓,不敢失真。對宗師原意不致有大出入。

墨子原文西、北、南下皆曰"爲"，獨東下曰"方"。孫氏説：
"以上下文校之，東方的'方'當作'爲'。與'西爲''北爲''南
爲'文正同。"這一説法應當爲是。今山西、陝西間的黄河，古人
叫作西河，以與東方出山北轉的東河相對。孫氏疑"漁竇"的
"漁"字爲"渭"之訛。又考證"竇"即"瀆"字。然則"漁竇"或爲
"渭瀆"之訛誤。畢沅則疑即"龍門"。孫氏疑"渠孫皇"爲"蒲弦
澤"之訛誤。釋"防原泒"的"防"爲堤防。又説："原亦水名，無
考。泒水……即滹池（滹沱）之原。"畢沅疑即"雁門泒水也"。
"注后之邸"，孫氏疑即"并州澤藪之昭余祁"。"滹池之竇"就是
"濾沱之瀆"。"洒爲底柱"，孫氏解："洒與下文灑同"，"灑""釃"
字通……分也。很是。"漏之陸"，孫氏疑"當作漏大陸"，"言大
陸之水漏而乾也"。"孟諸澤"，按爾雅釋地，在宋地。即今河南
商邱附近的低洼地，早已無水。"九澮"，孫氏引畢沅説："此'巜'
字之假音。爾雅：'水注溝曰澮。'按'九巜'即'九河'。"我又疑
惑"九澮"原作"九川[①]"。"川"古寫作"巛"，與古澮字的"巜"形
近似致誤。"梱"，閒詁引畢沅説："説文：'梱，門限。'則此梱蓋言
限也。"很是。"干""越"，孫氏説："干、越即吳、越。""干，邗之借
字。説文邑部：'邗，國也，今屬臨淮；一曰邗本屬吳。'管子内業：
'昔者吳、干戰。'據管子説，則吳、干本二國，其後，干爲吳所滅，
遂通稱吳爲干，故此云干越矣。"很是。墨子所言，西土之水、東
土之水以及南土之水，均經大禹所疏導。

墨子宗法大禹，所述大禹之事當擇群説中最張大者。這一節

———————

①編者注："川"，原誤作"州"，據後文改。

所述當即春秋時期民間傳説禹事的總帳目。所述各事未必爲子虛烏有,定有所據。

墨子稱禹"鑿爲龍門",文頗明白。吕氏春秋古樂也有"禹鑿龍門"之説。龍門在今陝西韓城縣與山西河津縣界中。孔傳:"龍門之河在冀州西。"漢志:"禹貢龍門山在左馮翊夏陽(今陝西韓城)北。"水經注:"龍門山在河東皮氏縣西。"括地志:"龍門山在同州韓城縣北五十里,山在今河津、韓城二縣界。"左傳定公四年:唐叔封晉"命以唐誥而封於夏虛,啟以夏政。……"那山西中南部舊爲夏虛,當無疑義。大禹本興於西羌(今陝西關中平原姜水流域),擴居於大夏之地(今晉南汾、澮、涑水流域),稱爲夏。這一帶正是夏后氏舊地,傳説在這裏很容易形成。此山(龍門山)東西横亘,中斷若門。或許古人看見山被横截,就疑它出於人工。大約最初河水穿山,從山梁上經過,逐漸洞穴擴大。也不知道什麽時候或許經過一次地震,遂致中斷。初斷時,石塊壅塞,上流定有泛濫,下流出現乾枯。此後又經過很長的歲月,或由於天然,或也參加一部分人力,使水流漸次通暢。可是,就是參加一部分人力,恐亦遠在大禹以前,未必同時。這種現象,在地質上實屬常見。後人把天然力誤認爲全是人力所爲。大概在大禹時也曾在這段山區峽谷中施過工,遂醖釀出"禹鑿龍門"的傳説。等到夏后氏擴移於河南洛陽一帶,這個傳説也跟隨着他們被覆於洛陽之南的伊闕龍門。唐代杜甫游龍門奉先寺詩,就是指伊闕龍門。韋應物龍門游遠眺詩,内有"鑿山導伊流"的詩句,明指伊水,一定是指這個龍門。在唐以前此地已有龍門的名字。兩京新記:"(隋)煬帝登北邙觀伊闕曰:'此龍門耶。自古何不建都於此。'"①其實,漢書溝洫志:"昔大禹治水,山陵當路者毀之。故鑿龍門,辟伊闕。"可知漢時龍門與伊闕并不同屬一地。伊闕雖有龍門之名,但它不見於漢書、水經注等古書。然其來源也較遠,并非起自唐時,大致可以斷言。此地之山并不高,而伊水又是一條不大的河,也不致成爲大水患。此山,中斷若門,或也由於天然。若言"開鑿",其重要性遠遠小於山陝間的龍門。據左傳昭公元年:"劉定公勞趙孟子於潁。館於雒汭。"劉子曰:"美哉禹功,明德遠矣。微禹,吾其魚乎。"古人見河雒而思禹功。大禹曾對河雒地區施過工,這是不成問題的。

　　"禹鑿龍門"之說,見於先秦古書。惟其事實未免誇張。因爲,開鑿崇山峻嶺即以今日工程技術進行的時候,尚且仍是一項艱巨的工程,何況在四千多年前生産力尚屬低下的時代裏,要想進行這項巨大工程,是有令人難予置信的程度。但是,如果説"禹鑿龍門"絶不可信,只能是神話,那末,不禁使人聯想起約在公元前二千六百年前的埃及金字塔巨大工程,又怎能建造呢?依禹貢:"導河積石至於龍門。"原未言"鑿"。龍門早已開闢。據此,我們理解爲大禹曾對這段峽谷河道中的壅堵亂石進行過挖開疏通的工作,這是可信的事實。至於河水經流山陝間峽谷得到龍門的名字,應該是相當早的。禹貢原文已稱龍門。水經注河水下引竹書紀年:"晉昭公元年(前531)河赤龍門三里。"足以説明山陝間河水峽谷得龍門的名字,也不會晚於此時了。

———————

① 太平御覽卷一五六。

（六）鑿井技術的發現與改進

　　自夏禹及四岳治水成功之後，經歷夏、商兩代及西周約近二千年來未見黃河爲患的記載。直到周定王五年（前 602）才記錄"河徙"。也不知道河水從何處徙於何處①。後人因此就覺得自夏禹施工治水以後經歷過約近二千年來而無災禍，足以證明夏禹治水技術精深，爲古代中國人民立下一大功績。我們還覺得此次治水曾獲得一件極爲重要的副産品，這就是鑿井技術的發明與改進。根據目前考古發掘資料，我國鑿井技術很早就已發明了。至夏禹時代這種技術得到改進。中原地區龍山文化遺址中，曾多處發現水井。山西陶寺遺址發現圓形水井。其中，一口早期井，口徑在 3 米以上，深度在 10 米以下，近底部井壁用圓木搭構成框形②。河南湯陰白營遺址發現正方圓角形水井一口，口部分兩層，大井口徑在 5 米以上，東邊有臺階。向下爲小井口，口徑在 3 米以上。井深 11 米。井内四壁用圓木壘成井字形木架，其交叉處并用榫③。洛陽矬李遺址發現圓形水井一口，口徑 1.6 米，井深 6.1 米見水④。臨汝煤山遺址發現橢圓形水井兩口⑤。河北邯鄲澗溝遺址發現圓形水井兩口⑥。這裏，值得注意的是，陶寺與白營的水井，井壁都用圓木壘分井架，説明當時人們已掌握了先

①漢書溝洫志："王莽時……大司空掾王橫言……周譜云：定王五年河徙，則今所行非禹之所穿也。"後人有"河徙砱礫"的説法，也不能指出"砱礫"何在。實則，這是由於後人念了訛本，訛上加訛，致成笑談。參看禹貢錐指卷十三下。
②陶寺遺址的發掘與夏文化的探索（中國考古學會第四屆年會論文集，1983 年）。
③河南湯陰白營龍山文化遺址（考古 1980 年 3 期）。
④洛陽矬李遺址發掘簡報（考古 1978 年 1 期）。
⑤河南臨汝煤山遺址發掘報告（考古學報 1982 年 4 期）。
⑥1957 年邯鄲發掘簡報（考古 1959.10）。

進的鑿井技術。

　　江南地區發現的水井,在年代上有的比中原更早。浙江餘姚河姆渡遺址中發現用木條架築的井架雛形的方形水井①。江蘇吳縣澄湖遺址,屬崧澤文化的直筒形水井,井壁是用蘆葦和竹箍圍撐構築的,屬良渚文化的水井,井壁則是用弧形大木板合圍而成的②。

　　從上述人工鑿井的情況看,我國江南地區遠在五六千年前就已經發明鑿井了。中原地區水井出現的時間較晚,至少也已有四千多年的歷史。而且龍山時代的鑿井技術是比較進步的,并不原始。按理説,應該有更早的水井發現。

　　據古書記載,鑿井技術是由大禹治水時的一個助手——伯益大力推廣的。呂氏春秋勿躬篇:"伯益作井。"經典釋文卷二井卦下引世本:"化益作井。"宋衷云:"化益,伯益也,堯臣。"淮南子本經訓:"伯益作井而龍登玄雲,神棲昆侖。"書中的"作"字,并無"發明"之義。只是他對鑿井技術的重視和改進。若言"發明",應在伯益之前。經典釋文同條下引周書:"黃帝穿井。"這一記載應當是可信的。雖然,在中原仰韶文化遺址中,至今尚未見水井遺迹,那可能是當時鑿井尚處於原始階段。但人工水渠道,却在洛陽矬李遺址仰韶文化層出現③。當時人們着重利用天然水源,沿着河流兩岸臺上居住,這是尋找仰韶乃至龍山(龍山時代有井,但仍多沿河兩岸居住)遺址的一條帶有普遍性的規律。自鑿

①河姆渡遺址第一期發掘報告(考古學報 1978 年 1 期)。
②江蘇吳縣澄湖古井群的發掘(文物資料叢刊 9)。
③洛陽矬李遺址發掘簡報(考古 1978 年 1 期)。

井技術發明以後，人們知道汲取地下水源，於是可以逐漸遠離江河湖泊進入到廣寬的原野上居住、生活和生產。從而擴大了耕地面積，有力地促進了生產力的發展。中國平原可耕的土地原比其他文化古國如埃及和兩河流域都較寬廣。這兩個地域（埃及、兩河）可耕的土地相差不多。每一個地域的可耕地只有我國最小的省份浙江面積的四分之一有餘。要是比河南省的面積，却是四分之一仍有不足①。就説河南西部多山岳，那單單它的東部平原比它們的可耕土地已經寬廣的多。更不要説河北省幾乎全是平原。山東也有平原不少。山西雖多山岳，而汾、澮、涑水流域的晋南地區也是平原之地。陝西雖多山岳，但“厥土惟黄壤，厥田惟上上”，肥美可耕地頗不少，尤其是關中平原。埃及和兩河流域，除離尼羅河、底格里斯河、幼發拉底河不遠的地區外，幾乎全被沙漠包圍，無法擴充耕地。若比我國有廣闊可耕的土地真是望塵莫及。此外，古代早期開化的國家，如斐尼基、希臘諸國的可耕地更狹小，同我國更不能相比。古代主要的經濟是農業和牧業。沙漠地區雖間有宜牧之地，可是牧地能供養的人口少，遠不能與農業區相比。我國擁有這樣廣大可耕的土地，一旦知道開渠引用河水和鑿井汲取地下水，以灌溉農作物，它將迅速地成爲人們的綠色生命綫。在這個基礎上，也將迅速地開放着文明之花。地理因素是重要的，它是文明的童年時代成長的基地。童年的增長，文明

①這是根據法國 A. Maret 和 G. David 所著從部族到帝國裏面的説法。他説：“兩河流域可耕的土地不能越過埃及。”又説：“埃及可耕的土地只等於西西里島的面積。”在這兩節內全没有舉出數字。我們找出西西里島的面積的數字來同中國各省面積的數字相比較，得出如此結果。

就越發展。而改造環境的力量也越來越强大。所以，鑿井技術的改進與推廣，雖說是治水工程所帶來的副産品，其實，也就是社會力發展的産物。在没有水井以前，人們只能局限於河湖畔不遠也不大的地方，很難向縱深發展。其餘廣大地區，只能任它“草木暢茂，禽獸繁殖”，爲動植物的世界。自有水井以後，情況就會發生很大變化，人們從此可以遠離河湖，可以逐漸地不必完全依賴於氣候、環境的恩賜，可以依靠自己的力量去改變大地的面貌。從而河湖、地理環境與自然條件對人類的控制力也在逐漸地減輕了。平原上各地區因爲不慮缺水，全部可以居住，處處可以選建村落與都邑。那附近的土地可以逐步闢爲農田。人們的經濟範圍不斷在擴張，社會生産逐步發展，社會經濟也隨着繁榮起來。我國文化的大發展才得有可靠的基地。考察它的作用，我國古代文明的帷幕也在徐徐地拉開了。總之，鑿井技術的發明與改進，不只影響於人民的生活與生産，并且對我國古代文化與文明的進展都有着深重影響。

大禹的重要事迹還有“征三苗”以及“伐有扈”，等等。

（七）大禹伐三苗

我國古代華夏族，是以夏族爲主體，由夏、苗、蠻、夷、狄、戎、羌等族共同融合而成的。三苗是苗蠻集團中最有名的氏族。又叫作有苗、苗民。山海經海外南經稱作“三苗國”。苗、蠻古字同音同義。唐虞時多説三苗。衹有吕氏春秋：“堯戰於丹水之浦以服南蠻。”其實，此處所説的蠻就是苗。至周以後，又常説蠻而苗不見。所以，苗蠻不必强加區別。三苗與中原華夏族之間，主要在文化上、地望上以及習俗等方面顯有差異。等待融化於華夏族之内，又同屬炎黃之後。

三苗的地域。戰國策吳起説："三苗之居，左彭蠡之波，右有洞庭之水。文山在其南而衡山在其北。"彭蠡即今鄱陽湖，洞庭即今洞庭湖。文山今已不知爲何山。衡山不是今之湖南衡山，或許就是今之霍山，在安徽六安境。據此，三苗主要活動於湖南、湖北、江西以及安徽、河南南部等地，爲南方一大部族。

古代華夏與東夷相遇於東方大平原上。由於交通便利，人民同化比較容易。所以到帝堯時已經"于變時雍"，和睦相處起來。南方却多是沼澤山岳，交通艱阻，融化比較困難。所以衝突時間也比較久。三苗也曾"臣服"於中原，加入華夏部落大聯盟。惟其對堯、舜的態度不够忠實，若即若離，或"臣"或叛，并在"江淮荆州數爲亂"，常鬧獨立，於是把他們的首領驅逐到三危（注：三危在敦煌。鄭玄注：三危在岷山之西南，非沙州之三危也。）邊遠的地方去。這時三苗的勢力也够强大，已構成堯、舜、禹時代在南方的威脅力，所以對其備加注意。采取各種政策，主要是軍事壓力。出兵征戰，這在堯時已經開始。前引"堯戰於丹水之浦，以服南蠻"。以至帝堯衰老，由舜代行其政。左傳昭公元年："虞有三苗。"呂氏春秋召類："舜却苗民，更易其俗。"舜時，對三苗的策略有所改變，主要采用安撫的辦法，更易他們的習俗，使其接受中原華夏族較高的文化，也就加速了民族融化的進程。

在湖南境内有較多關於舜的傳説。"舜葬蒼梧之野"，堯女舜妻爲湘君，等等。可信的程度自然很成問題。但是舜必須與此地有相當的關係，才可能發生這些誇張的傳説。舉例説，諸葛亮南征的經過，三國志記載頗詳。可在三國演義中，在雲南的民間傳説裏面却多有誇張。但，如果諸葛亮没有南征，這一類傳説就根本不會有的。從雲南的傳説經過可以理解傳説與史實的關係。所以説傳説中必有其歷史的核心。就傳説推測，帝舜也曾"御駕親征"到過洞庭湖附近，也很難説。這時華夏與苗蠻兩個集團的衝突問題尚未完全解決，等到大禹伐三苗，是爲此二集團衝突的後期。

　　關於禹伐三苗這次戰役，先秦諸子談及的雖然還不在少數，可是語多不詳。比較詳細的還得去看好談禹功的墨子。墨子非攻下篇：

　　　　昔者三苗大亂，天命殛之，日妖宵出，雨血三朝。龍生於廟，犬哭於市。夏冰①，地坼及泉。五穀變化，民乃大振。高陽乃命玄宫，禹親把天之瑞令，以征有苗。四電誘祇。有神人面鳥身，若瑾以侍，搤矢有苗之祥，苗師大亂，後乃遂幾。禹既已克有三苗。

這時，宗教勢力很强大，每次用兵全要奉承天命。"日妖宵出"，墨子閒詁："日妖不可通，疑'日'爲'有'的訛誤。"又據通鑑外紀引隨巢子、竹書紀年"三苗將亡，日夜出，晝日不出"的記載，疑"妖"爲衍文。其實，"妖"，異也，日夜出就是妖異。"高陽乃命玄宫"，閒詁："此當作高陽乃命禹於玄宫。下文禹征有苗正承此文而言。今本脱'禹於'二字則文義不明。"很是。"四電誘祇"，很難解。閒詁："疑當作雷電誖振。雷壞字爲'田'，又誤爲'四'。振同震。誖、誘、振、祇，形相近。誖、勃、振、震，字通。書無逸：'治民祇懼。'史記魯世家'祇'作'震'，是其證也。"雷電誖振，就

―――――――――

①編者注："冰"，原誤作"水"，據通行本墨子改。

是説,當禹受天命時雷電大震。這種與自然現象的巧遇,是常有的事。但附會一説,就成爲神話。"有神人面鳥身",聞詁:"即明鬼下篇秦穆公所見之句芒。"很是。亦即"句(音勾)芒鳥身"。"若瑾以侍",聞詁:"'若瑾'疑'奉珪'之誤。'若',鐘鼎文作'𦊒','奉',篆文作'𡘹',二形相似。'珪''瑾'亦形之誤。儀禮覲禮記方明六玉云:'東方圭。'周禮大宗伯禮四方玉云:'東方以青圭。'白虎通義文質:'珪位在東方。'是珪於方位屬東。句芒亦東方之神,故奉瑾(珪)。猶國語晋語:'西方之神蓐收執鉞矣。'"按這樣解釋"若瑾以侍",就是説:句芒神手捧着玉珪在高陽旁邊侍立。"撎矢",聞詁説"未詳"。或許"矢"爲"弓矢",意指武器而言。"祥",聞詁説:"疑作'將'。將或通作'牂',與'祥'形近而譌。"當是。大約指禹師的箭射中了三苗的將官。"幾",聞詁引説文:"幾,微也。"言三苗之後世遂衰微也。

　　上一節中最困難的一句是:"高陽乃命禹於玄宮。"今據史記五帝本紀,禹與舜同時,與帝顓頊高陽氏中間隔着嚳、堯二帝。如果數堯兄摯,也可以説隔三帝。何以能受高陽之命? 聞詁據藝文類聚符命部引隨巢子"天命夏禹於玄宮"的説法,説他"非高陽所命"。我們也覺得大禹得見帝顓頊是没有這種可能性。那末,禹受命於高陽應該如何解釋? 據我們研究,帝顓頊是個部族首領又是一個大宗教主。"絶地天通"就是他在宗教方面所作出的重大改革[1]。由是威靈煊赫,聲名遠播。"大小之神,莫不砥屬。"[2]待他死後,他的子

---

[1]參考中國古史的傳説時代(增)第二章第五節帝顓頊。
[2]史記五帝紀集解引王肅説:"砥,平也。四遠皆平而來服屬。"

孫仍繼任他那宗教主或大巫的教職,不過威靈聲名比起他們的祖先差的很遠,所以就不顯著。不知道又經過幾百年,到了堯、舜、禹時代,這時社會生産力有較大發展,社會正在質變。這三位首長對當時社會的進展也作了一番事業,於是他們的聲名又超過了帝顓頊。但是,就在這時,帝顓頊的後裔——宗教主或大巫,仍可以同時存在。有虞氏雖也出於高陽,可是舜的事業偏於民事方面,宗教主或大巫的職位仍當屬於高陽氏。所以禹伐三苗,雖禀承舜的意志,而受命於高陽氏却更爲重要。宗教主爲天帝在地上的代表,受命於高陽就是受命於天。隨巢子的話與墨子的話并無矛盾。又據左傳、國語所載,句芒爲木正,并非刑神。"天之刑神",實爲蓐收①。此次征伐大事何以刑神不列席而木正列席?也足以使人疑惑。其實并無可疑。五官的説法比較晚近。裏面的玄冥一定是治河死於水的商侯冥,他生當夏代中葉。就可以説明五官的出現不太早。後人由於五官的氏族爲少皞、顓頊、共工,遂誤認五官説法成立於三代以前。近人又誤認爲劉歆所僞造,或認爲子思、孟子造作五行之後,這全是極端的主張,不是真實。句芒,據左傳,名重②,也就是"司天以屬神"的南正重,是傳達天命的大巫。他死後,他的子孫仍可承襲他的南正大巫的世職,傳達天命。列席征伐大典,實屬必然。所傳"鳥身",是由於"重"出於少皞氏。因"少皞氏以鳥名官"。鳥,應當是少皞氏族的圖騰。

①左傳昭公二十九年:"故有五行之官,是謂五官。……木正曰句芒,火正曰祝融,金正曰蓐收,水正曰玄冥,土正曰后土。……使重爲句芒。"國語晋語"如君之言則蓐收也,天之刑神也"。
②同上。

今日尚有屬於鳥圖騰的人民。兒童修髮時，還在頭前留一撮髮以像鳥頭，後面留一撮髮以像鳥尾，兩側各留一片以像鳥翼。那“重”的身上也應當帶有像鳥的裝飾。世遠傳訛，就變成了“鳥身”。“撠矢有苗之祥”，這句話頗爲難解。但看下文“苗師大亂”之語，或指苗民的將官中了禹師的箭，遂大亂敗潰。

韓非子五蠹：“當舜之時，有苗不服，禹將伐之。舜曰：不可。上德①不厚而行武，非道也。乃修德三年。執干戚舞，有苗乃服。”

禹伐三苗是曾稟承舜的旨意。而呂氏春秋上德、荀子賦篇、淮南子氾論訓也有類似之説。在古文尚書大禹謨中也有一節談到這個問題②。各書所記，雖詳略不同，而旨意則一。全是説禹曾承舜之意，對三苗的策略上稍有改變。“修德三年，執干戚舞。”主張修德，不用干戈。厚施於其民，瓦解其鬥志；并以“舞”的形式，大習武事。這樣，兩手行事，文武兼用，文中寓武。結果，有苗乃降服。這一記載大致近於情理。墨子兼愛下引禹誓：“禹曰：濟濟有衆，咸聽朕言。非惟小子，敢行稱亂。蠢兹有苗，用天之罰。若予既率爾群對諸群（閻詁“爾群對諸群”，當讀爲“群封諸君”。當是），以征有苗。”這可能是（真）古文尚書中的記載。

---

①編者注：原於“上德”後衍“不德”二字，據通行本韓非子删。
②呂氏春秋上德篇：“三苗不服，禹請攻之。舜曰：以德可也。行德三年而三苗服。”荀子賦篇：“干戈不用三苗服。”淮南子氾論訓：“舜執干戚而服有苗。”古文尚書從上三書之意，推演出舜的命辭。又説：“三旬苗民逆命。”又推演出益的贊辭。又説禹用益的話，“班師振旅，舞干羽於兩階，七旬有苗格”。格訓爲來。是説七十天後苗民不待征伐，自己來服。

這次禹伐三苗，與上次的情況不一樣。上次是稟承舜的旨意，這次是以王的權位下令的。禹説：濟濟衆民，大家都要聽我的話。只因有苗"敢行稱亂"，我要替天行道懲罰他們。這時，禹已登上王的寶座，夏王朝開始建立了。上次戰役，"司天以屬神"的南正重，句芒也許參與出征盛典，也許隨軍征伐。此時"司地以屬民"的火正黎，祝融是否也參與？據史記楚世家楚爲祝融之後。到春秋時仍與北方華夏相抗衡，是否這一次祝融已經爲南方的首長，領導抗争，不幸亂敗，歷久不振，直到周朝衰微以後才由楚恢復勢力呢？歷考經過，似不可能。楚爲"帝高陽之苗裔"，見於離騷。黎又爲帝顓頊所命的火正。祝融氏故墟，左傳昭公十七年："鄭，祝融之虛也。"他的後人分爲八姓：己、董、彭、禿、妘、曹、斟、芈。

己姓：昆吾、蘇、顧、溫、董。昆吾，左傳："昔我皇祖伯父昆吾，舊許是宅。"又："衛侯夢……登此昆吾之虛。"在今河南許昌，一在帝丘（今濮陽）。蘇、溫，在今河南溫縣。顧，在今河南范縣。董，未知何在。董姓：鬷、豢龍，在今山東定陶。彭姓：彭祖、豕韋、諸稽。彭祖，在今江蘇徐州。豕韋，在今河南濮陽。諸稽，無考。禿姓：舟人，在今河南密縣一帶。妘姓：鄔、鄶、路、偪陽。鄔，在今河南偃師。鄶，在今河南密縣。路，無考。偪陽，在今山東嶧縣。曹姓：鄒（邾），湖北黃崗，後遷山東鄒縣。莒，在山東莒縣。斟姓無後。芈：夔、越、荆（後改爲楚）。夔，在湖北秭歸。越，江上楚蠻之地，約在湖北南境的一個地方。楚，原在丹陽，後遷郢（今湖北江陵）。

從上所述，祝融八姓，除了曹姓的鄒（邾），芈姓的夔、越、楚，在今<u>湖北</u>境之外,餘國皆在北方,即今<u>河南</u>、<u>山東</u>、<u>江蘇</u>北部一帶①。尤以分布在<u>豫</u>中之地更爲密集。在考古學上,<u>豫</u>中地區<u>仰韶</u>文化<u>大河村</u>類型的分布地域,與<u>祝融</u>八姓中不少氏族在<u>豫</u>中的聚集地大體一致。更值得注意的是,<u>鄭州大河村</u>遺址中出土彩陶天文圖像,陶鉢上繪有十二個太陽紋,又出土星座圖案殘片,可能是<u>北斗星</u>尾部形象②。這些太陽、星象方面的考古資料,又與<u>祝融</u>③氏崇拜太陽和改進曆法的傳説,十分恰合。此可作爲<u>祝融</u>氏原本屬於北方,并不屬於南方的佐證。

還有一點也是重要的。就是火正<u>黎</u>實爲宗教首領,大<u>巫</u>。而<u>尚書呂刑</u>却説:“<u>苗民</u>弗用靈。”“靈”字有解作“命”④,有解作“善”⑤。都不算錯。但那全是後起的引申意義,并非本義。<u>楚辭</u>中用“靈”字很多。<u>王逸</u>解<u>九歌東皇太一</u>:“靈偃蹇分姣服。”<u>雲中君</u>:“靈連蜷分既留。”<u>東君</u>:“思靈保分賢姱。”“靈”作“巫”。其餘的隨文解釋作“神”,作“君”,作“精誠”,又作“日神”“雲神”“河伯”等名。其實,全是從“巫”義引申出來的意思。“靈”字下部從“巫”,“巫”爲“靈”的本義。<u>呂刑</u>:“罔中于信以覆詛盟。”“詛盟”就是俗話中的“賭咒”。也就是<u>國語</u>“無有要質”的“要質”。“詛盟”“要質”,是巫教中所看作神聖不應侵犯的事情。對

---

① 參考<u>中國古史的傳説時代</u>(增)63—66 頁。
② <u>鄭州大河村遺址發掘報告</u>(考古學報 1979 年 3 期)。
③ 編者注:“祝融”,原誤作“祝豫”,據文意改。
④ <u>禮記緇衣篇</u>〔編者注:“緇衣篇”,原誤作“淄衣篇”〕引此文即作“苗民匪用命”。
⑤ <u>尚書孔注</u>:“不以善化民。”<u>墨子尚同中篇</u>引作“<u>苗民</u>否用練”。<u>墨子閒詁</u>引<u>錢大昕</u>説“否即不字”,“靈”“練”聲相近。<u>緇衣</u>〔編者注:“緇衣”,原誤作“淄衣”〕引作“匪用命”,命當是令之訛。令與靈古文多通用,令、靈皆有善意。

它不守信用,就是對巫教最大的污辱。從這一點就可證明"弗用靈"的"靈",實用"巫"的本義。火正黎爲大巫,如果是他領導南方的鬥爭,怎能説南方的苗民"弗用靈"呢? 從這一點也可説明火正黎本不屬於南方的。呂刑所載資料也很重要。只因以前對它有若干誤解,所以我們不得不還要對它多説幾句話。

首先,要問呂刑是什麽時候作的? 舊説是周穆王命呂侯作的。因此篇開頭所説的"惟呂命,王享國百年,耄"。王就是周穆王。據全文,西周時周王以外還有不少的君長稱王。那呂國的君稱王,也很説得通。古語命、令二字可通用。呂命王實即呂令王,享國百年的是他,并不是周穆王。這個問題尚在聚訟,仍無定論。我們所要注意的是這篇呂刑的寫作時代。就呂刑的文字看,拿它與時屬東周的尚書中文侯之命與秦誓相比,文風相差很遠。然則,它屬於西周,當無問題。或者也可以説它是西周前期的作品。呂刑中關於苗民的文字如下:

> 苗民弗用靈,制以刑。……民興胥漸。泯泯棼棼,罔中于信,以覆詛盟。……皇帝哀矜庶戮之不辜,報虐以威。遏絶苗民,無世在下。乃命重黎,絶地天通,罔有降格。……皇帝清問下民,鰥寡有辭于苗。乃命三后,恤功于民;伯夷降典,折民惟刑;禹平水土,主名山川;稷降播種,農殖嘉穀。三后成功,惟殷于民。……惟時苗民匪察于獄之麗。……上帝不蠲,降咎于苗。苗民無辭于罰,乃絶厥世。

這裏有兩點需要説明:第一,在這一節的前面有一節叙述以前蚩尤的事,後人因此生出許多糾紛,不少人説,蚩尤爲九黎之君,三苗出於九黎。於是蚩尤、九黎、三苗三名糾纏不清。據我們考證，九黎氏族實在今山東西部、河北南部、河南北部與山東相鄰處。蚩尤爲其首長，屬東夷集團；三苗氏族却在今湖南、江西兩省以其附近地，屬苗蠻集團①。清末學者説蚩尤爲苗民首領，實屬錯誤。前文所述蚩尤事與此苗民實屬兩事，不相關聯。不應該由於吕刑文中的連叙，就把他們混淆起來。第二，"絶地天通"，"命南正重司天以屬神，命火正黎司地以屬民②"，"重實上天，黎寔下地"，按國語説，很清楚地是在帝顓頊之世。可是同苗民的衝突，主要又在堯、舜、禹之世，無法調和。後人就把重、黎説成羲和，説重即羲，黎即和。實則，羲和本爲一名，或爲一氏族名，或爲一人名。堯典分它爲二名或四名，已失古義。但堯典仍屬先秦古書，并不出自秦以後的人所臆造，并且自有來源，與"重""黎"的傳説無關。後人由於"重"與"黎"所屬關於天事或天象，而堯典中的"羲"與"和"也是管理同類的事項，遂把他們牽合到一塊，説羲和爲官名③。羲近重，和近黎④。再後就直接説羲即重，和即黎了。後人牽合的來由，大約就是見於吕刑此文。覺得國語與堯典的説法，顓頊與堯時代不合，遂用牽合法强作解釋。鄭玄雖也這樣説，可是他還覺得這種説法有矛盾。所以又説："'皇帝哀矜庶戮之不辜'至'罔有降格'，皆説顓頊之事。乃命重黎即是命重黎之身，非羲和也。'皇帝清問下民'以下乃説堯事。顓頊與堯再誅

---

①參考中國古史的傳説時代(增)48—66頁。
②編者注："民"，原誤作"地"，據通行本國語改。
③史記曆書。
④揚子法言引見尚書正義命羲和節疏中。

苗民,異代別時,非一事也。"①但顓頊時誅苗民一事,古書中全無
證據。孔穎達已經感到不易説通,所以接着説"於鄭義爲不愜",
"於孔説又未允,不知二説誰得經意也"②。前人的説法既難順
通,所以我們就須另尋解釋。

　　首先,我們要説"弗用靈"。這雖是一次用兵的口號,却也只
是戰勝者對戰敗者的詬厲。禹與苗衝突的主要原因,是由於中原
部族與南方部族之間各自發展利益關係的接觸中而發生的。
"弗用靈"雖不是主要原因,但很可以增加衝突的強度。顓頊之
時,在北方與東方,作過一次宗教方面的大改革。"絕地天通"使
宗教由原始的巫術階段進入比較進步的真正宗教階段。由於他
同東方的名人——"重"合作,就進行的頗順利。在那邊已經可
以使"民神異業,敬而不瀆"。可是在南方苗蠻集團裏面還沒有
經過這樣的改革,同從前東方九黎氏族處於相同的原始巫術階
段。所以,國語説:"三苗復九黎之德。"這從北方集團比較進步
的宗教觀點來看,却很不順眼。據呂刑,當日苗民中還是一點習
慣法與北方不同,就是苗民所用的刑法比較嚴酷。"制以刑",
"哀矜庶戮之不辜,報虐以威。遏絕苗民,無世在下"。就是説上
帝哀憐庶衆受刑人的真正無罪,拿嚴威報復殘虐的苗民,使他們
在下土不得有後嗣。兵威征服他們以後,就要重黎(這裏只是
黎,與重無干。大約古人常把"重"與"黎"這兩個名字連在一起,
時久遂混作一名。史記楚世家在述楚先人時也承襲了這個差

---

①引見尚書正義呂刑疏中。
②同上。

誤）到南方去作這種改革，以後就留作此區域的首長。

楚世家所述他們先人的歷史，大致是可靠的。芈姓的楚和曹姓的邾（即鄒），原在今湖北黃崗境內，也留在那裏，世爲君長。淮南子天文訓：「南方其佐朱明。」這位朱明，大約就是邾國的君長。由於他也是祝融的子孫，屬於他那宗教集團，所以死後也被尊爲帝佐，奉爲神靈。祝融氏及其子孫大都留在北方黃河兩岸地區。左傳説祝融氏族出自顓頊，離騒説「帝高陽之苗裔」，均屬史實。

吕氏春秋：「舜却苗民」，「更易其俗。」這次戰役，北方的主帥是爲禹。「更易其俗」，就是要使苗民改信北方比較進步的巫教，接受中原較高的文化。又據周書史記篇：「外内相間，下撓其民，民無所附，三苗以亡。」這大致是當時苗民貴族內部互相離間，互相爭奪；對下，阻撓人民，加重剥削與壓迫；人民無所依附，無以爲生。由是三苗因此而亡。這或者是三苗氏①危亡的真正原因。

要之，此次征服三苗氏的戰役，相當曠日持久。大約是由於南方多沼澤及山岳地帶，不易平靖。戰役的實質，是爲兩集團各自發展後的利益衝突。口號却爲「弗用靈」。南方不信北方比較進步的巫教，不重視北方文化。北方兩大巫：「重」（更應該説是「重」的子孫）親自參與出師典禮，主持其事；「黎」（「黎」的子孫）却隨軍遠征，也許參與謀議。等到戰勝以後就留他在那裏爲君長，宣揚教化。此後，南方人民逐漸改信巫教，接受中原文化。祝融子孫留居南方，漸使苗蠻「更易其俗」，加速了文化交流與

---

①編者注：「三苗氏」，原誤作「三危氏」。

融化。

直到西周康王之時,楚之先王熊繹,闢在荆山,"唯是桃弧,
棘矢,以共禦王事"①。因爲他是大巫的子孫,所以他們所用的桃
木,直到十九世紀在術士中還視爲威靈之物。此外,後世過新年
時,"貼畫雞户上,懸葦索於其上,插桃符其旁,百鬼畏之"②。桃
符流傳後世漸變爲門對,已經消除了避邪的迷信。可是今日尚有
好古迷的先生們仍叫門對爲桃符。這與四五千年前宗教上的大
事是有關係的。

總之,經過幾次征伐三苗,夏禹取得了勝利。從此,打開了以
前人民之間"老死不相往來"的狀態,開始互相交往。這種交往
不僅限於物物互通的經濟貿易上,同時也必然是政治上和文化上
的交往。這樣一來,那信仰上的不同、言語上的不通以及山河沼
澤的阻隔等人爲的或天然的障礙,也被這種交往、交流的衝力漸
次克服了。苗蠻集團也終於在交往中逐步融合於華夏民族之
中了。

(八)大禹伐有扈

有扈氏,見墨子引禹誓及尚書甘誓。鄭玄注:"有扈,與夏同
姓。"爲姒姓之國。國語楚語上:"堯有丹朱,舜有商均,夏有觀
扈。"觀、扈皆爲夏之同姓,大概是夏族的一支族。他們所處的地
域,依漢書地理志:"右扶風,鄠,古國,有扈谷亭。"即今陝西鄠
縣。禹爲什麼要討伐它呢? 禹誓:"威侮五行,怠棄三正。"淮南

---

①左傳昭公十二年。
②荆楚歲時記。

子齊俗訓注:"以堯舜舉賢,禹獨與子,故伐啟。"墨子:"與有扈氏
爭一日之命。"這就是説,禹開創了家天下,以王位傳給子啟,建
立了父傳子的世襲制度。有扈不服,起而抗爭。即是一場爭奪王
位的奪權戰鬥。

對於有扈氏的討伐,在古書中有兩種不同的意見:

一種説法是,禹伐有扈氏。墨子明鬼下引禹誓文與甘誓基本
相同。作爲禹伐有扈,大戰於甘。以甘誓爲禹事。莊子人間世:
"昔者堯攻叢枝、胥敖;禹攻有扈。國爲虛厲,身爲刑戮。"呂氏春
秋召類:"禹攻曹魏、屈驁、有扈,以行其教。"説苑政理:"昔禹與
有扈氏戰,三陳(陣)而不服。禹於是修教一年,而有扈氏請服。"

另一種説法是,啟伐有扈氏。把伐有扈的事歸之於禹之子
啟。今文尚書甘誓、書序:"啟與有扈,戰于甘之野,作甘誓。"史
記夏本紀用書序説。呂氏春秋先己:"夏后伯啟與有扈戰於甘澤
而不勝。六卿請復之。夏后伯啟曰:不可。吾地不淺,吾民不寡,
戰而不勝,是吾德薄而教不善也。於是乎處不重席,食不貳味,琴
瑟不張,鐘鼓不修,子女不飭,親親長長,尊賢使能。期年,而有扈
氏服。"此外,周書史記篇:"昔夏之方興也,扈氏弱而不恭,身死
國亡。"却未説明是禹或啟之時。

兩種説法不甚相合。清孫詒讓調和二説,他説:"自禹、啟皆
有伐扈之事,故古書或以甘誓爲禹誓與。"[1]這一説法似乎可通。
但照莊子"國爲虛厲,身爲刑戮"之説,禹時,甘地(有扈南郊地
名。甘,水名。水經注:"渭水東徑槐里縣故城南。渭水又東,合

---

[1]墨子閒詁明鬼下篇注。

甘水,水自南山甘谷。……又北徑甘亭西,在水東鄠縣。"即在鄠縣西。訓纂:户、扈、鄠三字一也,古今字不同耳)一戰,有扈氏損失很重,幾乎一蹶不振。是否當啟時它又興復,再爲夏后氏之敵,故需要啟再次興師去征伐它,也很可疑。對於此點,我們也只好"疑以傳疑"。但覺以孫説爲是。以上二説,均當係早期傳説的留遺。

墨子所記禹誓文,與尚書甘誓文大同小異。或係孔子當日所見的尚書本文,也很難説。現將墨子此節照録於後,并把今甘誓異文附注於括弧內。全文如下:

> 禹誓曰:"大戰于甘,王乃命左右六人,下聽誓于中軍(乃召六卿)。曰(王曰:嗟,六事之人,予誓告汝):有扈氏威侮五行,怠棄三正。天用剿絕其命。有(又)曰:日中,今予與有扈氏爭一日之命,且爾卿大夫庶人,予非爾田野葆士(俞樾説:"士"疑"玉"字之誤,"葆士"即"寶玉"也。史記周本紀"展九鼎保玉")之欲也("有曰"之後的文句,甘誓無)。予共行天之罰也(今予惟恭行天之罰)。左不共于左(甘誓多"汝不恭命"四字),右不共于右(以上二個"共"字,甘誓均作"攻"),若不共命(甘誓作"汝不恭命"),御非爾馬之政,若不共命("爾",甘誓作"其";"政",甘誓作"正";"若不共命",甘誓作"汝不恭命")。是以賞于祖,而僇于社(甘誓作"用命賞于祖,弗用命戮于社")。"

禹誓這是一篇禹伐有扈的戰爭動員令。有扈的罪狀,主要是輕視五行,不用夏的曆法,不聽禹的命令,反對禹所確立的世襲新制度,企圖阻礙社會制度的變革。禹爲了維護自己新的統治,於是發動了這次戰争。據吳子圖國篇:"有扈氏之君,恃衆好勇,以喪其社稷。"大概有扈氏的勢力也是够强大的。但它畢竟違背了當時天下的新潮流,妄圖阻止歷史的前進。這一部分維護舊制度的勢力,終於被打敗了。禹取得了勝利,它標志着階級社會産生的歷史必然性,標志着早期國家向着融化統一發展的時代趨勢。

墨子所引禹誓,足以證明在墨子之前西周春秋以來已有禹誓或甘誓的記録。我們相信夏代已經有了文字。在考古資料上,陝西關中平原,西安半坡,臨潼姜寨以及長安、銅川、郃陽等處仰韶文化遺址中,發現陶器上的刻劃符號已共達 270 多個,符號種類也已達 52 種之多①。郭沫若先生説,西安半坡陶器上的刻符,"可以肯定的説,是中國原始文字的孑遺"②。大汶口文化中,陶器上的刻符,唐蘭先生説,"當時已經有簡體字,説明它們已經很進步的文字"③。馬家窑、龍山、良渚文化中,發現陶器上或骨器上的刻符。這些刻符中的個别字形結構與甲骨文接近,應屬文字範疇④。值得注意的是,山西襄汾陶寺龍山文化出土的陶扁壺上,發現毛筆硃書字樣,與殷墟甲骨文同形字類同。又:最近,河南舞陽賈湖遺址,出土八千年前的甲骨契刻符號,刻在龜甲、骨器、石器上。其中契刻在龜甲上的個别符號形體與殷墟甲骨文某

①關中地區仰韶文化刻劃符號綜述(考古與文物 1980 年 3 期)。
②郭沫若古代文字之辯證的發展(考古學報 1972 年 1 期)。
③唐蘭大汶口文化的陶器文字看我國最早文字的年代(大汶口文化討論論文集,1979 年)。
④太湖流域是我國早期文化發展中心之一(光明日報 1986 年 11 月 7 日)。

些字形相似。這爲①研究中國文字的起源,提供了新的重要資料②。從總的説來,夏代文字恐仍處於比較原始的階段。所以,我們覺得古書上所引夏書的文字,大致可以説仍是周時杞、鄫的追記。但它來源有自,決非向壁虚構。

(九)禹與"洪範九疇"的關係問題

關於禹的傳説,其主要的、可信的事迹,大致都已説過了。剩下只有些零星的、也應是重要的傳説。可是這裏面還有一件,從前的人覺得很重要,近來的人多不相信,却也引起一些糾紛。這就是禹與洪範九疇的關係問題。這件事見於尚書洪範,其中包含着濃厚的神秘氣氛。洪範頭段的原文如下:

> 惟有十有三祀,王訪於箕子。王乃言曰:嗚呼!箕子,惟天陰騭下民,相協厥居,我不知其彝倫攸叙。箕子乃言曰:我聞在昔鯀堙洪水,汩陳其五行。帝乃震怒,不畀洪範九疇,彝倫攸斁(音讀如"妒",意爲敗)。鯀乃殛死。禹乃嗣興。天乃錫禹洪範九疇,彝倫攸叙。

洪範,釋詁云:"大也,法也。""洪範九疇"即可説是"大法九章"。哪九條大法呢? 這裏只簡略提一下。(1)五行(水、火、木、金、土);(2)五事(貌、言、視、聽、思);(3)八政(食、貨、祀、司空、司徒、司寇、賓、師);(4)五紀(歲、月、日、星辰、曆數);(5)皇極(天子爲民父母,建立以"王"爲至高無上的準則);(6)三德(正直、剛克、柔克);(7)稽疑(擇建立卜筮人);(8)庶徵(各種不同的徵

---

①編者注:"爲",原誤作"篇",據文意改。
②河南舞陽賈湖新石器時代遺址第二至六次發掘簡報(文物 1989.1)。

兆:雨、晴、暖、寒、風);(9)五福(壽、富、康寧、攸好德、考終命)。此篇除説明"洪範九疇"的具體内容外,主要是説:天帝把這九條大法傳給了禹,禹從此掌握了治國安民的根本法則,建立了一整套鞏固統治階級的法權制度。它在宣揚"天帝賜予"的神學思想,帶有濃厚的宗教色彩,但也包含着哲理。不失爲研究我國古史的重要文獻。

"祀",義爲"年"。"十有三祀",舊釋爲周武王十三年。王國維周開國年表:"周文王受命改元,武王即位克商,未嘗改元。……十有三祀者,文王受命之十三祀,武王克殷後之二年也。"其説當是。此節問答,"言"字上均有"乃"字。孔穎達釋:"此問答皆言'乃'者,以天道之大,沈吟乃問,思慮乃答。宣八年公羊傳曰'乃',緩辭也。"這樣解釋也許同寫書人的意思相合。

這一節,大致的意思是説,周武王十三年,武王訪問箕子。周王説:天生下民,天帝監視着。使其能安居樂業,和睦相處。我不知道天帝治國安民的倫理常道究有那些? 箕子回答説:我聽説從前有個鯀用堵塞的辦法治理洪水,這就使水失去滋潤土地的作用,土也失去種植稼穡的作用。於是,把五行秩序搞亂。天帝大怒,不把"洪範九疇"傳給他。鯀被逐死去。禹繼承治水事業,用疏導的辦法治理洪水,結果成功了。天帝就把"洪範九疇"傳授給他。這一整套天帝所啟示的治國安民的倫理常道也因而順叙了。

"五行",在此篇中是作爲"大法九章"中的第一條出現的。它本來只是指五種物質要素,在這裏却作了唯心神化的解釋。可是,我們如果静心思考一下,又覺得其中也含有樸素唯物的因素。

例如,説鯀用堵塞的辦法治水,水流被堵,水漫外泄,照樣泛濫成災,這就違背了水土規律,所以失敗。禹用疏導的辦法,按水土規律辦事,所以成功。這是合理的,是切合實際的説法。可是從通篇看,它把人世間大事業的成與敗,人的安與危、禍與福,全歸之於天意。"洪範九疇"是天帝制定的,又是"天帝賜予"的,五行説也是天帝創説的。這確也在宣揚神權政治。

"五行"一詞,首見於禹誓。原指人民生活中一日不可缺少的五種(水、火、木、金、土)物質。正如大傳説:"水火者,百姓之飲食也;金木者,百姓之所興生也;土者,萬物之所資生,是爲人用也。"隨着人的天文知識的增長,五行又與天象行星相結合。如漢書律曆①志:"水合於辰星,火合於熒惑,金合於太白,木合於歲星,土合於填星。"這五顆行星在宇宙空間的運行,又成爲天象星運的術語。本來就没有什麼神秘的地方。只是後爲"順天行氣"之術數所依托,遂失其初意。自從箕子陳"範"以後,到戰國後期鄒衍盛推"五德終始"之運,經此演述,陰陽五行的勢力幾乎無孔不入。在西漢,經董仲舒、劉向諸人的鼓吹,而天人互相影響的關係真好像影與響的相應。在政治、道德、學術(尤其是在天文、曆法方面)、藝術(尤其是在音樂方面)及其它各方面,無不受其影響。班固在漢書中寫了五行志,匯集了五行休咎的歷史資料,成爲二千多年來宣揚"天人感應"在人們思想上占有支配地位的著作。此後史書沿襲,直到明史,無不有五行志,匯録災變,就可證明它勢力之大。正如梁啟超先生所説:"陰陽五行説爲二

---

① 編者注:"律曆",原誤作"曆律"。

千年來迷信的大本營，直到今日在社會上猶有莫大勢力。"我們史學工作者，應當重視它，研究它，找出它的變化規律，清除迷信，還其本意，使人們能更好地利用它。

現在，我們所要問的問題是，大禹與"洪範九疇"是否有聯繫？箕子在商周之際是否曾經陳述洪範？尚書中的洪範是否後人所僞造？我們對前兩個問題的看法持肯定態度，對後一個問題却不以爲然。

我們透過洪範一層神化的外衣，就可看到它實際上突出了禹治水的功績。說他治水成功後制定一套統治術。這是他統治中原的經驗總結。它通過箕子答周王問而說出的。可見禹治洪水的傳說，早在箕子之前就已流傳，決非箕子所編造。它的寫定時間，大約在答問之後，經周史臣記錄下來的。後經增益，當有可能。但它不會晚於春秋中葉。因爲春秋時代是不尊神、不信卦卜的。孔子曰："未能事人，焉能事鬼。"（論語先進）"子不語怪、力、亂、神。"（論語述而）子產曰："天道遠、人道邇，非所及也。"（左傳昭十八年）"卜以決疑，不疑何卜。"（左傳桓十一年）"齊有彗星，齊候使禳之。晏子曰：無益也。祇取誣焉。天道不諂，不貳其命，若之何禳之。"（左傳昭二十六年）這個時代輕視鬼神，不重筮卜的思想傾向與洪範精神是不相合的。依此，洪範的出現應早於春秋，似無疑義。那末，在那樣早的時期是否演出"九疇"體系？據國語周語下："其後伯禹念前之非度，釐改制量，象物天地，比類百則，儀之於民，而度之於群生。"最要注意的是"比類百則"一句。堯典："肆類於上帝，禋於六宗。"注："類，祭天名也。""非時祭天謂之類，言以事類告也。"可知，類，祭祀之名。在什麼情況下舉行“類祭”？攝位,其一也,師祭,其二也,王制:“天子將出征,類乎上帝。”大災,應是其三也。周禮春官宗伯上:“凡天地之大裁,類社稷宗廟則爲位。”裁,災也。遇大災,祈禱上帝。這就是説,“類祭”是一種事關大局的隆重祭禮。只有在帝王登位,天子出師,遇大災的時候才舉行儀禮。“類”,作爲祭名,盛於殷商,傳之西周。它興起於何時,尚難稽考。不過,據考古資料,中原龍山文化,江南良渚文化的玉質禮器(如琮、鉞、璧之類)以及浙江瑤山祭壇遺址的發現,禹登王位舉行祭天之禮,應屬事實。這與洪範中“皇極”即建立以王爲最高無上準則的思想不無息息相通之處。

據報道,瑤山良渚文化祭壇,建於山頂之上,寓有至高通天之意;祭壇作方形,寓有“地方”之意。確係祭天禮地之聖地①。依此,可以説祭天之禮,興於夏禹,當屬可信。隨着人們思維能力的提高,當時已經有了“天圓地方”的觀念。於是,對事物之聯繫,事物表面外在的特徵以及事物的類種關係,等等,都已有了一定的認識。這樣,對事物的分門別類也就出現了。國語鄭語:“夏禹能單平水土,以品處庶類者也。”韋昭注:“單,盡也。庶,衆也。品,高下之品也。禹除水災,使人物高下,各得其所。”鄭語中的“品處庶類”與洪範中的“九疇”,在辭句上雖不同,但在意思上不也有相通之處？足以證明其來源頗古,并非後人所臆造。

“九疇”分類次序是比較進步的。比方説:第一疇:五行——水、火、木、金、土。爲什麽把“水”排在首位呢？這是很有道理

---

①崧澤、浙江餘杭反山良渚墓地發掘簡報、餘杭瑤山良渚文化祭壇遺址發掘簡報(文物 1988.1)。

的。當時人們已經懂得"水"是人類一日不可離開的物質。可以說没有"水"就没有生命。"水"是農業的命脉。大禹治理洪水，人民能"降丘宅土"，安居樂居。這爲占代中國人民立下不朽功績。文中突出"禹"和"水"可以説是很恰當的。第三疇：八政以"食"爲首，"貨"次之，"祀"列爲三，"師"位於最末。這種排列次序，也很值得注意。本來，在殷周之際，"國之大事，在祀與戎"（左傳成十三年）。宗教祭祀與軍事行動是國家的兩件大事。這裏却把食貨列於祀、師之前，反映了在殷以前人民生活中把農業生產看作是頭等大事的情况。漢書食貨志："洪範八政，一曰食，二曰貨。食謂農殖嘉穀可食之物，貨謂布帛可衣，二者生民之本。"食指糧食作物，貨主要指衣帛。衣、食是人民中的根本大事。夏禹時正處於農業發展階段。他一方面治理洪水，另一方面鑿井、開溝、挖渠，興修水利灌溉工程。種殖着粟、黍、稻、小麥農作物。穀物，列爲夏書"六府"之一（"六府"——水、火、木、金、土、穀，謂之"六府"〔左傳文七年〕），爲古代農業大發展奠定基礎。農爲立國之本，符合勞動人民的認識和感情。殷周以來，統治者重視祀與戎，在人民中依然重視一日不可少的糧食問題。春秋之世，對農業的重視已成一種政治風尚。管子曰："民以食爲天。"又曰："倉廩實而知禮義，衣食足而知榮辱。"可以説，農爲民本的思想已有四千多年的歷史了。八政以食爲首的排比序列，也反映春秋以前重農思想的記録。這種思想對後世影響很大，漢書中寫有食貨志，以後的史書中也都寫有食貨志。所以説，農業是我國傳統政治思想。第七疇，稽疑，龜筮兼舉。在安陽殷墟出土的甲骨、陶器、石器中，有的刻劃卦象符號。説明殷代既用龜卜，又用筮卜。陝西周原出土甲骨，又證明周代既用筮卜，又用龜卜。
殷、周兩代龜筮并用。吕氏春秋勿躬：“巫咸作筮。”尚書君奭：
“巫咸乂王家。”巫咸是商大戊的賢臣，已用筮卜。龍山文化時期
已發現卜骨。可見占卜之法早已運用。我們覺得箕子陳述洪範，
史臣有所記録，自屬常事。可知殷周之際對卜筮極爲重視。可是
春秋以來，對卜問神意表示懷疑，并不重視。隨着時代的前進，對
卜神的態度也就有所改變。

　　洪範中雖有“天錫禹”的神話，却没有“龍負圖、龜負書”等
類之説。周易繫辭上傳才有“河出圖、洛出書，聖人則之”的説
法。但河中出的什麽圖？洛水中出的什麽書？也無説明。到
劉歆才“以爲宓羲氏繼天而王，受河圖，則而劃之，八卦是也。
禹治洪水，賜洛書，法而陳之，洪範也”。此後大家承用此説，而
洪範與“洛書”又得了不可分離的關係。這顯然是漢儒對洪範
加以神化所造成的。今之學者，大都認爲洪範是在戰國時寫成
的。郭沫若先生儒家八派的批判中説：“在我看來，洪範就是思
孟之徒的作品。”我們在上面已經説過，儒家的思想體系與洪範
精神并不相合，此説難予成立。劉節洪範疏證中所舉各難：其
一説，“在春秋戰國以前，皇決無訓王、訓君之説。今洪範曰‘惟
皇作極’‘皇則受之’，皆作王字解，其非古義可知矣”。其實，
甲骨文中“王”字多見（甲三九四一、粹一二、佚七八三）。西周
前期所用的“皇天上帝”“皇矣上帝”，已有訓君、訓王的趨向。
陳昉段蓋及鄭伯匜中的“叔皇”，也不能不承認此二“皇”字作
一名詞用。兩器屬兩國兩時，若同作倒文（劉節漫指“叔皇”當
爲“皇叔”之倒文，與皇父、皇考同義），實爲牽强。其二説，洪

範用韻,恭、從、明、聰、容韻(第二疇),從、同、疆、逢韻(第七疇),成、明、章、康、寧韻(第八疇),皆與詩經不合,而與戰國時東、陽、耕、真諸韻多相協,以證其爲戰國之作。其實,西周金文宗周鐘王、邦、鐘、蔥、雍、上、讓韻,大克鼎疆、邦、方韻,皆東、陽合韻。召伯虎毀訊、命、名、生韻,亦爲耕、真合韻。所以説,洪範用韻與西周銅器銘文用韻是相合的。劉氏之文,現已成爲過時之説。

我們總覺得古書在古代傳世很久,經歷不太重要的修潤恐係可能。前人無條件盲信,固屬非宜。今人翹舉古書中不很重要的矛盾,就簡單地否定它,這對科學的態度是不太適合的。

我們對洪範九疇的看法大致如上所述。

(十)關於禹的其他傳説

夏禹的主要傳説前面已經説過,還有些零星的但也是重要的傳説略述於後:

孟子説:"禹惡旨酒而好善言。"對於"惡旨酒"事,戰國策魏策記載較詳:"昔者帝女令儀狄作酒而美。進之禹,禹飲而甘之。遂疏儀狄,絶旨酒。曰:後世必有以酒亡其國者。"這裏開始就稱"帝女",摻雜了一些神話,可能是較古的傳説。大禹時代,國家已經開始成立,他預言後世之君必然有好酒色而亡國的事件發生。從夏桀、商紂看,禹的預言,真可説是一副高倍數的時間望遠鏡。禹時已經有了造酒技術。這種酒很甘甜,大約是米酒之類(我國龍山時期已有粟、黍、稻、小麥等農作物)。禹飲了這種甜酒,就立時自加警惕,意識到酒醉色迷,可能帶來後患。古代人的思維方式有它自己的特點,似不能任加貶低,有可能達到推理的高度,我覺得這是很近情理的事。

呂氏春秋勿躬也有"儀狄作酒"的記載。我國酒的歷史是很悠久的。殷代甲骨文中已有"酒"字。從殷代酒器看,青銅酒器有:飲酒器,觚、爵、觶、角、兕、觥;盛酒器,尊、罍、彝、瓿、卣;調酒的盉,温酒的斝等。陶質酒器中以觚、爵爲多。近年來,曾發現商代釀酒作坊和酵母①。還在河南羅山天湖商代墓中發現我國目前最早的古酒。它裝在青銅卣内,密封良好。經抽樣色譜測試,在每一百毫升酒内含有 8.239 毫克甲酸乙酯,并有果香氣味②。在龍山遺址出土的陶杯、觚、斝、盉、鬶等器形,也當是酒器。這表明當時人們已經學會釀酒,那末,我國古代酒的出現,應在龍山時代。

關係禹好善言事,孟子説:"禹聞善言則拜。"尚書皋陶謨也有"禹拜昌言"的記載,孔訓"昌"爲"當"。史記"昌"作"美"。"昌言"即美言。是説禹因人言當理或聽到美好的語言、善意的語言,就急忙下拜,以表謝意。也就可以説,禹能聽取人的直言敢諫,所以興起,這是很可能有的事。

周書大聚篇:"禹之禁,春三月山林不登斧,以成草之長;夏三月川澤不入網罟,以成魚鼈之長;且以并農力執,成男女之功。"朱右曾解"并農力執,成男女之功",爲"亦以并其力使操執或成就農桑之功",當是。這就是説,春季草木生長的季節,禁止斧斤入山林,以防砍伐樹木;夏季魚鼈繁殖季節,禁止網罟入河澤,以防亂捕魚類。這樣,保持一個良好的生態環境。男女着力於農耕桑植,取得了大地的果實,促進了生產力的發展。這種禁

①中國科技史話上册 52 頁。
②三千年前古酒尚飄香,人民日報 1987. 12. 24。

令在當時是可能有的。

　　荀子議^①兵篇:"禹伐共工。"成相篇:"禹有功,抑下鴻(楊
倞注:鴻即洪水也),闢除民害逐共工。"戰國策秦策:"禹攻共
工。"都是單句,沒有比較詳細的説明。周書史記篇所記共工氏
敗亡的根源在上面已説過。看看禹治洪水時還用"共之從孫"
爲輔佐,似乎禹伐共工事或在治水之前。夏后氏之故地(晋南
夏墟和豫西有夏之居)離共工氏故地(應在今河南輝縣境)不
遠。他們之間早期就有争地争權之衝突,并不是不可能的。國
語魯語下:"吴伐越、墮會稽……吴子使來聘,且問之仲尼……
仲尼曰:丘聞之,昔禹致群神於會稽之山,防風氏後至,禹殺而
戮之。……社稷之守者爲公候,皆屬於王者。"這一節,主要表
現了孔子的博學。其中所記有三點值得注意:(1)"禹會群
神。"就是説禹會合各部("神"——部落神,即指部落)於會稽
之山。顯然禹已爲王,才有權下令會合。(2)防風氏後至,禹有
權殺戮他,顯示了王權獨尊的威嚴。此處會稽山,理應在越地。
這是禹爲王之後東巡狩所到之山。(3)"社稷王侯,皆屬王
者。"此時大禹已爲王,建立了王朝。因此,當時的普天之下皆
屬於王者。

　　禹的輔佐之丞主要是皋陶與伯益。大戴禮五帝德:禹"舉皋
陶與益以贊其身",墨子所染:"禹染於皋陶、伯益。"史記夏本紀:
"帝禹立而舉皋陶以薦之,且授政焉,而皋陶卒。……而後舉益,
任之政。"禹勤勞爲民。吕氏春秋謹聽:"昔者禹一沐而三握髮,

―――――――――

①編者注:"議",原誤作"儀"。

一食而三起，以禮有道之士。"淮南子氾論訓："禹之時，以五音聽治，懸鐘鼓磬鐸，置鞀，以待四方之士。爲號曰：教寡人以道者擊鼓；諭寡人以義者擊鐘；告寡人以事者振鐸；語寡人以憂者擊磬；有獄訟者搖鞀。當此之時，一饋而十起，一沐而三捉髮，以勞天下之民。"

如上所説，在當時是很可能的。禹是個開明之君，禮賢下士，聽納衆言，應近事實。近年來，山西襄汾陶寺龍山文化墓葬，出土特磬與鼉鼓①。足證古書所載，并不失真。

吕氏春秋應同篇："及禹之時，天先見草木秋冬不殺。禹曰：木氣勝。木氣勝，故其色尚青，其事則木②。"這一記載，固然有五行迷信的一面。但從另一面説，禹時已用木器。如果這樣理解，又是可信的。陶寺龍山文化大墓中，出土彩繪木器，已知有：鼓、案、俎、豆、斗、匣盤、"倉形器"等。器身外壁多用紅彩爲地，以白、黃、黑、藍、綠等色繪圖案。其中，鼓是用鱷魚皮蒙製的。木豆、"倉形器"等器壁則用弧綫處理，并使用榫卯結構和木板拼接技術，顯示出高超的木工工藝水平③。此又可證古人之説應爲事實。

至於大禹死葬何處？實難稽考。若按墨子節葬下："禹東教乎九夷，道死，葬會稽之山。"史記夏本紀："帝禹東巡狩，至於會稽而崩。"則應依漢書地理志會稽郡山陰縣下班固注："會稽山在南，上有禹冢、禹井。"若按説文："嵞，會稽山。""嵞"即古"塗"

①1978—1980 年山西襄汾陶寺墓地發掘簡報，考古 1983 年 1 期。
②編者注："木"，原誤作"大"，據通行本吕氏春秋改。
③同注①。

字。則應依杜預注塗山在壽春東北。若按"唐虞及夏同都冀州",堯舜皆葬冀州之説,那末,可以推想,禹道死,亦有可能歸葬冀州之崇山,也很難説。

論語説:"禹稷躬耕。"孟子説:"禹稷當乎世,三過其門而不入。""過門不入",本屬禹的傳説,這是由禹連及稷。大禹時,尚處於國家形成的初期階段,首長雖有出人上的威勢,却還没有完全地走出人民的行列。孔子曰:"(禹)卑宫室而盡力乎溝洫。"可見他很重視農業,鑿井、開溝、灌溉農田,大大地促進了農業的發展。至於后稷,是周人祖先,與禹同時并同族。輔佐堯舜,"教民稼穡,樹藝五穀","有大功於天下"。周人祭祀稷爲農神。其母姜嫄,爲有邰氏之女。有邰氏爲炎帝之後,姜姓,封於邰。邰地在今陝西武功、扶風地境,這一帶曾出土過有"邰""邰亭"字樣的漢代文物①。在漆水河兩岸臺地上密布着仰韶、龍山及西周遺址,武功、扶風、岐山、寶鷄及長武等地,均發現先周遺址。岐山周原并已發掘出西周宫室基址及帶字甲骨等重要考古資料。1933年,我曾到寶鷄鬥鷄臺一帶考察過先周及周代遺址。所以,我認爲,周族發祥地應在今陝西關中西部寶鷄一帶。

五、後語

關於堯、舜、禹比較可信的傳説大約如上所説。堯、舜時代是處於我國上古歷史的重大變化的時期,出現了國家的雛形。禹

---

①陝西武功縣出土楚段諸器,考古 1981 年 2 期。

時,初期的國家已經形成。他們的事迹,據史記五帝紀,簡略述之。帝堯時:(1)觀察日月星辰的早晚,以敬授民時;歲三百六十六日,以閏月正四時。(2)當時正處於我國雨量增多的時期,洪水成灾,人民痛苦。他用鯀治水,辛勤多年,由於治法不當,并無成功,但堯致力消除水患。雖暫不成功,仍不失爲其一大功勞。

帝舜,堯之繼承人。他的世系比較清楚。上輩有瞽,有瞽瞍,大約全可信據。他的主要功績:(1)制定五刑,刑法開始出現了。(2)"同律度量衡。"開始有了原始計量器的使用。(3)他找出了兩個治水世家——禹和四岳。辛勞十多年,用疏導的辦法,使"水由地中行"。雖説當時雨量仍較多,由於治水成功,人民可以比較安靖地生活。後人恭維他,説:"君哉舜也。"這是説舜是一位很稱職的首長。

夏禹,他建立了中國歷史上第一個王朝——夏王朝。他的功績更爲後人所稱贊。春秋時,秦公簋銘:"鼏宅禹迹。"叔夷鐘銘:"咸有九州,處禹之堵。"吕氏春秋:"大溢逆流,無有丘陵、沃衍、平原、高阜盡皆滅(滅,没也),名曰鴻水。禹於是疏河決江,爲彭蠡之障,乾東土,所活者千八百國,此禹之功也。勤勞爲民,無苦乎禹者也。"歸結,他在歷史上的主要功績:(1)建立第一個王朝,創立了"父傳子,家天下"的世襲制度。(2)治理洪水,人民能"降丘宅土"。(3)"盡力乎溝洫。"鑿井開溝,興修水利灌溉工程,發展農業。(4)"夏有亂政而作禹刑。"夏代的刑法出現了。這爲古代中國國家體制的發展,奠定了基礎。夏禹辛勤民事,經歷長時。根據鯀治水不成功(實則也有功,夏后氏由於禹有大功,也就郊祭鯀,是很有道理的)的教訓,改弦更張,用疏瀹的方法,遂成大功。他能與四岳一起領導各族人民奮發有爲,頑强地與天争勝,結果使"水由地中行"。當時主要河道可從河槽通流,不再泛濫成灾。并且在治水的同時,又獲得從地下汲取水源的鑿井技術。這樣,古代中國廣大膏腴地區才有開闢爲農田的可能性。這廣闊的農田又經過先民辛勤耕作,才奠定了我們民族的生活基礎。我國古代文化就是在這個基礎上逐漸地發達起來。此後,待至春秋戰國乃至秦漢時期,人們的知識比前更爲豐富,文化更爲燦爛,蔚成爲當日世界上的文明大國。這時的文明成就自然遠遠超過前人。可是,如果没有前人的慘淡經營,與天争勝,没有安定生活的基礎,也就無法孕育出高度的文化。再以當日當稱低下的生産力,而能對自然的壓力,不安於忍受,奮然與天力争,歸結人定勝天。爲我民族的偉大未來開拓道路。我們對於前人如此弘遠的業績,怎能不瞻仰贊嘆——"高山仰止,景行行止"呢! 這番建立王朝,治理洪水偉大事業的領導工作的榮譽,很有理由地歸功於大禹。綿亘數千年,人民對於他們謳歌不衰,曠世猶新。真不算有一點過舉。正是:"江淮河漢思明德,精一危微見道心。"偉哉大禹,名垂青史。

　　附記:徐老生前説過"堯、舜、禹一文尚需補加一些考古材料"。今遵囑。文中所引近年來出土的考古資料,均由我補記。

黄石林

1991 年 11 月 11 日北京中國社會科學院考古研究所